达斡尔族、鄂温克族、鄂伦春族
谚语文化研究

李树新 著

商务印书馆
The Commercial Press
2019年·北京

本书获得

国家社科基金重大项目"中华多民族谚语整理与研究"经费支持

内蒙古社会科学院内蒙古达斡尔族、鄂温克族、鄂伦春族研究基地基金支持

内蒙古大学文学与新闻传播学院学术出版基金支持

清澈的泉水是美妙的話語，美妙的話是諺語。

馬应青书

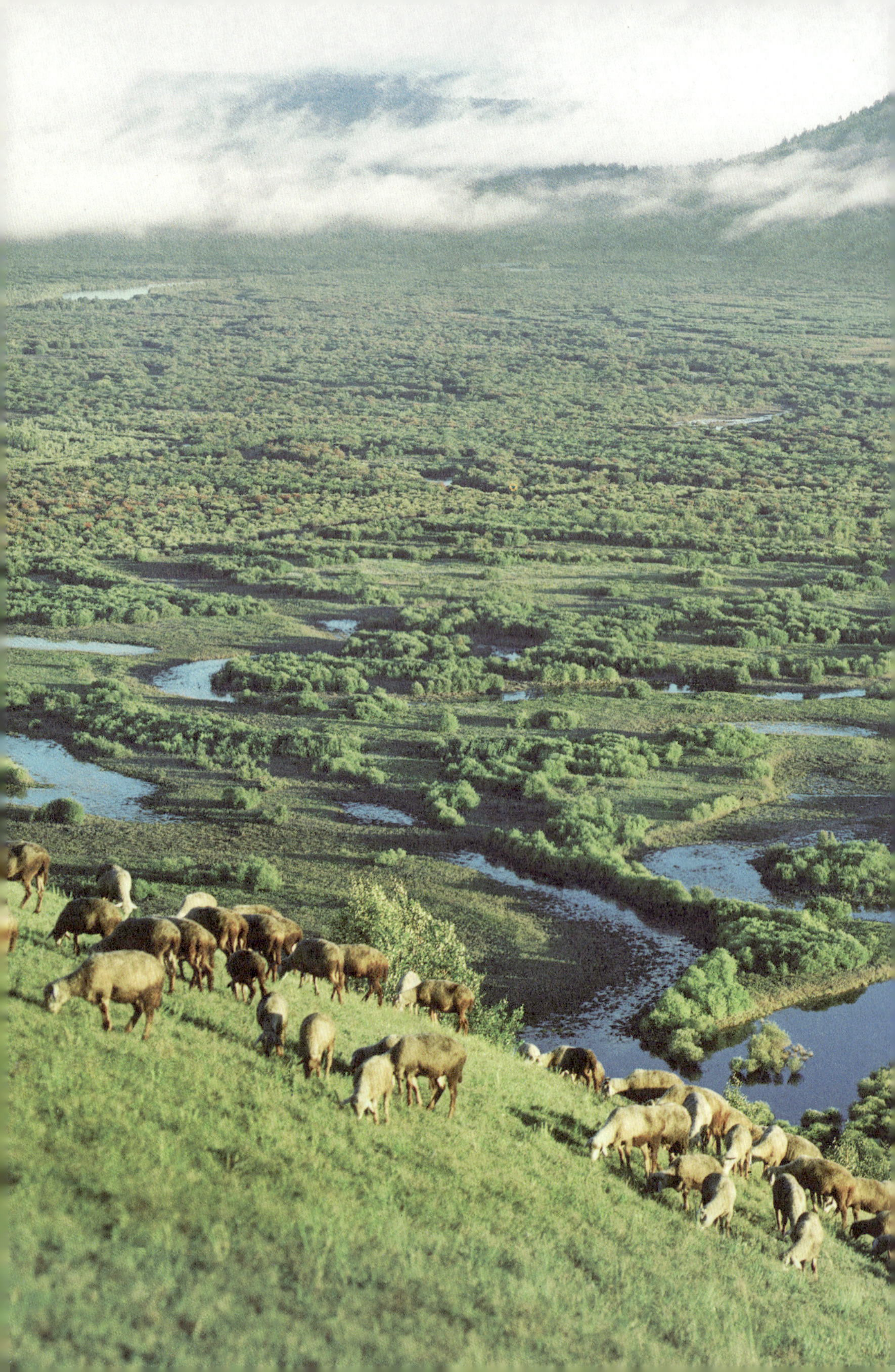

大兴安岭森林湿地（兆群 摄）

目 录

序	1
引言	1
第一章 谚语与民族起源及社会发展	1
第一节 谚语与民族起源	1
第二节 谚语与社会发展	11
第二章 谚语与自然环境	17
第一节 谚语与地貌气候	18
第二节 谚语与植物	33
第三章 谚语与宗教文化	47
第一节 达斡尔族、鄂温克族、鄂伦春族宗教	48
第二节 谚语与萨满教文化	54
第三节 谚语与佛教文化	73
第四章 谚语与生产生活	79
第一节 狩猎类谚语	79
第二节 其他生产行业类谚语	114
第三节 日常生活类谚语	134
第四节 文体娱乐类谚语	157
第五节 风俗类谚语	165
第五章 谚语与文化价值观	171
第一节 崇尚自然类谚语	172
第二节 英雄主义类谚语	180
第三节 恪守信义类谚语	190
第四节 团结友爱类谚语	199
第五节 自由个性类谚语	208
第六节 坚韧不拔类谚语	210

第七节　朴直公正类谚语……………………………215
　　第八节　惩恶扬善类谚语……………………………219
　　第九节　谦逊好学类谚语……………………………222
　　第十节　真理智慧类谚语……………………………225
　　第十一节　爱国爱党类谚语…………………………229
　　第十二节　家庭友情类谚语…………………………232

第六章　谚语的表义特征……………………………247
　　第一节　民族性………………………………………247
　　第二节　广泛性………………………………………254
　　第三节　哲理性………………………………………259
　　第四节　通俗性………………………………………265

第七章　谚语的修辞特征……………………………269
　　第一节　善用比喻……………………………………269
　　第二节　巧用夸张……………………………………274
　　第三节　妙用拟人……………………………………276
　　第四节　喜用对偶……………………………………278
　　第五节　常用排比……………………………………281
　　第六节　常用对比……………………………………284

第八章　谚语的形式特征……………………………289
　　第一节　句式的凝练性………………………………290
　　第二节　谚语的押韵…………………………………294
　　第三节　谚语的节律…………………………………307

参考文献………………………………………………313

附录　达斡尔族、鄂温克族、鄂伦春族谚语精选辑录
　　　　…………………………………………………319

争雄 （郭炜忠 摄）

序

谚语研究的一个有价值的个案
——《达斡尔族、鄂温克族、鄂伦春族谚语文化研究》

《达斡尔族、鄂温克族、鄂伦春族谚语文化研究》一书即将付梓，树新教授要我写个序，我欣然答应。读了这部新著，我认为该书民族特色、地方特色突出，语料丰富，研究视角独到，研究内容具有较强的实用性、科学性和系统性。我很赞赏树新教授长期以来在谚语研究，特别是在中华多民族谚语研究上所做的探索和努力。

20世纪20年代初，郭绍虞先生就深入揭示了谚语的本质特点。他在《谚语的研究》中说："谚是人的实际经验之结果，而用美的言词以表现者，于日常谈话可以公然使用，而规定人的行为之言语。"郭绍虞先生说，这个定义虽是单由于谚字的语义综合而建立的，有时或者犹恐不能适用于一切的言语，不过谚的主要性质，总不能外是罢了。

我国是一个多民族的国家。各个民族都有自己的谚语。我主要做少数民族语言教学、研究，长期以来，在与少数民族的接触中，深感谚语在语言中的重要作用。每个民族在日常的语言生活中，都会不断使用集中体现民族智慧的谚语来表达自己的思想感情，提高语言交际的效果。一句短短的谚语，在语言交际中会深深打动你的心，比一大段话更能使你受到感染和启示。人们在对子女的教育、对善恶的表态、对生活中喜乐的表达中，谚语起了很大的、不可替代的作用。谚语运用得怎样，是衡量一个人语言水平高低的重要内容之一。我们看到，有智慧的政治家、科学家、教育家，往往是使用谚语表达自己情感的能手。

我年轻时在边疆景颇山寨学习景颇语，景颇语中丰富多彩、别具一格的谚语深深感染了我。景颇族谚语的主要特点，一是生动性、鲜明性，让听者印象深刻，受到感染；二是富于哲理，话中有话，弦外有音，要经过思考才能悟出其真实的意义。比如，"和尚吝啬梳子"，用来比喻吝啬鬼，自己用不上，还不愿给人，听起来比说"你别小气"更有效果。又如，"在黄牛面前拉二胡"比喻批评不看对象，"好话不入耳，好药味不甜"比喻不要只看表面。还有"盐放多了自己能知道，话说多了自己感觉不到""水涨，筏高""像布谷鸟一样会选择时机""容貌不变，思想会变""树弯看得见，人心见不着"等，也极为富于哲理、生动有趣。

景颇族的谚语具有强烈的民族性，谚语所说的内容与群众生活息息相关，用来比喻的也是群众最熟悉的事物。例如"只有扔烂叶的坡，没有扔兄弟的坡""竹子不裂缝就不会进水""走远路先问路，做事情先看榜样""对大象拉二胡"等，都是景颇族特有的表达，是景颇族语言的精华。

达斡尔族、鄂温克族、鄂伦春族是我国人口较少的三个民族。这三个民族在历史上居住地域邻近，有着许多相同相近的文化，有着共同的原始宗教信仰。达斡尔族、鄂温克族、鄂伦春族人民依据自己的社会实践和生活实践，总结、提炼出了大量具有较强哲理性、科学性、实用性的谚语。这是他们对自然现象、社会现象长期观察的艺术总结，是用有节奏的语言和完整的形式，典范地表述劳动人民的斗争经验和思想感情，并富有教育意义的民间语言。开展达斡尔族、鄂温克族、鄂伦春族谚语研究，无论是从濒危语言保护的角度，从多民族谚语比较研究的角度，还是从谚语文化价值挖掘的角度，都具有重要的学术价值和实用价值。

这部大作共分八章，既论述了这三个民族的谚语与民族起源及发展、自然环境、宗教文化、生产生活、文化价值观等的关系，还剖析了谚语的表义特征、修辞特征和形式特征，并附有这三个民族谚语的精选辑录，内容非常丰富。通观全书，我认为本书具有以下几个特点：

第一，中华谚语是古往今来中华各民族共同创造的谚语，是中华各民族谚语系统的集合，具有同一性和多样性的基本特征，是中华民族祖祖辈辈流传的重要文化资源和精神财富。本书收录了大量的少数民族谚语，为我们提供了大量的民族语言谚语的珍贵语料，大大丰富了我国民族文化的宝库。近几年来，我国少数民族谚语的搜集、翻译、整理与研究工作取得了可喜的成果，各民族谚语选的问世如雨后春笋，不仅大大丰富了我国民族文化的宝库，而且促进了各民族之间的团结与文化交流，因此，开展少数民族谚语的搜集整理和研究工作，其意义是十分深远的。

第二，本书视角宏大，有完整的系统性。谚语是对一个民族世世代代社会生活经验的观察和思想信念的记录，但一条条谚语又都比较零散，不加以梳理很难看出它的整体性和系统性。本书很好地解决了这个问题。它将谚语纳入了民族的历史起源、自然资源、宗教信仰、生产生活方式、文化价值观以及表义特征、修辞特征、韵律特征的框架内，堪称是一部有价值的系统的谚语个案研究。

第三，谚语是语言中的精华和瑰宝，它像一面镜子，鲜明、形象地反映了一个民族在不同历史时期的社会制度、风土人情，它是语言文化研究的重要途径。本书通过对谚语的描写和分析，既充分展示了达斡尔族、鄂温克族、鄂伦春族文化特定的社会背景，又通过文化背景、文化模式的描写展示了谚语语义形成、引申、发展的轨迹，进而揭示了达斡尔族、鄂温克族、鄂伦春族的思维方式和认知心理，让我们充分感受到了语言和文化水乳交融的关系。

第四，本书对蕴含在谚语中这些朴素而丰富的文化内涵进行了挖掘，十分值得肯定。达斡尔族、鄂温克族、鄂伦春族在长期的山林生活中，养成了自己特殊的民族气质和民族精神，这些气质和精神通过谚语直观展现地在我们面前。达斡尔族说"天下父母的恩情，比天高大比地深",鄂伦春族说"自己尊敬老人,儿女也会尊敬自己",这两句谚语都说出了父母对于孩子的深厚恩情与尊敬老人的重要性。达斡尔族谚语说"人民爱国家,国家才安定",说出了热爱祖国与民族发展的重要关系。鄂温克族谚语说"牛羊不入山,树林长得欢",揭示了草原文化蕴含的生态文明的意义和价值。鄂伦春族谚语"不敢进深山,难成好猎手""办事要靠智慧,狩猎要靠勇敢""害怕黑夜穿密林,不算真正的猎人""石头再大隔不断流水,森林再密挡不住猎骑""直树长在山峰顶上,勇敢的猎人长在森林里",体现了鄂伦春人面对生存环境威胁时勇敢无畏的精神。再比如达斡尔族谚语"有桥河壮观,有客家兴旺",鄂温克族谚语"不友好接待来客,出门也无人关照",鄂伦春族谚语"山美引飞禽,歌美招贵客"等,充分体现了少数民族人民热情好客的文化传统和友善精神。达斡尔族"只重美貌相爱的人,一旦美貌失去感情也淡薄",鄂温克族谚语"心上的花浇水才鲜艳,看上的人交心才情深",鄂伦春族谚语"白桦树要有青松相配,巧手姑娘要好猎手来娶",则说出了这三个民族朴素的爱情观念。这些谚语通过比拟、象征等手法,融达斡尔族、鄂温克族、鄂伦春族生活中最常见的事物、事情入谚,将朴素真挚的情感化入谚语,具有十分妥帖的表达效果。

我们知道,民族精神是一个民族成员共同认同的世界观、人生观、价值观和共同遵循的思维方式、行为方式,具有对内动员和凝聚民族力量,对外展示和树立民族形象的重要功能。中华文化是中国56个民族在长期历史发展过程中共同积淀下来凝固而成的,各个民族的价值观念、伦理道德、风俗习惯等既是本民族文化精华,也是中华民族认同的主要依据。该书展示了在中国漫长的历史发展进程中,中华各民族人民密切交往、相互交融、相互依存、互动促进、协调发展,共同谱写了壮美诗篇,形成了休戚与共的"多元一体"文化格局。从这个意义上说,挖掘蕴含在达斡尔族、鄂温克族、鄂伦春族谚语中的朴素而丰富的文化内涵和文化价值具有掘宝的意义,这对于系统地总结和展示中华多民族谚语共有的文化价值，构建和弘扬现代中华文化，建设中华民族共有精神家园都有着重大的意义。

第五，达斡尔语、鄂温克语、鄂伦春语均属阿尔泰语系，本书对达斡尔语、鄂温克语、鄂伦春语谚语的语言特点进行了描述，呈现了达斡尔语、鄂温克语、鄂伦春语的语言个性。达斡尔族、鄂温克族、鄂伦春族谚语用句紧凑明快，复句多于单句，整齐自然，生动活泼，便于记诵。从修辞角度来看，这三个民族语言的谚语辞格多样，尤多比喻、夸张、对比、比拟之言，使谚语具有了形象性、通俗性的特点。此外，这三个民族语言的谚语合辙押韵，在语音上呈现抑扬顿挫、朗朗上口的特点，在韵律的形式上也具有韵律感、节奏感，语势上下连贯、酣畅淋漓，别具特点。

树新教授长期从事语言与文化研究，数十年如一日地勤奋研究语言和文化的关系，特别是汉族谚语和少数民族谚语研究，功底深厚，视觉敏锐，创新力强。这部具有基础作用和理论价值的著作问世，值得祝贺。它必将对我国的谚语研究和文化研究起到重要的推动作用，并对语言学、修辞学、社会学、民族学等学科的研究都会有宝贵的参考价值。

我愿意在此呼吁人们对中华多民族谚语研究给予更多的关注和重视，并且热切期待有更多很好的关于中华多民族谚语研究的成果问世。

是为序。

戴庆厦
2019 年 2 月 18 日于北京

大兴安岭桦树林 （孔群 摄）

引 言

"三少民族"人口在空间上呈现大杂居、小聚居的分布特征。民族乡,是在少数民族聚居的地方建立的乡级行政区域。

一、达斡尔族、鄂温克族、鄂伦春族概况

我国自古以来就是一个统一的多民族的国家。在中国广大的土地上,居住着56个民族,它们共同组成了中华民族大家庭。在这一大家庭中,达斡尔族、鄂温克族、鄂伦春族三个民族在历史上居住地域临近,有着许多相同相近的文化,有着共同的原始宗教信仰,人口数量都比较少,所以人们又称这三个民族为"三少民族"。"三少民族"人口在空间上呈现大杂居、小聚居的分布特征,人口除居住在新疆、黑龙江、内蒙古的民族乡外,人口分布相对集中的地理区域是:内蒙古自治区呼伦贝尔市的莫力达瓦达斡尔族自治旗、鄂温克族自治旗、鄂伦春自治旗。

达斡尔族是我国北方少数民族。《蒙古源流》中提到的一个部落名称——"达奇鄂尔",据考就是"达斡尔"的汉文译写形式。清康熙初年,出现了"打虎儿"的译名,后来又常译为"达胡""达虎里""达呼尔"等;中华人民共和国成立后,根据本民族意愿,统一定名为"达斡尔"。"尽管这个称呼在明末清初才较多地记载于史籍,但是,在此很久以前,达斡尔族就已经生息、繁衍在中国北方广袤的土地上了,是一个具有久远历史文化的民族"[①]。达斡尔族主要聚居在内蒙古自治区、黑龙

---

① 毅松、涂建军、白兰,《达斡尔族 鄂温克族 鄂伦春族文化研究》,内蒙古教育出版社,2007年,第7页。

江省和新疆维吾尔自治区,在我国大陆的31个省、市、自治区都有达斡尔族分布。据2010年第六次全国人口普查统计,我国达斡尔族人口有131992人,其中内蒙古自治区有76255人。人们是这样赞美达斡尔族的:"依山傍水是我世代的家,驾鹰放排是我豪情的挥洒。莫力达瓦山峰高耸入云端,心中敬仰日月崇奉白那查。田园牧歌是我描不完的画,篝火烈酒是我热情的表达。纳文慕仁江水奔流向大海,传递千年神奇拥抱大中华。啊,我的达斡尔啊达斡尔,你是我的生命我的爱,愿为你燃烧愿为你沸腾,去创造一个个灿烂辉煌的梦。"

鄂温克族是我国北方少数民族,是我国22个10万人口以下的少数民族之一。中华人民共和国成立前,鄂温克族曾被称为"索伦""通古斯""雅库特"。直到1957年年底,在党的民族政策指导下,才根据鄂温克族人民的愿望,统一恢复了自称——鄂温克。"鄂温克"这一自称,意为"住在大山林中的人们""住在山南坡的人们"。从这一称呼可以看出,鄂温克族先民的生产生活离不开山林。鄂温克族主要分布在内蒙古自治区呼伦贝尔市与黑龙江省讷河市,新疆维吾尔自治区的塔城地区也有少数鄂温克人居住。据2010年第六次全国人口普查统计,我国共有鄂温克族30875人,其中内蒙古自治区有26139人。鄂温克人"生性自由豪放,热情好客,在日渐都市化的世界中更显独特的可贵价值。那些圆木搭起的'撮罗子',大口吃肉、大碗喝酒、无拘无束的豪爽性格,是延续了多少年的民族文化表征。在56个民族中,他们那种具有特色的驯鹿文化是民族文化的瑰宝"[①]。

鄂伦春族也是我国北方人口较少的民族之一。据2010年第六次全国人口普查统计,鄂伦春族人口共8659人,其中内蒙古自治区有3632人。鄂伦春族,自古以来生息繁衍于我国东北地区,在我国的史籍文献中,鄂伦春族亦被记载为"俄尔吞""鄂尔春""俄罗春""俄伦春""鄂伦春"等。"鄂伦春"这一名称于清朝初年始见于文献记载,含义通常

---

① 黄任远、黄定天、白杉、杨治经,《鄂温克族文学》,北方文艺出版社,2000年,第1页。

有两种解释，一种是"住在山岭上的人"，一种是"使用驯鹿的人"。"清王朝以前各朝代，鄂伦春人主要分布在贝加尔湖以东，黑龙江以北，直到库页岛的广大地区"①。曾有这样一段优美的文字来描述鄂伦春族："在我国多民族大家庭中，有一个以狩猎、捕鱼和采集为其基本经济形态的勇敢强悍的北方民族——鄂伦春族，他们世世代代生息繁衍在我国东北边疆大小兴安岭一带，与生活在黑龙江、内蒙古的其他兄弟民族一起，保卫、开发和建设祖国的北疆。同时，鄂伦春族也以反映本民族独特生活习俗的十分发达的口头文学，丰富和发展了北方民族文化。鄂伦春族民间文学是中国文学不可分割的组成部分，它以其深刻的文化意蕴，为我国的文化长廊增添了极富文化意义的画卷。"②

达斡尔语、鄂温克语、鄂伦春语均属阿尔泰语系。他们的语言为中国历史输入了新鲜的血液，为中华文明增添了辉煌的色彩。

达斡尔语属阿尔泰语系蒙古语族的分支，"是一种古老的语言。从目前研究取得的成果看，达斡尔语与古代的契丹语言有着一定的相承关系，在对《蒙古秘史》的语言研究中，我们发现达斡尔语与13世纪的蒙古语有着许多相同之处，而现在蒙古语却与之不尽相同了"③。"鄂温克语属于阿尔泰语系满洲-通古斯语族通古斯（鄂温克）语支……分为布特哈、莫尔格勒、敖鲁古雅等三大方言。其中布特哈方言即'索伦'鄂温克语，又分为辉河、伊敏、莫和尔图、阿伦河、诺敏河、讷河等地方方言。在'索伦'鄂温克语的阿伦河、诺敏河方言中，鄂温克语词汇的保存和发音都比较好；讷河方言中虽然鄂温克语词汇保存的也比较多，但有时稍微使用一些达斡尔语词汇……"④鄂伦春语属于阿尔泰语系满-通古斯语族北通古斯语支。

---

① 何群，《环境与小民族生存——鄂伦春文化的变迁》，社会科学文献出版社，2006年，第117页。
② 徐昌翰、隋书今、庞玉田，《鄂伦春族文学》，北方文艺出版社，2000年，第1页。
③ 毅松、涂建军、白兰，《达斡尔族 鄂温克族 鄂伦春族文化研究》，内蒙古教育出版社，2007年，第14页。
④ 同上注，第183页。

在文字使用方面，这三个民族都没有本民族文字。

二、达斡尔族、鄂温克族、鄂伦春族谚语语料来源

达斡尔族、鄂温克族、鄂伦春族人民依据自己的社会实践和生活实践，总结、提炼出了大量具有较强哲理性、科学性、实用性的谚语，这是他们对自然现象、社会现象长期观察的艺术总结，是用有节奏的语言和完整的形式，典范地表述劳动人民的斗争经验和思想感情的并富有教育意义的民间语言。本项目共搜集达斡尔族、鄂温克族、鄂伦春族谚语3041条。

达斡尔族、鄂温克族、鄂伦春族谚语来源主要有：《中国少数民族社会历史调查资料丛刊·鄂伦春族社会历史调查》（第一、第二集）（1985），《中国少数民族社会历史调查资料丛刊·鄂温克族社会历史调查》（1986），《逊克民间文学集成》（1987），《塔河民间文学集成》（1987），《阿荣旗志》（1992），《中国少数民族文学史丛书·鄂伦春族文学》（1993），《民族大家庭》（1996），《内蒙草原的民俗与旅游》（1996），《呼伦贝尔盟民族志》（1997），《达斡尔资料集》（1998），《黑龙江省志·民族志》（上）（2005），《中国达斡尔语韵文体文学作品选集》（2007），《中国谚语集成·内蒙古卷》（2007），《中国少数民族古籍总目提要·达斡尔族卷》（2010），《中国少数民族古籍总目提要·鄂伦春族卷》（2010），《中国少数民族古籍总目提要·鄂温克族卷》（2010）。

按照性质，谚语来源书目可分为以下四类。

第一类，谚语选编和谚语工具书。谚语选编和谚语工具书主要为汉译书籍。其中包括：《中国谚语集成·内蒙古卷》，共搜集谚语1172条，包括达斡尔族781条、鄂温克族243条、鄂伦春族148条；《中国少数民族谚语分类词典》，含谚语20条，其中达斡尔族谚语6条、鄂温克族谚语6条、鄂伦春族谚语8条；《中国少数民族谚语选辑》（1981），含谚语60条，其中达斡尔族谚语21条、鄂温克族谚语17条、鄂伦春族谚语22条；《中国少数民族谚语选》（1982），含谚语7条，其中鄂温克

族谚语 2 条、鄂伦春族谚语 5 条;《中国少数民族谚语选》(1985),含谚语 9 条,其中达斡尔族谚语 4 条、鄂伦春族谚语 5 条;《五民族谚语》(1991)收录达斡尔族谚语 353 条;《中华谚语大观》(2005)含谚语 58 条,其中达斡尔族谚语 39 条、鄂温克族谚语 10 条、鄂伦春族谚语 9 条;《鄂温克语谚语》(2016),收录鄂温克族谚语 450 条。

第二类,提要、故事和资料集。其中提要包括:《中国少数民族古籍总目提要·达斡尔族卷》《中国少数民族古籍总目提要·鄂伦春族卷》《中国少数民族古籍总目提要·鄂温克族卷》。三卷中共收录谚语 782 条,其中达斡尔族谚语 410 条、鄂伦春族谚语 332 条、鄂温克族谚语 40 条。文学故事和资料集包括:《达斡尔族文学史略》(1997),含谚语 19 条,均为达斡尔族谚语;《达斡尔资料集》(1998),含谚语 1240 条,全部为达斡尔族谚语;《鄂温克族文学》(2000),含鄂温克族谚语 70 条;《鄂伦春族文学》(2000),鄂伦春族谚语 72 条;《中国民族语言文学研究论集 4(语言专集)》(2004),含谚语 25 条,均为达斡尔族谚语;《满-通古斯诸民族民间文学研究》(2006),含谚语 47 条,其中鄂温克族谚语 28 条、鄂伦春族谚语 19 条。

第三类,相关地方志和民族志。其中包括:《〈民俗文库〉之十四鄂伦春族风俗志》(1991),含鄂伦春族谚语 8 条;《呼伦贝尔盟民族志》(1997),含谚语 15 条,其中达斡尔族谚语 4 条、鄂温克族谚语 9 条、鄂伦春族谚语 2 条;《新生鄂伦春族乡志》(2003),含鄂伦春族谚语 111 条。

第四类,其他相关书目。包括:《内蒙古自治区陈巴尔虎旗莫尔格河鄂温克苏木调查报告·鄂温克材料之三》(1959),含鄂温克族谚语 2 条;《萨满教研究》(1985),含鄂温克族谚语 1 条;《内蒙古少数民族风情》(1993),含谚语 7 条,其中鄂温克族谚语 1 条、鄂伦春族谚语 6 条;《中国少数民族文化史》(1994),含谚语 11 条,其中鄂温克族谚语 1 条、鄂伦春族谚语 10 条;《达斡尔族——内蒙古莫力达瓦旗哈力村调查》(2004),含达斡尔族谚语 37 条;《中国阿尔泰语系民族民间文学概论》(2005),含谚语 74 条,其中鄂温克谚语 39 条、鄂伦春族谚语 20 条、达斡尔谚语 15 条;《双语族群语言文化的调适与重构——达斡尔族个案研究》(2006),含达斡尔族谚语 76 条;《东北少数民族历史与文化研究》(2007),含鄂伦春族谚语 10 条;《走近中国少数民族丛书:鄂温克族》(2012),含鄂温克族谚语 16 条。

上述四类中,共搜集到达斡尔族、鄂温克族、鄂伦春族汉译谚语 4000 余条,其中达斡尔族谚语约 2680 条、鄂温克族谚语 860 余条、鄂伦春族谚语 800 余条。

三、达斡尔族、鄂温克族、鄂伦春族相关研究文献与资料

现今关于达斡尔族、鄂温克族、鄂伦春族的研究内容资料繁多,涉及这三个民族谚语研究的相关文献资料主要有以下几个方面。

第一,关于达斡尔族、鄂温克族、鄂伦春族的族源及生态环境研究文献资料,包括达斡尔族、鄂温克族、鄂伦春族的起源、族源考、分布情况、自然环境等各方面。《达斡尔族 鄂温克族 鄂伦春族文化研究》(2007)分别就达斡尔族、鄂温克族、鄂伦春族的民族概况、物质文化、

精神文化、社会文化以及三个民族文化的变迁与发展做了比较全面的、系统的阐释和深入的探讨。该书资料翔实、论述精当，堪称达斡尔族、鄂温克族、鄂伦春族研究的精品力作。2009年，内蒙古自治区编辑组编写出版了《达斡尔族社会历史调查》《鄂温克族社会历史调查》《鄂伦春族社会历史调查》，这三本书是了解和研究达斡尔族、鄂温克族、鄂伦春族的很好的历史资料集。此外，《达斡尔族简史》（1986）、《也论达斡尔族源流》（1994）、《达斡尔族的源流与习俗》（1995）等从不同角度、不同立场阐释了关于达斡尔族历史起源的不同观点以及历史发展演变；《述说鄂温克》（1995）说出了鄂温克族的历史；《鄂伦春族历史简述》（1981）、《鄂伦春族研究》（1987）、《鄂伦春族游猎文化》（1991）、《鄂伦春族历史、文化与发展》（2003）等著作介绍了鄂伦春族的族源历史与社会发展情况。

　　第二，关于达斡尔族、鄂温克族、鄂伦春族的宗教信仰研究文献资料。主要有：《萨满教研究》（1985）、《鄂温克族神话研究》（2006）、《鄂伦春族萨满文化遗存调查》（2010）、《中国萨满教》（2011）、《中国萨满文化研究》（2011）、《呼伦贝尔萨满教与喇嘛教史略》（2013）。这

敖鲁古雅乡鄂温克人饲养的驯鹿　（孔群　摄）

一系列著作较为全面地研究了萨满教对达斡尔族、鄂温克族、鄂伦春族文化、语言、生活等各方面的影响，展现出萨满教是达斡尔族、鄂温克族、鄂伦春族的主要信仰宗教。

第三，关于达斡尔族、鄂温克族、鄂伦春族的民俗及文化研究文献资料。此类研究主要涉及语言文化、民俗文化、社会文化、山林文化等。《鄂伦春族鄂温克族的火文化》(1994)、《鄂伦春民间文学》(1990)、《达斡尔族民俗文化的特征与发展》(2002)、《论驯鹿鄂温克人肉食文化》(2006)、《驯鹿鄂温克人文化研究》(2006)、《鄂伦春族山林文化之探析》(2008)、《鄂伦春原生态文化研究》(2009)、《达斡尔族文化研究》(2014)、《黑龙江省嫩江流域达斡尔族传统服饰及造型艺术研究》(2015)、《达斡尔族服饰文化的发展与传承》(2015)等，涵盖了大量的关于达斡尔族、鄂温克族、鄂伦春族各方面独特而富有意义的文化研究资料。

第四，关于达斡尔族、鄂温克族、鄂伦春族的生活状态及社会发展状况研究文献资料。主要有:《达斡尔人饮食拾萃》(1983)、《鄂伦春族游猎·定居·发展》(1993)、《多元化：达斡尔族传统经济结构的特征与优势》(2000)、《狩猎民族与发展——鄂伦春族社会调查研究》(2002)、《环境与小民族生存——鄂伦春文化的变迁》(2006)、《鄂伦春和鄂温克：从狩猎民到农民的困境》(2008)、《鄂伦春族猎民体质与心理健康现状及相关研究》(2009)等。研究内容包括达斡尔族、鄂温克族、鄂伦春族的经济发展、生活水平、优良传统及存在问题等方面。

第五，关于达斡尔族、鄂温克族、鄂伦春族的语言研究文献。前人对达斡尔族、鄂温克族、鄂伦春族的语言研究主要集中在语言系统方面，研究内容主要包括语音、词汇、语法等方面。如《鄂伦春语简志》(1986)、《鄂伦春语研究》(2001)、《鄂温克语研究》(1995)、《达斡尔语分类词汇集》(2012)等。当然，这些收录还不够详备，尚处在谚语标准较为宽泛模糊以及分类各行其例、不够统一的局限。但学界对达斡尔族、鄂温克族、鄂伦春族谚语的专门性研究有了良好的基础。汪立珍的论文《鄂温克族谚语》(1998)对鄂温克族的部分谚语进行了分类论述,之后在其《满－通古斯诸民族民间文学研究》(2006)一书中,从满－通古斯诸民族民间谚语的类型和特征的角度,对达斡尔族、鄂温克族、鄂伦春族谚语进行研究。《鄂温克族文学》和《鄂伦春族文学》,对谚语也进行了分类、分析和研究。

呼伦贝尔市陈巴尔虎旗草原 （孔群 摄）

第一章 谚语与民族起源及社会发展

语言是民族文化的一面镜子，任何一个民族的语言，特别是谚语，都与其民族的历史、文化、宗教信仰有着不可分割的密切关系。达斡尔族、鄂温克族、鄂伦春族谚语是相关民族历史文化的结晶，体现出其民族的历史和发展脉络。

达斡尔族、鄂温克族、鄂伦春族拥有悠久的山林历史，缺少广泛使用的文字，没有对本民族历史文化的文字记载，但他们的先民以口耳相传的形式在生产生活实践中总结出诸多古老的谚语，这些谚语资料为探寻达斡尔族、鄂温克族、鄂伦春族的民族起源问题及社会发展情况提供了有益参考。

第一节 谚语与民族起源

谚语是植根于各自民族的生活土壤之中，吸收着本民族生活的营养而产生发展起来的，因此，"民族的种种要素（如经济、地理、历史、文化、心理、习俗、信仰等）直接影响着谚语，使谚语染上浓重的民族色彩，体现了民族的个性，打上了鲜明的民族烙印"[1]。就民族起源和社会发展而言，"每个民族都有自己的历史和传说，其中有些历史事实和传说对人民群众颇有启迪教育作用。许多谚语就以这些历史事实和传说为素材被创造出来了。这样的谚语自然就有了浓重的民族气息"。例如，

---

[1] 王勤，《谚语的民族性》，《湘潭大学社会科学学报》，2001年第4期。

西班牙语、英语、法语都有采用与本民族有关的历史故事或传说充当素材的谚语。西班牙语 Pelear con molinos de viento（向风车开战），这条谚语是由西班牙作家塞万提斯的《堂吉诃德》中主人公堂吉诃德的故事概括而成。英语 Cut the Gordian knot（砍断戈耳狄俄斯之结），这条谚语源于古希腊的传说。同理，达斡尔族、鄂温克族、鄂伦春族也有许多反映其民族起源和社会发展的谚语。

一、达斡尔族、鄂温克族、鄂伦春族民族起源

达斡尔族、鄂温克族、鄂伦春族历史悠久，在长期的历史变迁中，伴随着各民族的兴衰，其名称不断更迭，再加上频繁的迁徙和民族间的融合与同化，给研究族源问题带来诸多困难。学界就达斡尔族、鄂温克族、鄂伦春族的起源问题展开丰富的讨论，在达斡尔族、鄂温克族、鄂伦春族的起源探究上也存在诸多分歧。

关于达斡尔族族源的考究众说纷纭，中外史学家和本民族学者对于达斡尔族族源问题的主要观点可以归纳为蒙古分支说和契丹后裔说。蒙古分支说的主要依据是达斡尔语和蒙古语的相似性。据考察，至今达斡尔语中仍保留了《蒙古秘史》中13世纪使用的某些词汇，且由于民国时期人口很少的达斡尔族不被承认为一个民族，达斡尔族志士只好以蒙古族的名义出现在政治舞台。鉴于这些历史背景，部分达斡尔族知识分子便提出达斡尔族属于古代蒙古族一个分支的主张，但这一主张并非主流。自18世纪《八旗满洲氏族通谱》的修纂者弘昼等到当代著名辽史

额尔古纳河 （孔群 摄）

专家陈述先生，多是持达斡尔族为契丹后裔说。这一主张从历史、语言和生产生活三个观点将契丹族和达斡尔族进行了对比，论据较为充足。

从清代起，许多历史文献都有达斡尔族源于契丹的记载。

《黑龙江志稿》中就有"达呼尔……契丹贵族，辽亡徙黑龙江北境"的记载。历史学家陈述曾撰写《试论达斡尔的族源问题》一文，比较详细地论述了契丹后裔说的观点。20世纪80年代出版的《达斡尔族简史》也论述了这个观点，认为契丹后裔说的论据比较全面和充足，具有切合达斡尔族各方面史实的说服力。巴图宝音、孟志东、杜兴华在2011年出版的《达斡尔族源于契丹论》一书中，以丰富的史料较为全面地对达斡尔族族源研究进行了述评，讨论了达斡尔族的族源问题。作者也持达斡尔族源于契丹论的主张。孟定恭在《布特哈志略》一书中，记录了达斡尔族民间流行的一首古谣："边壕古迹兮，吾汗所遗留；泰州原野兮，吾之养牧场。"[①] 有学者认为："这里提到的边壕东端起于莫力达瓦达斡尔族自治旗境内，当时修筑和看守这一金代边壕边堡的，主要是契丹族人民，泰州原野，辽代时曾是契丹二十部的放牧场。这首古谣也反映了达斡尔族与契丹族的渊源关系，达斡尔语把金代边壕边堡称为'乌尔阔'，这一名称只在达斡尔语中保留着，这是与达斡尔和金代边壕边堡的特殊关系分不开的。"[②]

由于鄂伦春族和鄂温克族同属通古斯语族，早期是一个民族，因而对于这两个民族族源的探讨大多统一进行。对二者族源研究的论文和著作看似意见纷繁，集中起来主要有两种观点：其一，主张鄂伦春族和鄂温克族的语族属于通古斯语系，其先人最早应是肃慎，以后为挹娄、勿吉、靺鞨、女真等。其二，主张鄂伦春族和鄂温克族同属于东胡系的室韦族。赵复兴从语言、民族的分布、经济类型和物质文化三个方面对鄂

---

① 孟定恭，《布特哈志略》，辽海书社，1931年。转引自《达斡尔族简史》编写组，《达斡尔族简史》，内蒙古人民出版社，1986年，第6页。
② 毅松、涂建军、白兰，《达斡尔族 鄂温克族 鄂伦春族文化研究》，内蒙古教育出版社，2007年，第8页。

伦春族与鄂温克族进行比对，认为鄂伦春和鄂温克族的先人，应当为"北室韦的一部分和钵室韦、深末怛室韦、大室韦"①。

探究一个民族的起源，不光是了解、研究该族历史的客观需要，也是该族成员民族认同感的重要来源，这需要多个学科的共同努力。对一个无文字的民族来讲，他们用口耳相传的语言更能体现出他们的历史文化与文明。神话传说和谚语作为历史的载体，保存了本民族很重要的民族信息，与历史文献相结合，可以看到一个民族真实的历史面貌。达斡尔族、鄂温克族、鄂伦春族的谚语在一定程度上反映了这些民族的历史，从中也可以看出该民族人民对民族来源的追溯与思考。

二、谚语与民族起源传说

鄂伦春族谚语有"西日克尔江水越冲越宽，鄂伦春的歌声越传越远"，这条谚语从一定意义上反映了其民族的历史发展。

达斡尔族与鄂温克族、鄂伦春族在数百年间关系密切，相互杂居，互为比邻，"日久相熟，相依济生"。作为游猎民族，达斡尔族、鄂温克族、鄂伦春族以水为伴，以林为生，其诞生和发展与自然环境有着密不可分的关系。

"西日克尔"是石勒克河。这条谚语从江水追寻民族发源发展，从中可窥见鄂伦春族发源、发展、向外扩散的踪迹。正如江水越冲越宽一样，鄂伦春族长期在黑龙江流域及兴安岭山区分散狩猎，活动的范围在不断扩大，愈加广袤。17世纪中期以前，鄂伦春族主要分布在贝加尔湖以东，黑龙江以北，直到库页岛的广大地区。沙皇俄国从17世纪40年代开始侵略我国黑龙江流域广大地区。达斡尔族、索伦（鄂温克族）、鄂伦春族皆被其侵略。他们"剽劫人口、抢掳村庄，攘夺貂皮，肆恶多端"②。鄂伦春人不断与其斗争，后逐渐迁移到黑龙江南岸的大小兴安岭山中。达斡尔族谚语有"长满山上的是森林，善骑好射的是鄂伦春人"，

---

① 赵复兴，《鄂伦春族游猎文化》，内蒙古人民出版社，1991年，第6页。
② [清]马齐、朱轼纂，《清实录·圣祖仁皇帝实录》卷一九九，中华书局影印本，1985年，第246—247页。

这条谚语反映出善骑好射是达斡尔族人对鄂伦春族人民的印象，也由此反映出鄂伦春人与森林的密切联系。鄂伦春族迁徙到大小兴安岭地区以后，分别在五个地区过着游猎生活。迁到呼玛河及其附近地区的鄂伦春人自称库马尔千；迁到逊河、沾河、乌云河和嘉荫河及其附近的鄂伦春人自称毕拉尔千；迁到阿里河及其附近的鄂伦春人自称阿里千；迁到多布库尔河及其附近地区的鄂伦春人自称多布库尔千；迁到托河及其附近地区的鄂伦春人自称托千。清廷根据他们活动的地区将其分为库马尔路、毕拉尔路、阿里路、多布库尔路和托河路，后阿里路和多布库尔路合并成一路，叫阿里多布库尔路。①

与鄂伦春族谚语相比，在达斡尔族民间流传的谚语中，涉及民族起源的内容更多，描写也更为直白，如：

三百年前中国土地黑龙江北，达斡尔祖辈生活在那里。

达斡尔族原住在黑龙江，游牧生活放牛羊；残暴的罗刹占了我们家，被迫迁到嫩江岸边。

滚滚嫩水泛金鳞，达斡尔人笑青山笑。

嫩江伊敏河新疆塔城，住着聪慧勤劳的达斡尔人。

这几条谚语不仅描绘出达斡尔族的居住环境，也反映出达斡尔族的迁徙历史。同鄂伦春族和鄂温克族一样，17世纪中叶，在与俄国武装探险队发生多次冲突后，达斡尔族人由黑龙江北岸南迁，历经数次迁移，终以嫩江及其支流甘河、讷莫尔河、诺敏河、阿荣河流域为聚居地。后来因清政府征调戍边，部分达斡尔人移居瑷珲、海拉尔、呼兰、伊犁（后迁居塔城）等地。"达斡尔族世居黑水之北，男性血缘所居山地河流名称得姓氏"。可见，河流与达斡尔族的生活息息相关。达斡尔族通常取名自家乡附近的河流作为族姓，即"哈拉"。同一哈拉即同一族姓的成员往往分为多个"莫昆"，即家族。因此，众多不同"哈拉"的起源，也是达斡尔族的起源。关于这一主题的谚语还有：

---

① 赵复兴，《鄂伦春族游猎文化》，内蒙古人民出版社，1991年，第11页。

历史名城雅克萨，敖拉氏族发祥地。

　　天然要隘乌鲁斯穆丹湾，乌力斯哈拉在这里发展。

　　芳醇甘泉鄂嫩河，鄂嫩哈拉原住地。

　　碧绿的郭贝勒阿彦，郭贝勒哈拉原住地。

　　平稳的精奇里江，金哈拉原住地方。

　　上述谚语涉及了五个哈拉，其中敖拉氏族的发祥地是雅克萨，乌力斯哈拉发源地为乌力斯河——黑龙江，鄂嫩（敖讷尔）哈拉的发源地是俄罗斯境内的小鄂嫩河，郭贝勒哈拉发源于郭布勒河，今哈拉（精克尔哈拉）发源地为今精奇里河。根据历史记载和达斡尔族传说，达斡尔族一共有十八个"哈拉"，每一个达斡尔族人都有他自己所属的"哈拉""莫昆"。

　　诗歌同谚语一样也是历史的载体，达斡尔族用诗歌的形式记述和表达了民族历史的起源，与谚语相辅相成，交相辉映。如《巡察额尔古纳、格尔毕齐河》是达斡尔族"乌春"，为敖拉·昌兴诗歌的代表作，诗中体现了作者的爱国情怀，抒发了作者对远离故乡的怀念，诗中写道：

　　巡察古老黑龙江，先人遗址何茫茫；

　　名胜古迹寻常见，听我述说何周详。

　　历史名城雅克萨，敖拉氏族发祥地；

　　废墟遗址今犹存，城防壕沟有标记。

　　乌力斯族的故乡，要塞乌里斯穆丹；

　　四周轮廓历历在，俨然圆形古城垣。

　　高峰伦图尔哈达，一座神炮巍然立；

　　阿勒木喀峻峰神，暗助明君御强敌。

　　诗中不仅提到了敖拉氏族和乌力斯氏族的起源，也提到壕沟废墟遗址与达斡尔族民间世代广为流传的萨吉哈迪汗传说中所挖之壕，说明达斡尔族和鄂温克族先民曾在同一首领的带领下参加过修筑边壕边堡的艰苦工程。此诗间接佐证了两个民族共同生活、深入交流的历史，印证了达斡尔族谚语中描述鄂温克族历史的真实可靠性。

"生在森林的是驯鹿,狩猎英武的是鄂温克人"。这是一条记载鄂温克族历史的有价值的谚语。

"鄂温克"的意思是"住在大山林中的人们",还有一种说法是"住在山南坡的人们"。① 由其民族的名称推断,鄂温克族的祖先是居住在大山林中的狩猎民族。然而,现今鄂温克人分布的地区并非其原住地。据史料记载,贝加尔湖东北部尼布楚河上游的温多山林苔原高地和黑龙江上游的石勒喀河一带的古老山林,是我国通古斯使鹿鄂温克人祖先的世居之地。13世纪时,元太祖成吉思汗将贝加尔湖地区使鹿部落称为"山林中的百姓""林中的兀良哈"(指当时在森林中生活的人),说他们是用驯鹿负载东西,踩着滑雪板逐鹿冰上的人。明朝时也有鄂温克人"乘鹿出入"森林之中的记载。清代鄂温克族被称为"索伦部",或使鹿的"喀木尼堪"(索伦别部)。17世纪初,我国居住在贝加尔湖西北,黑龙江上游、中游的鄂温克族共分为三支:第一支是居住在贝加尔湖西北勒拿河支流威吕河和维提姆河沿岸的使鹿鄂温克人;第二支是居住在贝加尔湖以东赤塔河、石勒克河一代使用马匹作为交通工具的鄂温克人,也是索伦部落之一,被称为"纳米雅儿"部落或叫"那妹他";第三支也是最主要的一支,被称为"索伦部",是住在石勒克河至精奇里江一带及外兴安岭南的鄂温克人,他们的酋长叫博木博果尔,被称为"索伦人"的祖先。"从哪儿而来,到何处去。""生在森林的是驯鹿,狩猎英武的是鄂温克人。"这些谚语不仅赞颂了鄂温克人勇敢英武的品质,还反映了鄂温克人生活在茫茫林海中,以驯养驯鹿和狩猎经济为业的生活实况。

三、谚语与社会组织、社会习俗

达斡尔族谚语有"各乡有各乡的习俗,各人有各人的爱好",鄂温克族谚语有"习惯法比啥官儿都大"。这些谚语从一定意义上反映了其

---

① 吕光天,《鄂温克族》,民族出版社,1983年,第5页。

社会氏族组织制度的内部规则和社会习俗。

达斡尔族、鄂温克族、鄂伦春族的社会生活大致分为三个阶段。第一阶段是远古时代。相传，人类在此时期处于原始游牧阶段，与动物区别不大。第二阶段是从氏族公社向家庭公社转变时期。氏族公社亦即氏族社会，由血缘关系结合形成，一个氏族共有十几人，由共同的祖先繁衍而来。氏族公社不仅是以血缘为纽带结成的社会基层单位，也是社会经济的基本单位。他们共同居住，使用公有的工具，共同劳动，平均分

配食物，无贫富贵贱之分。至少在清朝以前，达斡尔族、鄂温克族、鄂伦春族父系氏族公社还存在着较为完整的形态，家庭是基本构成单位，既以血缘关系与氏族为亲，又与氏族分离，成为一个独立的经济单位。家庭公社正是处于从氏族公社向农村公社的过渡阶段。第三阶段是地域组织取代血缘组织的村社时期。鄂伦春族以穆昆制为社会组织形式，"穆昆"即父系氏族之意。鄂伦春族以穆昆下的各个乌力楞为基本经济单位组成父系家族化公社，内部生产资料公有，过着原始共产制生活。"乌力楞"由同一父亲的若干代子孙和他们的妻子组成，是以若干小家庭为基础组织起来的共同生产和共同消费的社会基本经济单位。

鄂温克氏族是由在一条河各支流沿岸游猎的家族公社组成的大部

落，部落下的各家族公社都有各自的名称，如"金千""恩快千"等，意为"住在××河岸的人"。鄂温克族父系氏族组织由大部落领导若干大家族乌力楞，再从其中划分小家庭（鄂温克族称为"柱"，鄂伦春族称为"斜仁柱"）组成社会的基本细胞。一个乌力楞一般有多个斜仁柱，这些小家庭是组成乌力楞的根基。达斡尔族谚语"过去森林撮罗子里住着鄂温克人"中，提到了鄂伦春族与鄂温克族氏族社会文化的重要标记——"撮罗子"，意思是一个撮罗子里的人。

《精奇里江村落图》，清代，莫力达瓦旗博物馆藏　（孔群　摄）

达斡尔族氏族组织为"哈拉"，是使用同一名称的血缘团体。同一哈拉的人有着共同的祖先和姓氏，具有血缘关系。从达斡尔族谚语"木重有本，人重祖先；水重有源，人重氏族"中可以看出达斡尔族对自己所属哈拉的重视。

鄂伦春族与鄂温克族分别由大部落或穆昆处理大家族事务，乌力楞则处理家庭事务，家族长既是生产的组织者与指挥者，又是生活资料的分配者。达斡尔族人将每一氏族的首领称作"哈拉达"。哈拉达由氏族成员民主选举产生，商讨和处理氏族内部重要事务，处罚违反氏族习惯法的人。由此可见，达斡尔族、鄂温克族、鄂伦春族都系血缘关系社会组织，虽未成文法，但都遵循基本相同的习惯成规、道德民风，并逐渐形成了遵循的习惯法。表达这一社会习俗的达斡尔族谚语有许多，如：

习惯法比啥官儿都大。

祖辈留下的优良传统、共同的规范，包含着祖先严格的遗训，包含着长老诚挚的教训。

家主心里有数，别人不必干预。

法度是在社祭上决定的，礼仪是在社祭上磋商的，规诫是在社祭上发布的。

国有国法，家有家规。

这些谚语在翻译上有所差别，但反映的内容均为每个大家族遵循内部制定的规则，即习惯法。首领的管束作用超过政府，人治大于法治。达斡尔族的谚语"法度是在社祭上决定的，礼仪是在社祭上磋商的，规诫是在社祭上发布的"，体现出社会组织遵循其内部的道德规范。"习惯法比啥官儿都大"，体现了民众普遍遵循习惯成规而非成文法律来规范自己的行为。"祖辈留下的优良传统、共同的规范，包含着祖先严格的遗训，包含着长老诚挚的教训"，这条谚语也说明了这一点。鄂温克族传统生活谚语也突出反映了以氏族和家族为纽带的民族社会生活准则。这种纽带着重强调了族权和父权，氏族、家族和家庭内部的事，完全由家长或族长做主，一般不"外扬"，因此就有"头破，破在帽子里；腿断，断在裤子里"这条谚语，也就是"家丑不可外扬"之意。

在古代的社会生活中，氏族的规则即为最大的法律，氏族成员必须要严格执行这些内部规定，氏族长靠这些规则进行严格的事务管理。鄂温克族、鄂伦春族也一样。鄂伦春氏族首领会召开氏族大会或穆昆会议，解决氏族事务，督促氏族成员遵守氏族习惯法。鄂温克族的氏族长每年都要召集各乌力楞家族长开会。达斡尔族称氏族首领为"莫昆达"，其职责与鄂温克、鄂伦春氏族首领基本相同。

清代以后，达斡尔族、鄂温克族、鄂伦春族的父系大家族逐渐解体，个体家庭逐步形成。其社会组织由原来的血缘组织转变为地域组织，具有村社性质，生产单位不再是单一家族，而是以公社形态出现。乌力楞等社会形态经过长久的发展变化，已演变成了地域性的村庄，成为民国时期到1949年之前的主要形态。在中华人民共和国成立以前，鄂伦春族依然保持着"穆昆制"和"路佐制"并存的社会制度。以血缘关系为主要成员所组成的乌力楞虽然地位被削弱，但仍是其社会组织的基本单位。男性猎手组成"安嘎"进行集体狩猎，是其生产生活的基本手段。概括来说，鄂伦春族的社会制度在近代经历了氏族社会的穆昆制、清末民国时期的路佐制和现在的社会主义制度的变革；鄂温克族、达斡尔族经历了从认同"八旗"、认同地域关系到认同社会主义制度的变化。鄂温克族谚语如：

各乡有各乡的习俗，各人有各人的爱好。

十户之乡，必有忠实之人。

"乡"为县及以下的农村基层行政单位。由上述谚语可知，以乡为单位的行政区划已经出现，这些谚语在一定程度上透露出达斡尔族、鄂温克族、鄂伦春族的社会组织变迁状况，以及氏族组织日益削弱、村社不断壮大的历史沿革。达斡尔族、鄂温克族、鄂伦春族以家族乌力楞为中心的集体生活渐渐被个体小家庭"柱"取代，乌力楞虽然还存在，但小家庭的生产力日趋活跃，原大家族由于居住分散或联系薄弱等，逐渐失去约束力。

第二节　谚语与社会发展

在封建时期，达斡尔族、鄂温克族、鄂伦春族社会组织系统长期在氏族社会血缘关系基础上，依附于中央王朝的政权管理，因此从原始时期的母系、父系氏族，转变为带有封建色彩的社会面貌，构成了中华人民共和国成立前后的政治生活状态。而随着民主政治前进步伐的不断加快，达斡尔族、鄂温克族、鄂伦春族的社会生活也逐步向着更加现代化、民主化、理性而又客观的方向发展，民族认同感不断增强。谚语是社会生活最敏感之窗口，时代变迁的一举一动，都会在语言中留下痕迹。达斡尔族、鄂温克族、鄂伦春族谚语是在其民族的社会生活中产生出来的，因此，它们的谚语自然而然地也带上了该民族社会发展的烙印。

一、中华人民共和国成立前的社会生活

由于各种原因，特别是国内外反动统治阶级的长期压迫和剥削，使得达斡尔族、鄂温克族、鄂伦春族社会发展比较缓慢。有谚语道：

旧社会像无底的枯井，苦水灌着受苦的人。（达斡尔族）

劳苦大众的生活境遇是非常悲惨的，除了要向当时的统治阶级缴纳严苛的税，还要受到奸商的恶意打压：

乌鸦唱歌不能听，奸商摇铃不要问。（鄂伦春族）

野兽爱山林，奸商喜金银。（达斡尔族）

奸商不光是恶意压低猎品价格，加高债务利息，还胁迫百姓用诸如枪支、马匹等赖以生存的生产资料抵押的方式抵债，剥夺了其生产的权利与生活的根本，就连传统生活用品也成为商品，需要猎品交换购买才能得到。

地主阶级对达斡尔族、鄂温克族、鄂伦春族百姓的压迫也十分深重。因为牲畜价格较为昂贵，贫苦的牧民很少能拥有自己的牲畜，只能替地主放牧获取微薄的收入；猎户上交猎得的物品，即使贵重也大多被压低价格，甚至无偿交付；渔民打鱼要将战利品送给地主；农户需要上交足额的农作物，而"足额"往往意味着倾尽心血。达斡尔族谚语就记录了这样的历史现象：

撮罗子，近现代，内蒙古博物院藏
（孔群 摄）

草原青青放牧忙，全是财主牛马羊；进山狩猎得黑熊，白音（意为贵人老爷）上门收熊掌。

渔船漂漂撒网忙，为给白音尝鲜汤；辛勤耕耘得收成，白音进院收租粮。

财主生的是狼心眼，牛倌挨打又受骂。

达斡尔人民旧社会如马牛，受尽财主盘剥苦难没尽头。

夏日热难当，杂草都铲光；秋后打粮归白音，长工不得一点糠。

穷人春秋忙种地，稷谷流进巴彦（也作"白音"）仓。

穷人家无隔日米，白音稷米堆满仓。

除此之外，达斡尔族还有记录侵略者残酷胁迫的谚语，如："帝国主义侵略中国，百姓在乡间受苦难。"

地主阶级与黑心商人、资本家和官僚买办阶级的压榨对达斡尔族、鄂温克族、鄂伦春族农猎业经济造成了严重破坏。抗日战争时期侵略者对大小兴安岭地区的侵占和掠夺，更是让他们的生活陷入绝境。

二、中华人民共和国成立后的社会生活

"同居住在我国北部边疆的其他兄弟民族一样，在漫长的黑暗岁月里，鄂伦春族备受欺凌，历经沧桑，整个民族濒于灭绝的边缘，其民族文化也行将湮没。1949年中华人民共和国诞生的阳光洒遍祖国的山山水水，也使鄂伦春族绝处逢生，走向新生活"[1]。中华人民共和国成立后，翻身做主人的达斡尔族、鄂温克族、鄂伦春族人民用广为流传的谚语的方式歌颂新生活，如：

共产党，大救星；领导人民大翻身。（达斡尔族）

共产党打倒封建赶跑狼，达斡尔人民见太阳。（达斡尔族）

共产党把垂亡的民族拯救，共产党让千古的寒山得温暖。（鄂温克族）

达斡尔族、鄂温克族、鄂伦春族人民经过与封建势力、反动军阀以及侵华日军艰苦卓绝的斗争，终于推翻了封建地主的剥削与帝国主义的

---

[1] 徐昌翰、隋书今、庞玉田，《鄂伦春族文学》，北方文艺出版社，2000年，第1页。

压迫，取得了民族的解放。

当时，达斡尔族、鄂温克族、鄂伦春族人民翻身做主人，生活面貌焕然一新。各民族人民拥有了自治的政治权利。1947年，达斡尔族在农区实行土地改革，在牧区实行牧场公有、放牧自由政策。1951年设立鄂伦春自治旗。1958年8月成立鄂温克族自治旗。1958年8月在内蒙古自治区建立了莫力达瓦达斡尔族自治旗。民族区域自治成为贯彻民族平等和民族团结，实现各民族共同繁荣的具体政治形式，人民的权利得到了保障：

桦木摇篮，近现代，鄂温克博物馆藏 （孔群 摄）

成立自治旗当家做主，感谢领袖毛主席。（达斡尔族）

实行达斡尔族、鄂温克族、鄂伦春族聚居地区的区域自治，将民族因素与地域关系有机结合，既尊重了达斡尔族、鄂温克族、鄂伦春族独特的传统社会文化，也保留了他们在处理本民族事务时的话语权，有利于以更温和的方式让他们更好地融入多民族国家的现代化进程。

中华人民共和国成立后，对处理达斡尔族、鄂温克族、鄂伦春族问题的政策扶持，促进了该地区的繁荣，极大地增进了民族团结，很好地贯彻落实了民族区域自治制度，调动了少数民族人民建设和发展的积极性，使他们与全国各族人民紧密地联系在一起。正如达斡尔族谚语"各族人民团结紧，永远和党一条心"，达斡尔族、鄂温克族、鄂伦春族在党的领导下，共同凝聚着血脉之情。

三、改革开放后的社会生活

改革开放以来，达斡尔族、鄂温克族、鄂伦春族民族区域自治的各项事务得到恢复和进一步发展。他们并没有故步自封，而是在与汉族人民长期的交流中,不断学习,思想得到了解放,社会面貌也重新焕发活力,反映歌咏改革开放的谚语应运而生。达斡尔族谚语"改革开放政策得人心,达斡尔人齐心奔小康",反映了达斡尔族人民与时俱进,生活水平得到极大改善的历史事实。随着改革开放的不断深入,达斡尔族、鄂温克族、鄂伦春族加快了对外开放与现代化建设的步伐,民族认同、文化认同、道路自信逐渐成为新时期的社会发展方向,经济文化事业进一步繁荣。

鄂温克族苇莲包,近现代,鄂温克博物馆藏 (孔群 摄)

呼伦贝尔四季

第二章 谚语与自然环境

　　语言的形成与社会环境密切相关，与自然环境也有着密切的联系，各民族谚语中都有自然环境谚语。我国幅员辽阔，毛泽东《中国革命和中国共产党》一书中有这样一段话："我们中国是世界上最大的国家之一，它的领土和整个欧洲的面积差不多相等。在这个广大的领土之上，有广大的肥田沃地，给我们以衣食之源；有纵横全国的大小山脉，给我们生长了广大的森林，贮藏了丰富的矿产；有很多的江河湖泽，给我们以舟楫和灌溉之利；有很长的海岸线，给我们以交通海外各民族的方便。"各种语言中反映自然环境的谚语特别丰富，如彝族谚语有"长在山顶上的松树最苍翠，出自竹根下的泉水最清凉"，塔吉克族有"永不停息的溪水到了大海，寸步不移的雪山仍在原地"，蒙古族有"高山的装饰是林木，草原的点缀是畜群"。

　　历史上，一个地区的物华风貌沧桑变迁，一座城市的风物民情风采神韵，之所以能广为人知，为天下人和后人所闻，一是见诸文字记载，二是口碑相传。而在这些口碑相传的千古名句中，谚语往往要比文人的佳词妙句更脍炙人口。所以，"米脂的婆姨绥德的汉，清涧的石板瓦窑堡的炭"这句谚语，在陕北乃至陕西，可谓家喻户晓，耳熟能详；而"水浕司的茶，白鹤井的水""神农架的名，远安的林""江洲的西瓜，百里的棉花""仁和坪的羊子，蒿坪的豆""好喝不过长江水，好吃不过清江鱼""香溪的风，泄滩的棕，沙田的萝卜，大寺的钟"等谈论风习的谚语，常常像一幅幅风俗画，使人感到分外亲切。

我国北方游牧民族和狩猎民族的生活摇篮是东起大小兴安岭、西至阿尔泰山脉的辽阔地带。这里有高山、森林、平原，也有草地、河流。达斡尔族、鄂温克族、鄂伦春族语言中产生了大量的具有独特风格、充满吸引力的自然环境谚语。这些谚语记述了他们的生存环境，展示了他们美好家园的面貌。

第一节 谚语与地貌气候

自然环境是生物赖以生存的物质基础，对人类的生存发展起着至关重要的作用。达斡尔族、鄂温克族、鄂伦春族长期居住于广袤富饶的森林草原之中，对大自然有着强烈的依赖性和多样化的体验，对其所居住的地理环境——高山、森林等饱含着深厚的感情，故而创造出了丰富多样的地理环境谚语。此外，达斡尔族、鄂温克族、鄂伦春族人民对气候天象感知十分敏锐，对晴、雨、雪、风、云、雾和春、夏、秋、冬的四季变换认识相对深刻，因此产生了多姿多彩的气象谚语。

一、地貌环境类谚语

地理是一门关于生活在地球上的人与他所处地理环境之间关系的学科。一般来讲，地理所涉及的范围包括人类生活的各种环境，也就是自然环境与人文环境。

中国地大物博，在日常生活中，有许多谚语都体现了地理知识。如"早穿皮袄午穿纱，围着火炉吃西瓜"，所描述的气候是西北内陆的温带大陆性气候。"山岭高，山路长，样样东西用肩扛，半世光阴路上忙"，反映了过去福建交通的不便。"一年四季无寒暑，一雨便成秋"，描述的是昆明市的气候特征。"山北黄牛下地，山南水牛犁田"，是秦岭地区地理景色的写照。"地无三尺平，天无三日晴"，是云贵高原地形气候特点的写照。

我国东北位于北温带，大小兴安岭内丰富的森林资源、三江流域中丰沛的水域环境、呼伦贝尔辽阔的草原，共同形成了达斡尔族、鄂温克族、鄂伦春族丰富多彩的生活环境。他们居住之地，山水相间，莽莽森林，土质肥沃，江河水利和渔业资源丰富，拥有大面积水草丰美的天然牧场。因此，达斡尔族、鄂温克族、鄂伦春族高山森林谚语和草原河流谚语应运而生。从这些谚语里，我们看到的是一个广阔无垠、风景秀美的大千世界。

（一）高山森林类

高山离不开云雾，猎人离不开猎歌。（鄂伦春族）

无论森林多茂密，猎人从不迷山。（鄂温克族）

不管兽禽跑多快，躲不过猎人眼。（鄂伦春族）

两座山峰会不到一起，两个猎人总会见面。（鄂伦春族）

大兴安岭山连山，我们翻过无数遍。（鄂温克族）

年年进山砍柴，打鹿茸猎獐狍。（达斡尔族）

山美引飞禽，歌美招贵客。（鄂伦春族）

高山、森林是达斡尔族、鄂温克族、鄂伦春族世居之地的常见地貌，这些谚语既反映出他们赖以生存的环境，又表达了他们对大自然的热爱。

（二）草原河流类

没有草地不能放马，没有山林不能狩猎。（鄂伦春族）

畜爱翠绿的草原，人找自己的故乡。（达斡尔族）

蒿草长满的地方不需要放牧，荒草长满的地方不需要种粮。（鄂温克族）

牧场的好坏，在于生长的牧草；人品的好坏，在于内心的世界。（鄂温克族）

清澈的河流鱼儿多，富美的草原草儿多。（鄂温克族）

河水流动水清澈，清风刮起天明朗。（鄂温克族）

松树美在亭亭玉立，河流美在弯弯曲曲。（鄂温克族）

浅水浅滩捞小鱼，大江大河网大鱼。（鄂温克族）

深水里有大鱼，深山里有奇兽。（鄂温克族）

沿着江河住，无百病。（达斡尔族）

没有水的地方柳蒿芽不长，没有河的地方达斡尔人不安家。（达斡尔族）

高山没有不长草的，大海没有不产鱼的。（达斡尔族）

沙丘不嫌树木密，猎人不嫌野兽多。（鄂伦春族）

草原、草甸、沙丘、江河既能为人们提供丰富的生产生活资源，也是达斡尔族、鄂温克族、鄂伦春族人民的情感家园，谚语中流淌着这种浓浓的情感。

二、气象季节类谚语

寒来暑往，四季更替，自然界演绎着春夏秋冬、风霜雨雪的变幻。气候季节谚语是世代劳动人民智慧的结晶，是现代气象科学的摇篮。由于气候季节谚语既能预测天气又具有简便、实用的优点，因而在我国已流传了数千年，在人民群众中广为流传、使用，并不断得到补充和发展。风对天气变化有明显预兆，故汉族有"东风送湿，西风干；南风送暖，北风寒"的谚语。"南风吹到底，北风来还礼"，这是冷空气经过前后风向的转换情况。"西北风，开天锁，雨消云散天转晴"，吹西北风，表示本地已受干冷气团控制，预示天气转晴。"云交云，雨淋淋""逆风行云天要变"，说明大气高低层风向不一致，易引起空气上下对流，产生雷雨等对流性天气。季节不同，风向不同，所反映的天气也不同，故谚语说"云是天气的招牌""一年三季东风雨，唯有夏季东风晴""东北风，雨祖宗""天上乱云交，地上雨倾盆""顺风船，顶风雨，逆风行云天要作变"。

达斡尔族、鄂温克族、鄂伦春族人民对四季更替、雨雪变化等各种自然现象进行过细致观察，并认识掌握了其中的规律，产生了许多气候气象季节类谚语。

（一）气象类

达斡尔族、鄂温克族、鄂伦春族人民在从事狩猎、游牧、农耕生产生活中找到了动物、植物与气象气候之间的联系，将这些规律编成了朗朗上口的谚语，广为流传。例如，鄂伦春族人由于从事游猎生活，因此他们对天气的变化极为关注，天气成了他们生产经验的组成部分，这些经验对他们的生产活动有极大的帮助。"在气象预报尚未发展起来的过去年代，起着关系狩猎活动成败的作用"[①]。像"松树上树尖，准有大晴天""野鸭子下蛋在高坡，一年雨水多""老云接驾，不阴就下""蜻蜓飞得低，没有好天气""风三风三，一刮三天"，反映了鄂伦春族人对气象细致而深入的观察力。

1. 晴

植物和动物的某些变化是判断天晴的标准之一。鄂伦春族谚语"松树上树尖，准有大晴天"，指的是人们可以通过观察松树的状态，对天气有一个大致的评估。如果松树尖朝上，那肯定是晴天。同样，蚂蚁的某些习性也可以作为晴天的判断依据，如"蚂蚁晒蛋天要晴"，指蚂蚁从潮湿的巢穴中把卵搬出来，这意味着天气即将转晴。"东虹有云西虹雨，早晨下雨一天晴"，说的是虹的位置和下雨的时间决定着是否晴天。鄂温克族谚语"连绵雨中鸟儿叫，无疑就要晴天到"，是指鸟儿在连绵的雨中鸣叫预示着晴天来临。

达斡尔族谚语中也有很多有关天空与阴晴关系的描述。如"一早天边红，当天日头红"，指的是一大早太阳就升起来，则今天会艳阳高照，即"日头出山早，天气肯定好""早起看天天没云，日头出来天气晴"。云、雨、风等天气现象也是判断阴晴的重要参考。"早上没有云，则一整天都会晴空万里""晨云下山来，午后要晴天"，早晨无云，则整天天气晴好；早上的云彩散去，意味着天气放晴。"云彩随风北去，晴天随

[①] 徐昌翰、隋书今、庞玉田，《鄂伦春族文学》，北方文艺出版社，2000年，第342页。

风而来",指云彩随着北风消散,晴天便随风而来。"云彩不能总是遮日头",指阴云密布总有消散的时候。又如"天看着高,肯定不下雨",指雨来时气压会变低,如果天空看起来很高,则不会下雨。同理,天气不会总是阴雨连绵,也不会一直保持晴朗,如"雨下长了,早晚会晴;晴日长了,早晚来雨""晨雨当晴日,夜雨到天明"。风吹云散,天气放晴,如"刮风云就散,云散天就晴""常刮西北风,近日要晴天"。只要留心观察,就可以及时掌握天气变化的动向。

2. 雨

同判断阴晴一样,判断雨的标准也是非常丰富的,这在达斡尔族、鄂温克族、鄂伦春族谚语中有充分的表现。鄂伦春谚语有"燕子钻天蛇盘道,蚂蚁搬家有雨到",说的是这几种动物有此表现就会下雨。"月亮戴上套环,出猎不应迟缓",说的是出现日环或月环,意味着大雪将至,必须抓紧时间出猎,否则大雪封山,就很难再追捕猎物。达斡尔族谚语有"太阳晕则有雨,月亮晕则有风",说的是太阳出现晕,则会降雨,月亮出现晕,则会起风。"一早东边红,没雨也有风"与"朝霞不出门"相似,是说有朝霞的日子很可能会是阴雨天气。

达斡尔族关于下雨的谚语还有:"雷大的天,没有雨",如果雷声特别响,则今天可能不会下雨。"黑云接过来,大雨哗哗下",黑云压城意味着暴雨倾盆。"半夜打雷,起早下雨",半夜听见打雷,则第二天一定有雨。"雷声在头顶,雨声有来头",雷声从头顶上方传来,可能会有降雨不期而至。"云翻腾,雨要来",云朵在空中剧烈翻卷,则意味着会有降雨。"大雪大风连几天,狂风暴雨一阵子",越是来势汹汹的暴雨,持续时间越短,大部分只是阵雨。

鄂伦春族、鄂温克族关于下雨的谚语有:"东虹有云西虹雨,早晨下雨一天晴"(鄂伦春族)。"天浮蘑菇云,暴雨即来临"(鄂伦春族),天上的云呈蘑菇形状,意味着即将下暴雨。"有雨山戴帽,无雨露山腰"(鄂伦春族),要下雨时云朵盘旋在山顶,没有雨时能看见山腰。"早晨来的姑爷不住丈人家，早晨下的雨不过夜"（鄂温克族），彩虹在东方出现则是多云，在西方出现意味着降水，晨起降雨，则这一天将会一直放晴。"雷声大作，雨水不大"（鄂温克族），下雨时或有雷电现象出现，鄂温克族认为在降雨过程中，雷声大，雨水反而不多。汉族谚语也有"雷声大雨点小""雷公先唱歌，有雨也不多"的说法。"早晨打的雷，招来大雨水"（鄂温克族），他们认为，若在早上发生雷电现象，则将会有大雨来临。"晨云堆聚在东南，此日必有大雨降"（鄂温克族），"晨云如棉絮，下午必有雨"（鄂温克族），"清晨黑云翻滚相聚，不久倾盆大雨来袭"（鄂温克族），"黑云迎日出，大雨要倾注"（鄂温克族），清晨的云若呈棉絮状、颜色乌黑，则预示着不久将会下起倾盆大雨。

　　黄任远、黄定天、白杉、杨治经在《鄂温克族文学》一书中曾总结说："鄂温克族自然知识谚语包括非常丰富的内容，像气象学、方向学等自然知识在他们的谚语里有独特的反映。"[①] 书中举例说，敖鲁古雅鄂温克猎民根据当地自然气候情况总结出了独特的民间知识：

　　　　从东南方向开始下的雨，一定下得大。——东南雨，一定大。
　　　　从西北刮风时，不会下雨。——西北风，不下雨。

　　以上谚条后列的是简缩形式。该书还指出，阿荣旗查巴齐鄂温克族同样有这样的谚语：

　　　　夏天以西南方向开始下雨，一定下得多。——西南雨，定要多。

　　以动物习性为依据判定天气情况也是达斡尔族、鄂温克族、鄂伦春族谚语的一大特点。

　　"燕子钻天蛇盘道，蚂蚁搬家有雨到"（鄂伦春族），燕子低空飞舞、蛇从穴中出来活动、蚂蚁搬家，这些现象意味着即将降雨。"野鸭子下蛋近水边，一年雨水少；野鸭子下蛋在高坡，一年雨水多"（鄂伦春族），野鸭子将蛋下在水边，则今年降水较少，反之其将蛋生在地势

[①] 黄任远、黄定天、白杉、杨治经，《鄂温克族文学》，北方文艺出版社，2000年，第261页。

高的地方,则有可能是雨水充沛的一年。"蜻蜓飞得低,没有好天气"(鄂伦春族),蜻蜓低空飞,预报即将来雨。"青蛙叫了,天要涝"(达斡尔族),青蛙叫得越欢,则下雨的概率越大。

此外,以生活中零星的小事或突然发生的反常现象为依据,也是达斡尔族、鄂温克族、鄂伦春族谚语的表现方式。

"天阴了,地返潮;整天阴,可能整天雨"(达斡尔族),阴天,地面容易回潮,如果全天阴天,有可能全天随时有雨。"风湿关节疼,风雨肯定到;疤痕刺痒,大雨要到"(达斡尔族),变天时,病痛会提醒天气变化。"灶炕倒烟,大雨定来"(达斡尔族),"早晚烟满屋,腾格日要下雨"(达斡尔族),土炕燃起的烟尘会在雨来前发生明显变化。"水缸水湿,阴雨要来"(达斡尔族),雨来之前,水缸壁会凝结水珠。"天热人闷,阴雨连连"(达斡尔族),天气异常闷热,多数会下雨。

3. 雪

达斡尔族、鄂温克族、鄂伦春族人民生活在林海雪原,从步行到狩猎到构建住处,都与雪息息相关,因此他们对雪的差异辨别能力极强。"西北雪,一定多;夏白蝶,冬白雪;夏天多鼠洞,冬天少下雪"(鄂温克族),冬天从西北方向开始下的雪,一定下得多;夏天如果白蝶多时,冬季则下雪较多;夏天小鼠洞多,冬季雪少。"清明要是降雪,春天必有大雪"(鄂温克族),若清明时节降雪,则春季还会有大雪。"好的春天有雪,坏的秋天有雨"(达斡尔族),春雪对生产有益,秋雨则使庄稼受冻。"今春的好雪水,来秋的好收成"(鄂温克族),"雪覆盖的牧草,春天就会茂盛;没雪的牧草,春天不会茂盛"(鄂温克族),瑞雪兆丰年,适时适度的冬雪可以保暖土壤、冻死害虫、积水利田。"美丽的夏天,不会有暴风雨;美丽的冬天,不会有暴风雪"(鄂温克族),"狼嚎叫灾难到,冬呼啸雪灾临"(鄂温克族),但若出现暴风雪或导致雪灾,则会对农业生产、日常生活等造成极大威胁,故人们祈求风调雨顺,不要出现暴雪天气。

4. 风

风是我们最为熟悉的天气要素之一，是由空气流动产生的。达斡尔族关于风的谚语有："日落时候天边红，不雨也要刮大风"，意即火烧云有可能表示第二天会刮风下雨。"天刮黄风，有雨；脸色焦黄，有病"，意即若出现黄沙漫天的大风天气，不久就会出现降雨。"太阳起风圈有雪灾，月亮起风圈有大风"，意即太阳内出现风圈，则会有雪灾，月亮出现风圈，意味着起风。鄂温克族谚语"清明刮风，春天必有大风，一直刮到布谷鸣"，说的是清明节刮风的特点。另外，鄂温克族还有相关谚语，如"方向最坏的是东风"，是说当地如果春季多东南风，一定不会是好天气。"无风闷热天，就要刮风雨"，盛夏天气炎热，人们希望能够刮风下雨，以缓解酷热，获得清凉。"风来雨就来，风走云就走"，受空气流动影响，在下雨时，常先会狂风大作，而后骤雨接踵而至；风是一种空气流动现象，风吹则云动。"日落灰蒙蒙，来日风飕飕"，若日落时分天气灰蒙蒙的，第二天就会刮风。"秋天刮寒风的时候，大地就开始慢慢结冻；春天刮暖风的时候，大地就开始慢慢解冻"，秋季气候寒冷，风带来寒流，气温降低，大地始冻；春季万物复苏，风带来暖流，气温上升，大地开始解冻。

5. 其他气象

达斡尔族、鄂温克族、鄂伦春族的气候环境谚语也反映出干旱、云雾等其他气象。"云色发黄了，老天就要旱"（鄂伦春族），云朵发黄，有可能是大旱之年。"旱天的边际红，疯狼的眼睛赤"（达斡尔族），干旱时，天际隐隐会呈现泛红的颜色。"黄蜂飞满原，干旱在眼前；蚂蚁遍地跑，洪涝马上来"（鄂温克族），黄蜂遍野，预示着干旱即将来临。"风从山上往下刮，雾从水地往上飘"（达斡尔族），风是从山顶向下吹的，而雾是水汽升腾向上飘起的。民间也可通过雾来辨别天气，汉族民间便有谚语"黄梅有雾，摇船不问路"，说明春夏之交时，雾是雨的前兆。鄂温克族也有谚语"一日雾霜罩，三日雪花飘"。

（二）四季类

各民族都有许多季节类谚语。如汉族谚语有："立春晴，雨水均""惊蛰闻雷米似泥""夏至东风摇，麦子坐水牢""立夏不下雨，犁耙高挂起""立秋响雷，百日无霜""秋前秋后一场雨，白露前后一场风""大寒不寒，人畜不安""大雪兆丰年，无雪要遭殃"。生活在森林、草原、平原及河流地带的各北方少数民族，在渔猎、农业等生产活动中，根据气候变化和生产生活规律，积累出大量有关四季变换等自然谚语。如赫哲族民间便流传着这样的谚语：

冰排一淌，春鱼满舱。

立春棒打獐，雨水舀鱼忙。

立夏鱼儿欢，小满鱼来全。

芒种鱼产卵，夏至把河拦。

小暑胖头跳，大暑鲤鱼跃。

赫哲族通过对自然、渔业生产长期细致的观察，准确地用谚语概括出立春、雨水、立夏、小满、芒种、夏至、小暑、大暑的自然变化与赫哲族渔业生产的关系。这些凝练的谚语体现了赫哲族口头语言艺术的精髓，对赫哲族的渔业活动产生出富有指导意义的实用价值。

与赫哲族一样，达斡尔族、鄂温克族、鄂伦春族居住地接近中国最北端，冬长夏短，四季分明，季节不同，景观各异：春季候鸟迁移回归，万物复苏；夏季柳枝摇曳，万物生长；秋季秋高气爽，明月朗朗；冬季料峭寒冬，白雪皑皑。大量与四季相关的谚语也由此而生。这些谚语中蕴含着丰富的有关四季变换、气候变化的内容。"气象学、方向学等自然知识在他们的谚语里有独特的反映"[①]。如：

额坡皮鸟叫，冬天到。

布谷鸟叫，春天到。

黄鹂鸟叫，山林披绿。

---

① 汪丽珍，《满－通古斯诸民族民间文学研究》，中央民族大学出版社，2006年，第357页。

太阳月亮出光圈，
刮风下雨或下雪。
东南方下的雨，
必定下得大。
西北方下的雪，
一定下得多。

北斗星的方向是东北，
三星出的方向是东南，
日月出的方向是东方，
中午太阳的方向是南，
太阳到不了的方向是北。

上述谚语是鄂温克族根据生产生活经验提炼出来的。"这些自然知识的总结，来自于鄂温克族在日常生活中对各种动植物、太阳、月亮、星星的细致观察，从中也折射出鄂温克族对大自然的依赖与崇拜"[①]。

鄂伦春族的气象和季节谚语：

日环月环的当日，要有大雨雪。
春天鱼胆膨胀，河水就要上涨。
云色发黄了，老天就要旱。
二至三月是鹿胎期，
五至六月是鹿茸期，
九月至落雪前是鹿围期，
落雪期间是打皮子期。

这些"鄂伦春族有关自然知识的谚语，也是他们在赖以生存的狩猎生活中通过对自然界的各种动植物、太阳、月亮等自然现象的密切观察

---

① 汪丽珍，《满－通古斯诸民族民间文学研究》，中央民族大学出版社，2006 年，第 358 页。

而形成的。这些谚语反映了鄂伦春族对于自然知识以及气象与狩猎生产关系的独特认识和理解"①。

达斡尔族反映气象和季节的谚语有"春鸟鸣叫,夏柳枝美,秋月清丽,冬雪洁白",简短的语言,形象生动地概括出了不同季节的特点。

有的谚语反映了达斡尔族、鄂温克族、鄂伦春族人民按照季节从事农业生产活动规律的,如达斡尔族谚语"过了清明要种田,过了芒种不可种",说的是种田要在清明之前开始,否则便会耽误农时。"春风送暖准备种大豆,种籽耕牛",是指春天回暖之时是种植大豆的好时候,应当加紧耕种。也有倡导人们顺应自然生息的谚语,如"夏热冬冻,风调雨顺",说明达斡尔族人对冬天夏天冷暖关系有着辩证的认识。

1.春

春天,又称春季,是一年之中第一个季节,万物生机萌发,气候变化无常,故汉族有了"春天不刮,草芽不发""春天孩子面,一日变三变""立春之日雨淋淋,阴阴湿湿到清明""反了春,冻断筋"等谚语。达斡尔族也往往用谚语描述春天生机勃勃的美好景象,如"春风微微吹拂,万物渐渐复苏"。

达斡尔族谚语"寒风日去暖风微吹,冰化雪融阳气上升。二月白雪春寒日子,道路条条印上黑痕",体现出春天天气回暖,冰雪融化,从融雪上走过会留下黑色印痕的初春景象。对农耕文化的达斡尔族人民来说,冰雪融化的初春时节,就是播种农忙的时候,正如谚语所说——"春季里好时光,冰雪化播种忙""阳春三月东风送暖,好雨润物遍地渐绿"。一场春雨,润物如酥,万物开始从冰冻中苏醒过来,迎接新的四季变换。达斡尔族体现春天场景的谚语还有:"春天来临,阳气上升;春风高高,野地滚蒿草""暮春三月鸿雁南来,田间歌声传遍四方""仲春时节温暖可人心,草香鸟鸣郊游好时光"。这些谚语描写的不仅是春

---

① 汪丽珍,《满-通古斯诸民族民间文学研究》,中央民族大学出版社,2006年,第358页。

天的鸟语花香，更主要的是人与自然的和谐相处和勃勃生机。

鄂伦春族谚语有"春风能化冰，良计能治病"，说的也是春天的新气象。

而对以渔猎文化为主的鄂伦春族来说，春天意味着到了捕猎的好时候。春季冰雪融水，河水水位自然上涨，鄂伦春族人民机敏地观察到了水中鱼类发生的变化，如鱼胆膨胀，开始向水面靠近。对于以捕猎为生的鄂伦春族来说，这是大自然最好的馈赠。谚语"春天鱼胆膨胀，河水就要上涨"，就是他们对季节的敏锐把握。

额尔古纳河　（孔群　摄）

鄂温克族的谚语描写出春天万物复苏、大雁飞还、春机盎然的景象。三月初春，大雁归来，鄂温克族有谚语"大雁春天归，孩儿春节回""大雁回归时，大地春草生"。海棠花在每年春季四五月份盛开，"海棠花开得早，就会迎来美好的春天；芦苇花飞满天，就会招来风大的秋天"。春去秋来，人们由季节的轮回变换生发出对有限人生的感慨："有限的人生，不会重复来；春天的暖风，来春还会来。"

2. 夏

夏季是充满生命力的季节，它的到来为达斡尔族、鄂温克族、鄂伦春族居住的地域带来葱茏秀丽的风光。炎热的夏天天气变化快，雨水增多，当天气变得闷热，就意味着雨水的到来。如：

夏天热极了刮风，夏天闷过头了下雨。（达斡尔族）

狗吐舌，天气变炎热。（达斡尔族）

夏天同样也是草木繁盛、郁郁葱葱的时节，是万物蓬勃生长的好时候，达斡尔族有许多描写万物生长景象的谚语，如：

布谷鸟歌悠扬时候，原野上正换青绿装。

孟夏四月草木繁茂，天高云淡蝴蝶似扇。

五月端阳花儿艳丽，耕耘正赶好的时光。

端午时节配上香艾，柳蒿嫩芽晒满前院。

六月蜂舞花儿朵朵，山丁稠李子遍山坡。

仲夏炎炎，树荫凉爽；田野一片，绿浪茫茫。

鄂温克族描述夏天的谚语有：

夏天白蝶多时，冬季雪多。

——夏白蝶，冬白雪。

夏天小鼠洞多，冬季雪少。

——夏天多鼠洞，冬天少下雪。

夏天以西南方向开始下雨，一定下得多。

——西南雨，定要多。

由于达斡尔族、鄂温克族、鄂伦春族居住地纬度较高，夏季时间非常短暂，天气很快转凉，因此产生了一些反映天气变化的谚语：

夏天的青蛙哇哇叫，秋天的毛驴嗷嗷叫。（鄂温克族）

七月初七是乞巧日，年中节气这时候为高。（达斡尔族）

3. 秋

夏天过去是秋天。秋季晴空万里，天空看起来格外开阔，也就是我们常说的"秋高气爽"。汉族描述秋天的谚语有："立了秋，便把扇子丢""一场秋雨一场寒，十场秋雨要穿棉""白露身不露，秋后少游水""秋天宜收不宜散"。

达斡尔族有许多秋季丰收的谚语：

七月日常气候渐爽，白昼温暖胸襟欢畅。

　　仲秋八月谷穗香，白天黑夜抢收忙。

　　农活十月未干完，张网罗雀没闲心。

达斡尔族居住的地方纬度较高，无霜期短，夏末秋初时节往往已经开始结霜，初雪也在秋季就早早地到来。有谚语生动地描述了这一场景：

　　秋雪铺满山路时，冰碴挂在胡子上。

　　仲秋过后天气凉，山野挂霜一片黄。

　　季秋九月有重阳，露珠颗颗从天降。

　　九月日益转阴冷，总想多躺热炕头。

　　孟冬十月天气寒，山雀觅食出丛林。

虽然秋季短暂，但人们依旧不忘享受秋天的美好，亲近自然，感受秋天的美景与宜人的天气。鄂温克族谚语"秋天的白云，少女的倩心"，将秋日的白云比作少女之心，形象生动地表现出白云的高洁灵动之感。

秋天雁南飞，鄂温克族通过观测大雁的迁徙确定秋天的来临："大雁飞南方，草黄天变凉""大雁飞来时，春季在眼前；大雁飞走时，秋季在门前"。秋季来临，冷空气进入，汉族有谚语"一场秋雨一场寒，十场秋雨要穿棉"，鄂温克族有谚语"秋天的雨越下越冷，秋天的衣越穿越厚"。秋天到来意味着万物萧瑟，鄂温克族有谚语"要是等到秋天，植物都会发黄；要是犹豫不定，事情都会泡汤"。

4. 冬

汉族有许多描写冬天的谚语，如："今冬大雪飘，来年收成好""麦盖三层被，头枕馍馍睡""今冬雪不断，明年吃白面""今冬麦盖一尺被，明年馒头如山堆""雪在田，麦在仓""雪多下，麦不差""雪盖山头一半，麦子多打一石""雪有三分肥""白雪堆禾塘，明年谷满仓""大雪三白，有益菜麦"。

脱掉色彩斑斓的秋装，地处北疆的达斡尔族、鄂温克族、鄂伦春族就迎来了银装素裹的冬季，并产生了许多关于冬天的谚语。

冬季天寒地冻，物资匮乏，山林中的达斡尔族、鄂温克族、鄂伦春族人民的生活非常艰辛，如鄂伦春族谚语"猎手在冰天雪地里哈出的气，像山雾那样厚；猎妇在辛酸生活里流出的泪，比河水还要多"就道出了这种艰辛。

达斡尔族描写冬天的谚语有"十一月寒大雪纷纷，白毛风雪冷煞了人""隆冬腊月冰冻三尺，田野草木枯死冻硬""一冬没雪的话，明年无收成""雪花飘，农夫乐"。可见，达斡尔族居住地冬季的寒冷艰难可见一斑。人们为顺利度过寒冬，需要储备袍子、柴火、牧草、燃料等。鄂温克族谚语便有相关记载：

  毛皮缝制的袍子，不怕冬天的严寒；薄皮缝制的草袍，不怕炎夏的暴雨。

  充足准备柴火的人，严寒冬季不会被冻死；物质条件丰富的人，不为生活操劳而死。

  只要充分准备牧草，冬天再大的雪也没什么可怕；只要充分准备燃料，冬天严酷的寒冷也不可怕。

入冬之时，候鸟南迁，鄂温克族谚语"顺排飞的鸟，喜欢落在沙坨子上；横排飞的鸟，冬天飞向南方"，详细描绘了候鸟南飞的场景。

阿里河林场 （孔群 摄）

反映冬季生活的谚语中，达斡尔族有关农业生产的谚语有：

　　冬季里北风寒，送粮车排成行。

对于以狩猎渔业和农耕兼有的达斡尔族、鄂温克族、鄂伦春族人民来说，粮食是他们在冬天正常生活的重要保障，因此在冬季，粮食的储藏是十分重要的。

第二节　谚语与植物

"千百年来，人类在生产过程中认识和了解了各种植物的形态、结构、生长习性、对环境的适应性以及用途等。因此人们常把熟悉的植物特征通过比喻的方式引申到语言实践中，并依据植物的各种特征赋予其特定的情感和喻义"[①]。在谚语里我们经常可以看到以植物为喻体的身影，如汉族谚语"什么藤结什么瓜，什么树开什么花""没有梧桐树，引不到凤凰来""爬不上杨树爬柳树""柳树发芽暖洋洋，冷天不会有几长""荷花开在夏至前，不到几天雨涟涟""芦花秀，早夜寒；芦花黄，大水狂""五月开茭花，大水淹篱笆""水里泛青苔，天有风雨来""荷花开，秧正栽；菊花黄，种麦忙""桐子树开花，霜雪不再落""九尽杨花开，农活一齐来"等。张毅编写的汉文版《常用谚语词典》收录了3200余条谚语，其中137条谚语的喻体与植物名称有关。

达斡尔族、鄂温克族、鄂伦春族居住的地方，素有林海之称，山林连绵逶迤，漫山遍野，蓊郁的原始森林，林业资源非常丰富，白桦、樟子松等树木遍布山林，野生植物种类繁多，乌拉草、柳蒿芽等野草应有尽有，农业作物多样。达斡尔族、鄂温克族、鄂伦春族谚语生动地记录了这些具有地域特色的植物。

[①] 热孜万古丽·沙依木，《汉语和维吾尔语谚语中植物喻体对比分析》，《语言与翻译》（汉文），2010年第3期。

一、树木与野生植物类谚语

树木与植物类谚语有很强的地域性和民族性。汉族谚语中使用频率较高的喻体为草木类和蔬菜类，如槐树、柳树、杨树、榆树、梧桐树、篱笆、姜、荻莛、菟丝、芝麻、山核桃、梅、铁树、香椿树、黄连树、桑树、银树、藤、笋、甘蔗、葫芦、瓜、冬瓜、茄子、萝卜、仙桃、杏子、枣、栗、荷花、橘子、柿子、葱、蒜、禾稻、麦糠、蒿草、黄连、藻菜、人参、扁豆、藕、花（桃花、梅花、牡丹）等。维吾尔族语言中含植物的喻体主要是水果类和谷类，如苹果、杏、桃子、葡萄、石榴、桑葚、梨、核桃、麦子、高粱、大麦、小麦、麦穗、青苗、绿豆等。达斡尔族、鄂温克族、鄂伦春族谚语涉及诸多野生植物：树木类如橡树、松树、柏树、白桦、榆树、杨树等；野菜类如乌拉草、柳蒿芽等；灌木（果实）类有山丁子、山楂等。这些谚语体现出大兴安岭独特的自然风貌与植被特点。达斡尔族、鄂温克族、鄂伦春族以其优越的森林资源为依托，产生出独特的桦皮工艺、建材工业和造纸工业，改善了人们的生产生活条件。

（一）树木类

树木是木本植物的总称，有乔木、灌木和木质藤本之分。形体高大的大树可达十几米甚至数十米，可生长几十年、数百年乃至几千年。郁郁葱葱的大树，不但能遮阴纳凉，还为大地撑起了片片绿色，带来了蓬勃生机。唐代诗人贺知章《咏柳》的诗句"碧玉妆成一树高，万条垂下绿丝绦。不知细叶谁裁出，二月春风似剪刀"，描写的就是柳树的多姿和柔情，堪称经典。汉族的树木类谚语"树怕伤根，气大伤身""树大成材，人小志高""树大根深，山高谷深""大树有荫，堤高水深""树大招风风损地，人为名高名丧身"，既寄托了人们对林木的情感，又从一个侧面反映了汉民族特殊的文化品格及世态人情，传达了生活的本质和哲理。

达斡尔族、鄂温克族、鄂伦春族也有许多关于树木的谚语。

"樟子松高，出自青山；莫日根好，出自猎区"，鄂伦春族这条谚语记录了大兴安岭特有的植物——樟子松的生长特性。樟子松是常绿乔木，树皮黑褐色，鳞状深裂，主要分布在大兴安岭北部海拔400—1000米的山地。

除了樟子松，达斡尔族、鄂温克族、鄂伦春族谚语还记录了松树的一般特性，如：树木生长较快，谚语有"参天松树一年年长高的"（达斡尔族）；松树材质好，谚语有"风大吹不倒青松，雾浓蒙不住眼睛"（鄂伦春族）；松树适应性强，寿命长，谚语有"莫学野花一时开，要像松柏永远绿"（鄂伦春族）和"青草只是一夏之盛，苍松可是四季常青"（鄂伦春族）；松柏类树木枝杈多，谚语有"松柏树木枝杈多，世袭家族男孩多"（鄂温克族）。与此同时，达斡尔族、鄂温克族、鄂伦春族谚语还记录了松树的作用，谚语"松明子越烧越少，经验越积累越多"（鄂伦春族），就记录了松明子作为燃料的特性与功能。松明子也称松油材，广泛分布于林间，是松树树干皮材中富含油脂层的树干材，曾被用作燃料。除此之外，达斡尔族、鄂温克族、鄂伦春族人民还用松树来喻指人世间的道理，谚语如：

松柏之下，其草不殖。（鄂温克族）

松柏不会弯，弯了就折断。（达斡尔族）

松柏常青枝叶茂盛，人生一世却有时限。（达斡尔族）

"松柏之下，其草不殖"意同"挨着大树不长苗"，指的是在松树底下的小草难以生长，比喻在权力之下，弱小势力很难存活。"松柏不会弯，弯了就折断"，则是用来夸赞松柏正直坚韧的品性。"最为顽强的是，石山顶上生长的松树；最了不起的是，盐碱地上生长的小草"（鄂温克族），松树因坚贞的品格、顽强的生命力被人们广泛歌颂。"松树美在亭亭玉立，河流美在弯弯曲曲"（鄂温克族）等谚语，体现出松树不畏风霜、傲然屹立之态。"松柏常青枝叶茂盛，人生一世却有时限"，是将松柏的长寿和人生的短暂进行对比，传达人生苦短的道理，告诫人们要珍惜时间。

　　谚语中同样还有对白桦树、榆树、柳树、杨树和橡树的描绘。"白桦树要有青松相配，巧手姑娘要好猎手来娶"（鄂伦春族），"鱼儿离不开水，鼹鼠离不开土，桦树离不开山，星星离不开天"（鄂温克族）。白桦，落叶乔木，有白色光滑像纸一样的树皮，也常被用来形容好姑娘，又如鄂伦春族谚语"桦林白——洁白，姑娘正——名好"。白桦喜欢阳光，生命力强，木材可供一般建筑及制作器具之用，谚语如"弓用皮绳子做弓弦，箭用桦木削成杆"（达斡尔族）。

　　"雕不在榆树上做窝，虎不在土丘上生活"（达斡尔族），榆树，又名春榆、白榆等，素有"榆木疙瘩"之称，为榆科落叶乔木，生长于海拔1000—2500米以下之山坡、山谷、川地、丘陵及沙岗等处。榆树树干通直，树形高大，绿荫较浓，适应性强，生长快。

　　"柳树当年不算活，松柏经冬不会冻"（达斡尔族），柳树的一般寿命为20—30年，少数种可存活百年以上。柳树生命力顽强，对环境的适应性很强，耐旱、耐盐碱，在生态条件较恶劣的地方也能够生长。"柳树不怕水淹，松柏不怕地干"（达斡尔族），在条件优越的平原沃野，柳树会生长得更好。

　　"杨树勤修成栋梁"（达斡尔族），形容杨树生长迅速，高大挺拔，树冠有昂扬之势。"对于怕苦的人，杨树又滑又高；对于敢闯的人，高山又矮又小"（鄂伦春族），同样体现了杨树又高又直的特点。笔直修长的树木更方便使用加工，人们对此类树木也尤为喜爱，甚至将其与性情直率的人相比，如"笔直的树用处多，直率的人朋友多"（鄂温克族）。

　　树木的茁壮成长离不开阳光、水分、土壤等多种要素的作用，鄂温克族谚语"有了阳光的照射，根在土里的树才能茁壮成长；有了大家的关照，家境贫困的人才能过上好日子"，便体现出这一原理。

　　（二）野菜野果类

　　野菜与野果是大自然赋予我们的丰硕果实，是儿时满山跑、满地爬,田间地头小桥流水间留下美好的回忆,是浓浓的家乡味。《诗经》中载录的野菜就有"荇菜、葛、卷耳、苯、蕨、薇、藻、苓、蓷、唐、苹、莱、堇"等。《诗经》中所载录的野果有"桃、甘棠、梅唐棣、李、榛子、桑葚、木瓜、栗、杜、苌楚、郁、枣、常棣、枸、莺"等。如此众多的野菜、野食的描述,在很大程度上反映出了古人的饮食生活面貌,证明了人类的食物范围不限于五谷,证明了采食野菜、野果在古人饮食结构中占有重要位置。恩格斯指出:"马克思发现了人类历史的发展规律,即历来为繁芜丛杂的意识形态所掩盖的一个简单事实:人们首先要吃、喝、住、穿,然后才能从事政治、科学、艺术、宗教等。"《诗经》里有句话"谁谓荼苦,其甘如荠",说明荠菜所结的籽味道是甘甜的。清顾禄的《清嘉录》上说,三月三日男女皆戴荠菜花,故谚云:"三春戴荠花,桃李羞繁华。"又说:"荠菜花俗呼野菜花,因谚有三月三蚂蚁上灶山之语,三日人家皆以野菜花置灶陉上,以厌虫蚁。晨村童叫卖不绝。或妇女簪髻上以祈清目,俗号眼亮花。"农村还有"春灵芝,秋蒿草"的谚语,意思是:春天采食野菜嫩芽败火、养颜、补气祛毒的功效价值顶灵芝草;秋天野菜老了,只能做柴火烧。

达斡尔族、鄂温克族、鄂伦春族都有采食野菜和野果的习俗。山野菜、山野果,可谓美味佳肴,既是他们餐桌上的珍品,也是他们生活中不可缺少的绿色食品。在长期采食野菜和野果的过程中,达斡尔族、鄂温克族、鄂伦春族积累了丰富的食用方法,并产生了部分关于野菜与果实等植物的谚语。

达斡尔人逐水草放牧、种田、打猎,吃惯了生长在河边、江沿的柳蒿芽,提炼了很多关于柳蒿芽的谚语,如:"没有江河的地方,达斡尔不安家;没有流水的地方,不长柳蒿芽。"

达斡尔族、鄂温克族、鄂伦春族还有其他一些关于野菜的谚语。

"猎家屋里三件宝:摇车、吊锅、乌拉草"(鄂伦春族),乌拉草主要生长于中国东北长白山脉以及外兴安岭以南,与人参、貂皮并称为

"东北三宝"。乌拉草是多年生草本植物，具有保暖防寒的作用，是必需品，深受达斡尔族、鄂温克族、鄂伦春族人民喜爱。每到秋季，人们便到山上去割乌拉草，晒干存放；冬季絮到鞋里御寒，避免冻伤。

鄂温克族人喜爱甘草，故谚语云："根固的阿拉塔甘草，北方的沃土是它的母亲；如掌上明珠的女儿，是父母抚育的宝贝。"达斡尔族谚语有："轻飘的草是'卡恩卡尔金'，不好的人是'布日也钦'。""卡恩卡尔金"达斡尔语的意思是随风而动的草，即风滚草，喻轻浮的人。这种草是戈壁常见的一种植物，当干旱来临的时候，会从土里将根收起来，团作一团随风四处滚动。在戈壁公路两侧，起风的时候，经常可以看见。"布日也钦"是吹牛角的人，喻说大话的人、浮夸的人。达斡尔人用草的特性和人的特性相比附，极为生动形象。

鄂伦春族谚语有"冬青虽涩能治病，言语虽硬能救人"，冬青种子和树皮均可供药用，为强壮剂；叶有清热解毒作用，可治气管炎和烧烫伤。鄂伦春族有谚语记录其药用价值。

"苍耳花瓣鲜艳，根却有毒；敌人笑脸一团，心却狠毒"，也是鄂

杜鹃花　（郭伟忠　摄）

伦春族的谚语。苍耳野生于山坡、草地、路旁等，全株都有毒，以果实特别是种子毒性较大。达斡尔族谚语有"勿进有苍耳之地，勿惹有寻衅之人"，警示人们小心苍耳的伤害，远离心怀不轨之人。

鄂伦春族关于野果的谚语有："熟透了的山丁子，练棒了的小伙子""没熟透的橡子，又苦又涩，没教养的小子又傲又特"。

大兴安岭野生红豆 （孔群 摄）

"熟透了的山丁子，练棒了的小伙子"，山丁子花为白色或淡红色，果实近球形，红色或黄色，味酸而涩。山丁子树多生于大兴安岭山区杂木林中。"山丁子枝头上果多"（鄂伦春族），形容其果实簇生的形态。橡子是栎树的果实，形似蚕茧，故又称栗茧。外表硬壳，棕红色，既可食用，又可做纺织工业浆纱用的原料。但"没熟透的橡子，又苦又涩，没教养的小子又傲又特"，即橡子不好吃。

山丁子遍布于达斡尔族、鄂温克族、鄂伦春族生活的地区，鄂温克族也有诸多谚语对山丁子进行描绘，如："为了吃山丁子，不要折断山丁子树；为了倾倒垃圾，不要弄脏嫩绿草地"，强调合理使用资源，保护自然环境。"山丁子熟了会变红，孩子长大了会懂事""山丁子熟了就会变得甜美，孩子长大了就会充满智慧""没熟的山丁子酸，没成熟的孩子倔"等谚语，以山丁子为喻，将酸涩未熟的山丁子比喻为不成熟的孩子，将味道甜美的成熟山丁子比喻为长大的孩子，智慧懂事。

达斡尔族谚语有"六月蜂舞花儿朵朵，山丁稠李子遍山坡"，稠李子又名老乌眼，味苦、甘、凉，有清热解毒的药用功效，达斡尔族的此条谚语记录了在其生活地区，稠李子遍布的富饶景象。稠李子味道甜美，受人喜爱，人们在品尝时，引发出深刻的思考，产生了反映人生哲理的谚语："稠李子吃起来虽很甜美，但其果核吃起来很麻烦；看起来简单又容易的事，做起来未必就那么轻松"（鄂温克族），稠李子虽然味道甜美，但是吃起来要注意果核，正如某些事，看起来简单容易，实则未必。"吃稠李子时，别忘了树林；晒阳光的时候，别忘了太阳"（鄂温克族），意在说明饮水思源、知恩图报的道理。

此外，"熟透的苹果自然香""苹果熟透了，自然会落地"，用果实成熟来喻生活道理，浅显晓畅。再有，"梨树下不要整理帽子，瓜田里不要拖拉鞋"（达斡尔族），这句谚语意义与"瓜田李下"相近，是指不要在梨树下举手过头去整理帽子，也不要在瓜地里蹲下提鞋，以免造成不必要的误会。

（三）花草类

花草也是大自然的有灵植物，它们在自然的生长中把一生的兴旺枯萎贡献给大地山河，为人类带来美丽舒适。有史以来，人类把花草树木当作伙伴，爱护和尊敬他们，与他们和谐相处。汉族中关于花草的成语可谓汗牛充栋，如：繁花似锦、绿草如茵、郁郁葱葱、古树参天、百花齐放、花团锦簇、拈花惹草、奇花异草、桃红柳绿、春暖花开、百花盛开、万木争春、万紫千红、鸟语花香、桃李春风、蓓蕾初绽、杨柳吐翠、绽红泻绿、春苗青葱。汉族关于花草的谚语也不少，如"房好不在大，花香不在多""平地有好花，山里有好茶""春天柳，夏天荷，秋冬

毕拉河神指峡 （郭伟忠 摄）

二季菊梅多""六月荷花满池塘""桂树开花不结籽""若要茉莉香，中午一瓢汤"。

对于各种各样的花草，达斡尔族、鄂温克族、鄂伦春族是"爱"字当头，"喜"字为首，融入了谚语中。

含花草类谚语往往与民族特色有关。

鄂伦春族谚语有"熟透的都柿满枝挂，口渴的棕熊伸出爪"，都柿即蓝莓，野生果实颗粒小，主要产于大兴安岭和小兴安岭林区，是达斡尔族、鄂温克族、鄂伦春族聚居地区的丰富物产之一。

"叫着飞的野鸡，喜欢山楂丛；谈情说爱的人，相会在幽静小河旁"，山楂，又名山里红，落叶乔木，果实酸甜可口，广泛分布在达斡尔族、鄂温克族、鄂伦春族生活的地方。这条谚语中，鄂温克族用山楂比兴，形容爱情宛如山楂一般酸甜美好。鄂温克族人民也用花朵比喻年轻貌美的姑娘，如谚语"吉祥的蝴蝶，喜欢美丽的花朵；英雄的好汉，喜欢美丽的姑娘"（鄂温克族），"美丽可爱的姑娘，众人眼中的花朵；端庄温和的小伙，众人心里的光泽"（鄂温克族）。

鄂温克族人民也通过草的荣枯以及大雁的迁徙观察天气变化，如谚语"大雁回归时，大地春草生""大雁飞北方，草绿天变暖""大雁飞南方，草黄天变凉"，体现出小草的生长消亡情况与天气变化的关系。

达斡尔族、鄂温克族、鄂伦春族也培育牡丹。牡丹的花色明媚鲜艳，或深或浅，在绿叶的衬托下愈加出尘惊艳，达斡尔族、鄂温克族、鄂伦春族也有谚语表达对牡丹的喜爱：

盆子里长的是牡丹，好歌善舞是达斡尔人。（达斡尔族）

牡丹花再好看，需要叶子来衬托。（达斡尔族）

鄂伦春族用花草表达鄂伦春族姑娘的爱情观，充满韵味十足的民族风格，如谚语："不长草的地方，黄鹂鸟不落；没情意的男人，姑娘不愿嫁。"

大兴安岭森林野生花果 （孔群 摄）

二、农业作物类谚语

中国农业谚语流传历史悠久，源远流长。《古谣谚·凡例》中就记载"谣谚之兴，其始止发乎语言，未著于文字"。中国农业谚语在文字产生之前早已存在，是在有文字后才被记录了下来。殷商时期的甲骨文和先秦古籍中早已有农业谚语存在，早在汉代的《四民月令》《田家五行》和晋代的《毛诗草木虫鱼疏》中就有大量记载。在公元6世纪北魏时期贾思勰著的《齐民要术》中就记载农业谚语30多条。农业作物谚语是劳动人民生产生活经验的结晶。

达斡尔族、鄂温克族、鄂伦春族农业作物谚语主要有粮食类谚语和经济作物类谚语两类。

（一）粮食类

在农业发展过程中，粮食作物是一种长期选择的结果。中国古代经过生产实践和经验总结，人们最终从神农时代教民播种的"百谷"中选出了最重要的几种重点种植的谷物，五谷、六谷、八谷、九谷等。"一粒粒食一粒金，颗粒还家要当心""旱不怕，涝不怕，虫不怕，就怕有灾不管它""没有好种，难得好苗""犁地要深，耙地要平"，都是汉族蕴含着一定粮食文化信息的谚语。

达斡尔族谚语有："燕麦荞麦稷谷豆，五谷杂粮勤耕耘。"这说明，在达斡尔族的农耕文化中，五谷杂粮等粮食作物极其重要。燕麦属于小杂粮，是主要的高寒作物之一，其生长期与小麦大致相同，但适应性甚强，耐寒、耐旱、喜日照。荞麦是短日性作物，中国大部分地区都有分布。荞麦性甘味凉，可以做面条、饸饹、凉粉等食品。

达斡尔族谚语还有"站在山坡看着雁南飞，金黄色五谷堆成堆"，秋天大雁南飞的时候，正是达斡尔族、鄂温克族、鄂伦春族忙碌的收获时节。经过一年的辛勤劳作，五谷丰登是人们在农业文明时期最简单质朴的愿望。

稷谷指粟或黍属，达斡尔族谚语有"稷子米好吃，田地难种""一粒稷子一粒金"。

鄂温克族人民通过长期的农业生产劳动，总结出种植粮食的生产经验，如谚语"蒿草长满的地方不需要放牧，荒草长满的地方不需要种粮"。鄂温克族人民将农业生产经验与日常生活经验相联系，产生谚语如"在蒿草地上不要种粮，对爱吵架的人别讲理"。

（二）经济作物类

"清明发芽，谷雨采茶""明前茶，两片芽""早晨不割烟，晌午不摘瓜""七锄葫芦八锄长瓜，三锄芝麻结疙瘩""生地萝卜熟地麻""大麻种得早，树小实又饱；大麻种得迟，树大实又秕""头伏芝麻二伏豆，晚粟种到立秋后"，都是汉族常见的经济作物谚语。

经济作物主要是关于黄烟的。在达斡尔族的谚语里，有许多关于黄烟的描述，如：

爱吸黄烟的人，总想亲临莫力达瓦地方。

黄豆稷米农夫种，黄烟茄秧农妇栽。

达斡尔人自种黄烟出售，换回生活必需品。

黄烟的质量高，取决于天时地利，取决于劳动。

最好的烟叶在枝头。

黄烟中伙勒当格辛辣，昆米乐枝顶端鲜嫩。

黄烟熟透了辣味大，昆米乐老了苦味大。

抽了莫力达瓦黄烟，其他烟都不好抽。

弄到莫力达瓦黄烟，熊猫烟都不好抽。

人人都说云烟好，我却说莫力达瓦黄烟好。

中华烟再好，胜不过莫力达瓦黄烟。

抽上莫力达瓦黄烟，好似成了神仙。

黄烟是达斡尔人表达心意的礼品，昆米乐是达斡尔人招待亲友的佳肴。

吸过莫力达瓦黄烟的人，总想再次弄到它。

黄烟因其需氮较少，符合达斡尔族居住地的土壤条件。世代居住在大兴安岭东麓嫩江右岸的莫旗达斡尔族农民群众非常善于种植黄烟（晒烟），特别是汗古尔河等沿江河乡镇达斡尔族妇女、老人都是种烟能手。黄烟味辛辣，"最好的烟叶在枝头"，"枝头"是一株黄烟最为上乘的部分。黄烟是达斡尔族烟叶种植较早、种得最好、收益较高的地方名烟，种植历史已有300余年。早在清朝初年，成批的达斡尔烟叶就进入商品交换流通市场，成为达斡尔族农

木铧犁，近现代，呼伦贝尔民族博物院藏（孔群 摄）

民群众交换生活用品和生产工具的等价交换物。黄烟也成为好客的达斡尔人珍贵的礼物，用来馈赠亲朋好友，因此达斡尔族谚语有了"黄烟是达斡尔人表达心意的礼品，昆米乐是达斡尔人招待亲友的佳肴"的说法。

独轮车，近现代，达斡尔博物馆藏 （孔群 摄）

萨满神舞 (呼伦贝尔市政协提供)

第三章 谚语与宗教文化

宗教信仰是人们精神活动的一个重要方面，对民族文化有重要影响。由于各民族在历史、地理、政治、经济等各方面都有自己的特点，因而产生了独特的民族文化。语言与文化相辅相成，民族文化常常反映在民族语言之中，尤其反映在蕴涵文化意义的谚语之中。从谚语中人们可以清楚地看出宗教信仰对一个民族精神文化的影响。如《圣经》作为基督教的圣典，广泛流传于世界各地，俄语中许多谚语都源于《圣经》，如"皇帝离得远又远，上帝高高在苍天""上帝终归是上帝，凡人终归是凡人""灵魂与上帝同在""除了上帝，谁也无能为力""背离上帝就是靠近魔鬼""上帝爱虔诚的信徒，魔鬼喜谗言的小人"，都是直接来源于教会斯拉夫语《圣经》的谚语，有着极其丰富的宗教文化内涵。再比如，"新疆有维吾尔族、哈萨克族、回族、柯尔克孜族、塔吉克族、乌孜别克族、塔塔尔族七个少数民族全民信仰伊斯兰教，他们的传统文化也因此受到伊斯兰教的深远影响"[①]。如"胡大要给，圣人不敢吭声""毛拉说的可以做，毛拉做的不可学""毛拉念着吃，乌鸦啄着吃"等就是典型例证。除此之外，新疆的汉族、蒙古族、锡伯族等还受佛教、萨满教的文化影响。蒙古族谚语"人听音乐舒心，神闻香味开心""不攒皮毛的老婆怕天寒，不会念经的喇嘛怕道场"，锡伯族谚语"与其念经守戒，不如打水饮畜"，汉族谚语"手里敲的木鱼子，眼睛盯着锅里的"等，"不仅反映出佛教在蒙古族、汉族、锡伯族等民族人民社会生活中

---

① 马俊民，《语言的精华——谚语》，《民间文化论坛》，2011年第4期。

的作用，也表现了佛教对这些民族的民族心理和传统文化的影响"①。达斡尔族谚语"萨满的话可以听，萨满的事不可做"，满族谚语"背来的石头不忍心扔出去，请来的萨满不好打发回去"，锡伯族谚语"萨满喇嘛互相瞧不起"等，则反映了萨满文化。

　　谚语作为历经沧桑、流传至今的艺术瑰宝，是达斡尔族、鄂温克族、鄂伦春族在语言文化方面极其重要的智慧结晶。这其中有着鲜明的宗教文化印记，记载了达斡尔族、鄂温克族、鄂伦春族先民探索宇宙、认识大自然的部分思想成果。

第一节　达斡尔族、鄂温克族、鄂伦春族宗教

　　信仰与宗教在世界各民族之中普遍存在、代代相传。达斡尔族、鄂温克族、鄂伦春族人民至今仍然保留着浓厚的宗教情结，他们依旧相信人们的生产生活受着神明的保佑。

一、原始信仰

　　达斡尔族、鄂温克族、鄂伦春族的原始信仰是一种多神教即萨满教。"达斡尔族早期信仰观念的认识论基础是'灵魂不灭，万物有灵'的观念。由此我们可以看出，在漫长的历史进程中，达斡尔族全面而虔诚地传承了萨满教的衣钵，并十分完整地保留和沿袭至氏族社会晚期。可以说，萨满教是达斡尔族先民繁衍生息、维系社会、慰藉灵魂的一根精神支柱"②。

　　达斡尔族、鄂温克族、鄂伦春族先民主要聚居于大兴安岭及黑龙江流域，由于封闭的地理环境以及地广人稀的生活状态，加之民族间文化的差异、传统的氏族社会等因素，因此这三个民族与外界交流较少，缺乏新事物的补充和刺激，其信仰皆来自人们对自然力量的敬畏。自然现

---

① 马俊民，《语言的精华——谚语》，《民间文化论坛》，2011年第4期。
② 丁石庆，《达斡尔族早期信仰观念的语言透视》，《黑龙江民族丛刊》，1996年第4期。

象、自然力,诸如天地、日月、山水、动物和树木等,都是他们崇拜和敬畏的对象。他们在依赖大自然从事具有原始特征的狩猎生产生活中,逐步形成了狩猎者与大自然之间不可分割的生存依赖的有机联系,把自然视为自己的生命,产生了与大自然密切相关的民俗信仰及文化行为。大自然按照自身特有的循环规律,给予了他们广阔的生产生活空间,同时又以不可预测和抗拒的各种自然现象考验着他们,使他们对大自然产生了种种崇信、畏惧、寄托、依赖的文化心理,逐步形成了达斡尔族、鄂温克族、鄂伦春族认识客观世界的"万物有灵"的意识观念,并将其引申为世上万物不仅具有灵魂,而且都有其主宰的神灵。基于上述"自然崇拜"和"万物有灵"理念,远古先民们最终产生了源于自然的原始信仰,这种信仰也成为这三个民族漫长发展的历史长河中的指路明灯。

萨满服,近现代,内蒙古博物院藏 (孔群 摄)

人们无法解释自然界中纷繁复杂的现象,就盲目地认定是鬼神与精怪作祟,认为万象皆为神明的意志支配的结果,自然诸神也就应运而生。塔娜在《达斡尔族传说故事的民族特色》中说道:"达斡尔人的祖先,崇拜大自然,尤其崇拜天体。达斡尔先民们对日月交辉、星辰回转、雷鸣闪电、狂风暴雨等自然现象无法解释,因而相信有天神——'腾格日'在主宰一切。此外,有河神——毕日给·巴日肯、山神爷——白那查、财畜神——吉雅其·巴日肯等以及能充饥的动植物,很早就成为萨满教的崇拜对象。在诸多自然力和自然物的崇拜中,达斡尔族最崇拜天体、动物。"[1]

---

[1] 塔娜,《达斡尔族传说故事的民族特色》,《内蒙古大学学报》(哲学社会科学版),1986年第1期。

萨满崇拜存在"类神"。达斡尔族、鄂温克族、鄂伦春族相信诸神存在,并坚信人们被世间万物的神明包围,大自然受各类神明掌管:有掌管上天的天神、主宰太阳的太阳神、统领河流的水神、指点山川的山神……他们的这种观念使得自然被神格化、人格化、伦理化,从而失去了客观性。

远古时代的人们把各种自然物和变化莫测的自然现象与人类生活本身联系起来,赋予它们以主观的意识,从而对它们敬仰和祈求,形成最初的宗教观念,即万物有灵。

在生产力极其低下的条件下,原始先民面对强大的不可抗拒的自然力量或者自然之物,既担心又恐惧,且充满了敬畏之情,还无法解释其神秘力量的来源,于是认为这些变幻莫测的自然现象背后皆有神灵支配,且这些神灵具有和人类一样的意志、情感、人格。于是,随之产生了自然崇拜。自然崇拜的对象极其广泛,可以是自然现象,也可以是自然力量和自然之物,如天、地、日、月、星、雷、风、雨、云、虹、山、石、水、火等。色音在《中国萨满文化研究》中提出:"萨满教所理解的自然是很复杂的,比如在鄂伦春萨满教中自然是作为一种整体存在的,而不是孤立存在的,因此鄂伦春族萨满所信奉的自然神也几乎都是一种类神,即专管自然某一类事物和现象的神。"[①] 这直接印证了将自然界的事物加以形象化和人格化的达斡尔族、鄂温克族、鄂伦春族信仰的自然诸神:一类事物有一位负责掌管的类神,如天神、太阳神、泥神、土神等。秋浦在《鄂温克人的原始社会形态》一书中提出:"鄂温

玛鲁神,近现代,鄂温克博物馆藏 (孔群 摄)

---

① 色音,《中国萨满文化研究》,民族出版社,2011年,第4页。

克族萨满教认为自然界的一切事物和现象都是由神明来主宰的。例如：野兽属于山神所有，猎手能捕获到猎物，是山神恩赐的结果。火也有火神，他们在吃饭和饮酒的时候，总是先要举行简单的祭火仪式，即将一些饭菜酒肉投入火中，然后自己才能吃。他们在搬家的时候也不敢扑灭火种，甚至对他们危害很大的山林野火也不敢去扑灭，认为那是火神放的，是太阳在驱逐恶魔。"[1]

二、宗教信仰的历史流变

萨满教是在原始信仰基础上逐渐丰富发展起来的一种原始宗教。它曾长期盛行于我国北方各民族之间。蒙古萨满起源于原始公社时期的母系氏族社会，这是研究学者们公认的。至于起源于原始公社的哪个时期，有不同的见解。很多人都认为，萨满教发生于狩猎社会。在历史上，萨满教是狩猎社会的主要精神信仰，它支配着人们精神生活和社会生活的方方面面。狩猎生活的不安全感和不稳定性使得人们无法把握自己的命运，人们常常会因为猎物减少而感到不安，他们只能通过虚幻的巫术来获得某种心理平衡。"魂归于骨"就成了萨满法术所追求的主要目标。根据历史文献记载，在我国北方阿尔泰语系民族中，很早就留下了萨满教活动的踪迹。"据《辽史·太祖记》载：契丹每出战或遇重大事情，必以黑羊、白羊、青牛、白马、天鹅祭天，以求上天保佑；每出猎，必祭山神。《辽史国语解》记载：辽俗好射麋鹿，每出猎，必祭其神，以祈多获"[2]。

清代西清所著的《黑龙江外记》中记载了达斡尔族信仰萨满的情况："达呼尔病，必曰：'祖宗见怪！'召萨玛跳神攘之。萨玛，巫现也。其跳神法，萨满击太平鼓作歌，病者亲族和之，词不甚了了，尾声似曰：'耶格耶！'无分昼夜，声彻四邻。萨玛曰：'祖宗要马！'则杀马以祭。要牛，则椎牛以祭。至于骊黄，牝牡，一唯其命。往往有杀无算而

---

[1] 秋浦，《鄂温克人的原始社会形态》，中华书局，1962年，第91页。
[2] 孟盛彬，《达斡尔族萨满教的衰落与文化重构》，《世界宗教文化》，2011年第6期。

病人死,家亦败者,然续有人病,无牛马犹杀山羊以祭,萨玛之命,终不敢违。"①

萨满教是以"万物有灵"观为基础,后又结合生产活动以及其他活动的原始宗教。在灵魂崇拜观念指导下,人们相信萨满是自然诸神的代表和化身,萨满和神明间存在直接的往来关系,这也是萨满教得以兴盛的重要原因。仁钦道尔吉在《阿尔泰语系民族叙事文学与萨满文化》中指出:"(萨满)在鄂温克语中则有'激动不安、疯狂的人'之意,汉译作'巫师'。我们有理由说,鄂温克族是信奉萨满教的古老民族之一。鄂温克族的每个毛哄(氏族)均有自己的萨满,称之为'毛哄萨满',即'氏族萨满'。"②

作为一种世界范围内的宗教文化,萨满文化对人们的生活具有巨大的影响。萨满的神圣性通过民间传说,经过人们不断地渲染加工,萨满的神奇法术被传得越来越神,人们都信以为真,萨满被一步步创造出来。萨满被人们寄予厚望,同时被赋予了巨大的力量。当时的人们一旦有疫病或者困难,就要延请萨满来治疗祈祷,对萨满的信赖超过对医术的信任,认定萨满无所不能,完全陷入了认识论上的误区。即使在进行跳神治病过程中失败了,人们也不会怀疑萨满治疗的基本原理,往往把失败的原因归之于萨满个人能力的问题,认为找到法力高强的萨满就一定能够治愈疾病。面对疾病的侵扰,古代的人们没有太多选择的余地,萨满或许是人们解决困难和治愈疾病的唯一希望。对于拿不出更好办法的家庭而言,萨满的承诺会使人备受鼓舞,重拾信心,带来莫大的心理安慰。自古以来,无数的生灵就这样在萨满的"咚咚"鼓声中离开了人世。从这个角度来讲,应该说萨满教在历史上曾发挥过它应有的作用。

---

① 孟盛彬,《达斡尔族萨满教的衰落与文化重构》,《世界宗教文化》,2011年第6期。
② 仁钦道尔吉,《阿尔泰语系民族叙事文学与萨满文化》,内蒙古大学出版社,1990年,第312页。

达斡尔族、鄂温克族、鄂伦春族最初崇拜神明是源于对力量的崇拜和敬畏，但随着时代变化及社会发展，达斡尔族、鄂温克族、鄂伦春族对自然界的日月星辰乃至山川树木等神的崇拜已不仅流于表面，而且是发自内心地将其对神明的尊敬与供奉融入生活之中，成为生产生活的一部分，甚至与人伦道德相提并论，成为人们的信条和美德。达斡尔族、鄂温克族、鄂伦春族在其日常生活中，越来越相信神明能够保护自己生活安康，为自身谋福。例如：达斡尔族、鄂温克族、鄂伦春族信奉的"嘎里·巴日肯神"，在腊月二十三这样天寒地冻的日子里，依然要为达斡尔族、鄂温克族、鄂伦春族的家事上天，履行神明"家庭保护神"的职责。因此，达斡尔族、鄂温克族、鄂伦春族人们对宗教的信仰就已经深深地镌刻在自己的灵魂中。他们通过神明的教诲来明辨是非，甚至直接用神明来暗指是非对错（在谚语中将神明这一概念作为喻体出现，从而警示规范达斡尔族、鄂温克族、鄂伦春族自身行为），由此可见，宗教不仅局限于一种信仰，更是指引生活方向的明灯。

孟盛彬还指出，按照对宗教类型的划分，萨满教属于民间信仰的范畴，是宗教信仰的一个组成部分，但从民族学的角度看，它属于小传统、非主流。"自古以来，萨满教影响下的北方民族多为无文字社会，建立政权形成文字记载之后的北方诸民族都逐渐放弃原有的萨满信仰，而改宗其他制度化的宗教"[①]。

历史上达斡尔族、鄂温克族、鄂伦春族在信仰萨满教的同时，还崇信佛教（喇嘛教）。16世纪末，佛教大量涌入。这时萨满教与佛教进行了激烈的斗争，斗争过程中，双方互相妥协，互有吸收。佛教之所以得到传播，是因为它有比较接近萨满的内容。有人说，经过结合的新教，可以说是萨满化的佛教，也可以说是浮屠化的萨满教。景爱在《达斡尔族的佛教信仰》中指出："达斡尔族内迁嫩江以后，聚居于墨尔根（今

[①] 孟盛彬，《达斡尔族萨满教的衰落与文化重构》，《世界宗教文化》，2011年第6期。

黑龙江嫩江县)、布特哈(今黑龙江讷河市、内蒙古莫力达瓦旗)和齐齐哈尔一带。其南部相邻者,为扎赉特(今属内蒙古海拉尔区)蒙古、杜尔伯特蒙古、鄂尔罗斯蒙古(部分在嫩江北岸,称后郭尔罗斯,为今黑龙江肇源县境;部分在嫩江南岸,称前郭尔罗斯,今吉林大安县境)。达斡尔族与这些蒙古人在经济上文化上的来往接触甚多,在长期交往中,他们从蒙古人那里接受佛教(喇嘛教)是不可避免的。"[1]不过总的来说,萨满教在东部蒙古的科尔沁草原地区以及在三江流域的赫哲族、达斡尔族、鄂温克族、鄂伦春族和部分锡伯族人民当中得到了较为完整的继承。

萨满教今天依然是达斡尔族、鄂温克族、鄂伦春族的主体性信仰,"现在萨满教的传统观念和崇拜活动更多地以民间习俗、民族文化的形式保留下来。今天的大型传统祭祀敖包活动,除了沿袭风调雨顺、五谷丰登、牧群兴旺、平安健康的祭祀主题,也演变成了达斡尔族、鄂温克族、蒙古族等民族的国泰民安的良好祈愿和盛大的文体竞技表演。信仰文化在不断地扩展为民俗,影响着人们的日常生活方式,它与社会的发展并不冲突,反而可以调节和充实民众的精神生活"[2]。

第二节 谚语与萨满教文化

任何宗教都具有道德教化功能。萨满教对达斡尔族、鄂温克族、鄂伦春族的生活产生了影响,同时,也强烈地影响着达斡尔族、鄂温克族、鄂伦春族的语言,并在它们的谚语中留下了深刻的宗教文化烙印。正确地理解达斡尔族、鄂温克族、鄂伦春族谚语的宗教色彩,有助于对文化民族的深入了解,对研究学习民族语言有着重要的意义。

---

[1] 景爱,《达斡尔族的佛教信仰》,《黑龙江民族丛刊》,2013年第1期。
[2] 萨敏娜,《试论达斡尔族萨满教的神灵世界》,《世界宗教文化》,2014年第5期。

一、山神崇拜类谚语

山神崇拜属于自然崇拜。山神信仰是各民族、各地区最为普遍的自然崇拜之一。当人类刚刚出现在这个世界时，一切都是茫然的，人们首先接触到的是色彩缤纷的大自然，山河日月，飞鸟走兽。人们单纯地相信"万物有灵"，促使对自然盲目的崇拜，正是因为对于自然的希冀，使得人们寄希望于不为人知的力量，希望能够得到神明的帮助。其中山神就是一种非常有影响力的神灵。

山神，达斡尔人称为"白那查"，达斡尔语原词为"白音·阿查"，意为富有的父亲，在俗语中读作"白那查"。白那查的形象是刻画在深山密林中白桦树上的一位老者的大头像，有一张大大的脸庞和一对大眼睛，还有胡子和眉毛。

山神崇拜的文化思想不断渗透、反映到了谚语中，使达斡尔族谚语有了大量负载山神崇拜文化因子的谚语。如达斡尔族谚语有"狐狸再狡猾，也跑不出山神的手"。在达斡尔族人看来，无论猎物多么狡猾、凶猛，都逃脱不了白那查山神的管制，猎人们收获的丰歉取决于白那查的恩赐。《达斡尔族社会历史调查》中记载了达斡尔族崇拜山神的情况："早期达斡尔人认为，广阔的森林有一个称作白那查的神明在主宰，山林中的飞禽走兽都是他养育的，山林中野游者的安全和狩猎者的丰歉，都是由白那查的喜怒来决定的。"[①]

鄂温克族人、鄂伦春族人祭拜的山神也叫"白那查"。鄂伦春人每逢过年过节都举行家宴，长辈往往用手指蘸酒，向上弹三下，以示给山神敬酒。行罢此礼，自己方可饮第一口酒。无论在何场合，人们用酒先做给山神白那查举杯献酒的表示，而后才能自饮。鄂伦春人打猎途中，经过山神之地时，都会顶礼膜拜，从不绕道而行。一般远出狩猎者，要先向山神供给。人们认为，只有听山神的话他才乐于保佑你。如果触犯了山神，他会使你一无所获。"鄂伦春人把山看作神来崇拜和保护，并

---

① 内蒙古自治区编辑组编，《达斡尔族社会历史调查》，内蒙古人民出版社，1985年，第257页。

不是什么奇怪的事情。山是鄂伦春人猎业经济的基地，也是哺育他们的摇篮。鄂伦春人随时随地高度敬仰山神，对它投以亲切的感情，这反映了自然崇拜对他们起过尤为强烈的宗教作用"①。

鄂伦春族谚语有"放排人供奉斡思·恩都日，打猎人供奉白那查""飞禽走兽向往大山林，鄂伦春人崇拜白那查"，从这两条谚语中我们可以看到，鄂伦春人极为崇拜"白那查"。

鄂温克族人认为，山上存在山神，它拥有着主宰一切的力量。鄂温克族有谚语"山有山神，子有父亲""山里的主人是山神，大地的主人是地神"。若一个山上有山神居住，遍地都是猎物鲜果，如"山神住的山上，遍地都是鹿狍；山神住的地方，到处都是野果"。若是山上没有山神，则此山不会受到庇佑，只会贫瘠荒凉，如"只要山神在山上，到处都是鹿狍犴；山神不在的山上，连个鼠虫也没有"。山神的喜怒决定着获取猎物的多寡，如"山神生了气，猎物会跑掉；山神高了兴，猎物就到手"。得罪了熊，也会导致山神生气，产生恶劣的后果，如"得罪了熊，山神就会生气；得罪了老人，天神就不饶你"。

白那查（山神）像，近现代，鄂伦春博物馆藏（孔群 摄）

鄂温克族猎民亦有同鄂伦春族人相近的祭山神仪式。鄂温克族的猎人对于白那查（山神爷）非常崇拜，认为一切野兽都是白那查养的家畜，所以找一个很粗的树，在树上绘一个老人，用野兽献祭白那查。他们在行猎中看见高山、深沟、岩石和怪树，就认为是白那查住的地方。

直至如今，达斡尔族、鄂温克族、鄂伦春族的老人仍保留着敬奉白那查山神的习俗，鄂伦春妇女亦可随男子一起出猎，夫妇共同狩猎的情

---

① 孟志东、瓦仍台布、尼伦勒克，《鄂伦春族宗教信仰简介》，《内蒙古社会科学》（汉文版），1981年第5期。

况也有存在，因此，妇女可同男子一起祭山神。而山神也不再仅仅是狩猎神，而是成为达斡尔族、鄂温克族、鄂伦春族的守护神。个人在山附近时，如遇不顺之事，也可以到山神像前诉说。如妇女婚后较长时间不怀孕，便去山神像前燃香、默祷祈子。有时，"狩猎者和放排木者在山林中遇见奇异的古洞或古树，就认为那是白那查栖息的地方，便叩头礼拜，每当野餐或喝酒时，首先敬白那查尝食。他们认为白那查是善神，不会无端加害于人，因而人们有时把善良的人比喻为白那查"[①]。

山林是猎人的家，达斡尔族、鄂温克族、鄂伦春族生活的特殊地理环境是山神信仰得以产生的基础，所以对山的喜爱也间接地反映了达斡尔族、鄂温克族、鄂伦春族人对白那查的信仰。

反映鄂伦春族人对山林有喜爱之情的谚语有：

风暴再狂，鹿群也不愿分散；阴云再厚，猎户也不愿离山。

要学会打猎多进山，要学会技术多实践。

母心在儿子身上，儿子的心在山上。

猎人以山为家，农夫以田为业。

反映鄂温克人对山林有喜爱之情的谚语有：

闯过深山里的人，才知道深山里有宝。

敢进深山的人，才能获得猎物。

山林宝藏越多，猎户日子越好过。

冬天猎人顶风走到山崖见鹿。

冬天猎人走到高山柞树见野猪。

冬天猎人在高山下看见黑熊。

冬天在高山上的樟松林见灰鼠。

在生产力极度低下，物质条件极度匮乏的早期社会，获取食物的途径较为单一，在资源富饶的山上打猎成了达斡尔族、鄂温克族、鄂伦春

---

① 内蒙古自治区编辑组编，《达斡尔族社会历史调查》，内蒙古人民出版社，1985年，第257页。

族人民维持生活的最佳途径。在山林中，猎人们不仅可以获得食物，还可以获得制作衣物的皮毛等诸多与生活密切相关的物品。人们的生活已经和大山紧紧地联系到了一起，人们感激山的馈赠，对于大山除了有一种源自心底的喜爱之外，更多的是尊敬。

二、天神类谚语

苍天崇拜是萨满教信仰的核心。达斡尔族信仰萨满教，他们认为宇宙"有上界即天空，为神灵所在的世界；中界系人类生活的人间世界；下界为阴魂所在的阴间世界"[1]。牟钟鉴先生曾指出："原始社会后期天神崇拜出现。"[2] 一望无际的茫茫苍天，以其奇特景象激发达斡尔族、鄂温克族、鄂伦春族先民的幻想力与创造力。他们在"万物有灵"论的思想基础上，形成了天神观念、天神名称、天神形象、祭天仪式、天神传说等一系列天崇拜文化内容。纵观达斡尔族、鄂温克族、鄂伦春族天神崇拜的历史轨迹，天神观念并非从来就有，它随着人类社会的发展进程和思维的进化而形成，在对天空原始认知的基础上逐步成熟。

达斡尔族、鄂温克族、鄂伦春族对天和天神极为崇拜。由于其分布地区不同，自然环境、生产方式迥异，因而他们形成了不同形式、不同风格的祭天仪式。

宝力格主编的《草原文化研究资料选编》中记载了鄂温克族自治旗一带的鄂温克人举行的祭天仪式："祭天时在离居住地较远的西山坡上支起一座游牧包，在游牧包内和游牧包的南面各埋一棵枝叶茂密的白桦树，在两棵树之间拉三根绳子，然后，在绳上系一些红、黄、蓝等彩色布条，接着牵来一只羊作为祭品，并请放牧经验丰富的老牧人就地把羊杀掉，萨满把羊血涂在萨满鼓面上。接着把萨满的服装和神鼓在篝火上烤一下，做完这些准备工作之后，萨满穿上神服击鼓唱祭天颂歌。"[3] 这

---

[1] 丁石庆、赛音塔娜编著，《达斡尔族萨满文化遗存调查》，民族出版社，2011年，第242页。
[2] 牟钟鉴、张践，《中国宗教通史》，社会科学文献出版社，2003年版，第4页。
[3] 宝力格主编，《草原文化研究资料选编》(第6辑)，内蒙古教育出版社，2011年，第525页。

种祭天仪式反映出鄂温克人对天的崇拜、对大自然的依赖。

达斡尔族、鄂温克族、鄂伦春族对天神称呼不一，在达斡尔语中，"天"被称为"腾格日"。鄂温克人把天称之为"保克"，意为天神。"保克"是鄂温克族对天神的总称，而天上最高的神是"恩都力保克"，它主管人间的旱涝等事宜。每当人间发生大旱或大涝等天灾时，人们在心里默念着"恩都力保克"之名，祈求天神降福保佑。

祭拜山神 （呼伦贝尔市政协提供）

反映达斡尔族天神崇拜意识的谚语有："要想得到天神恩赐，先要忠于天神。"丁石庆认为："'腾格日'及其相关词语真实地记录和反映了达斡尔族先民对'天'的认识比起对宇宙间其他事象的认识更为具体，更为深刻。说明在他们的宇宙观中，'腾格日'占有十分重要和突出的地位。"[1]萨敏娜指出："达斡尔人认为天神'腾格日'是最高的神，世上万物包括人类都是靠天吃饭，由天养育，因此，他们普遍供奉天神

---

[1] 丁石庆，《达斡尔族早期信仰观念的语言透视》，《黑龙江民族丛刊》，1996年第4期。

'腾格日'。祭'天'没有供奉的偶像。达斡尔人家里不立天神的神位，没有天神的神龛。'天'是达斡尔人唯一不称为'巴日肯'的神灵，也是从来不附体的'翁果日'，天具有综合性，是无所不包的，它是宇宙伟大力量的象征，因此受到人们的高度崇敬。所有重要的、大型的萨满仪式，都首先祭拜、供奉天神。由此可见天神之唯一性、广袤性和至上性。"①

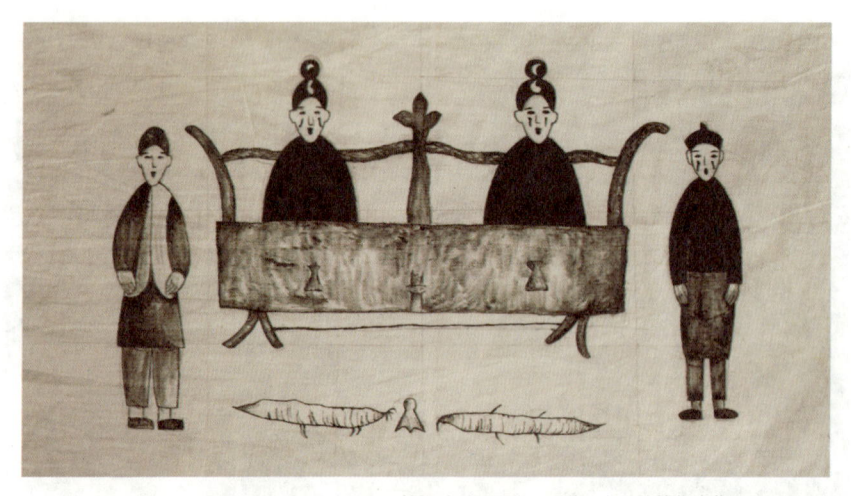

始祖神，近现代，呼伦贝尔民族博物院藏 （孔群 摄）

达斡尔族谚语还有"腾格日变化在一时，坏天气早晚会过去"，谚语里的"腾格日"虽然指的是天气，但从语源上说，也间接地反映了达斡尔族的天神崇拜意识。"夏至一到，信者就祭太阳神；冬至一到，人们就祭天神老人。"（鄂温克族）在达斡尔族、鄂温克族、鄂伦春族的心目中，天具有超人的神力和智慧，能够驱魔降妖，给人类带来幸福与平安，是至高无上的神明。所以人们信奉并尊敬天神：

上天允许凭记忆的宗教存在。（鄂温克族）

要想得到天神恩赐，先要忠于天神。（鄂温克族）

见了天神，鬼会吓得拉裤子；遇了天神，恶鬼吓得尿裤子。

---

① 萨敏娜，《试论达斡尔族萨满教的神灵》，《世界宗教文化》，2014 年第 5 期。

(鄂温克族)

  天神降临的日子,魔鬼消亡的时刻。(鄂温克族)

  没有天佛的地方,恶魔就会逞凶;没有天神的地方,妖怪就会逞凶。(鄂温克族)

  没有天佛的地方,妖魔鬼怪就会多;没有天神的地方,混乱骚乱就会多。(鄂温克族)

人们的行为举止若不合乎规范,则会受到天神的惩罚,如:

  原野上随便倒垃圾,天神会来收拾你;地上乱扔埋汰东西,妖精会来带走你。(鄂温克族)

三、火神崇拜类谚语

古语有云:"天下……不可以一旦无火。"古往今来,照明取暖,烧水做饭,都需要用到火,火与人类的生产生活紧密联系、息息相关。世界上几乎每一个民族都创造过丰富多彩的火崇拜文化现象,中国各民族也不例外,与火有关的文化现象五光十色,纷然杂陈。[1]

神州大地上的多个民族都有火神崇拜信仰。例如,居住于东北地区的满族认为神火可以荡涤尘垢,驱赶恶灵;直至20世纪50年代,居住于新疆北部的阿尔泰乌梁海人仍然存在火崇拜传统。他们认为,火是光明纯洁的象征,不仅具有净化的功能,还是家庭保护之神,保佑一家人的衣食来源。我国大部分地区有除夕夜在庭院附近燃起火堆的习俗。乔继堂曾提到,"除夕于庭院中拢火燃烧之俗在江南塞北都是比较普遍的"[2],并指出"《荆楚岁时记》及其他典籍所载的燃草、庭燎就是此俗的先河"[3]。在陕北地区,春节期间也有拜火的习俗,人们在除夕那天"聚石炭作幢塔状,燃于院中"[4]。

达斡尔族、鄂温克族、鄂伦春族也存在火神崇拜。火神是达斡尔

---

[1] 何星亮,《中国自然崇拜》,江苏人民出版社,2008年,第334页。
[2] 乔继堂,《中国岁时礼俗》,天津人民出版社,1991年,第341页。
[3] 同上。
[4] 李雄飞,《陕北地区拜火遗俗的宗教意义》,《西北民族大学学报》(哲学社会科学版),1998年第19期。

族、鄂温克族、鄂伦春族家庭中十分重要的一位神明，每个家庭都有自家的火神。在一年中，除了腊月二十三到三十日之间，家庭的火神都居住在家中的各个灶，保佑着家中火种的延续，因此，祭祀火神的仪式对达斡尔族、鄂温克族、鄂伦春族家庭来说至关重要。

达斡尔族祭祀火神的方式很简单，先用灶火做好饭，再在吃饭前把食物中最好的部分投放到火里。达斡尔族有春节祭祀火神的习俗，除夕堆起牛粪放烟火，表示吉祥和兴旺。

鄂伦春族的"火"崇拜信仰体现在他们的祭火习俗的礼仪文化之中。"为了表示对火神恭敬之心，鄂伦春人对火堆定有很多禁规。例如，不得往篝火堆上泼水汤，认为水是火神的对头；不准用刀子之类的尖器夹取篝火上的烤肉，以防触伤火神的面目；不许用棍乱捅篝火和向篝火吐痰……很显然，这些禁忌有的附带着迷信色彩，而有的则符合着讲究卫生、保护刀刃等科学道理。但对传说由一老太婆变为火神来说，上述种种禁例，确系鄂伦春族把火人格化后所采取的尊敬性措施的表现"[1]。此外，"供祭时，先向篝火烧香，并扔进一块肉和一杯酒，然后向篝火叩头，祈祷幸福。每当客人来拜年时，也是先向火神叩头，然后才向主人拜年"[2]。

在鄂伦春族的家乡，但凡有贵客到来，热情的鄂伦春人就会燃起篝火，拿出肉和酒，围着火堆烤肉喝酒唱歌，兴情所至便立即围着篝火翩翩起舞。在篝火边欢迎客人是鄂伦春人待客的最高礼节。

鄂温克族有谚语"用刀刺火堆，火神收拾你"。

达斡尔族、鄂温克族、鄂伦春族谚语中，有许多涉火谚语。这些涉火谚语反映了达斡尔族、鄂温克族、鄂伦春族的火文化，同时间接反映了三个民族的火神崇拜意识。

---

[1] 孟志东、瓦仍台布、尼伦勒克，《鄂伦春族宗教信仰简介》，《内蒙古社会科学》（汉文版），1981年第5期。
[2] 秋浦，《鄂伦春社会的发展》，上海人民出版社，1978年，第160页。

鄂伦春人世世代代生息繁衍在苍茫林海之中，以狩猎为生，与火结下不解之缘。火可以取暖、照明、煮食，也可以使人遭灾，鄂伦春人称火神为"透欧博如坎"。鄂伦春人认为"透欧博如坎"是自然的一大神灵。在每年的正月初一早晨，先要向火塘跪拜磕头，然后才给家中的长辈磕头拜年；在去别人家拜年时，进屋也要先向火塘跪拜。每天用餐时，要向火塘里扔些肉、饭等食物，以示供奉。对火神的崇敬，还表现在禁止向火上倒水、用刀叉火，也不能烧进火星的木柴，以防触怒火神。体现鄂伦春族火文化的谚语有：

篝火能把严寒驱散，齐心能把困难赶跑。

篝火心要空，猎人心要实。

冷时不忘篝火暖，富时不忘遭灾难。

柴多篝火旺，人多力量大。

鄂伦春族对火神的崇拜并非仅局限于供奉活动，在一些禁忌中也有所体现。如谚语中说：

打猎不打正在交配的野兽，烧火不烧炸迸火星的木柴。

倒灰不能带火星，牧牛不能不跟人。

谚语的意思是指"不烧炸迸火星的木柴"，防止伤到火神的眼睛，除此之外还禁止向火上倒水。鄂伦春族认为水火不容，往火上倒水便是欺负火神，这是不容许的。鄂伦

布贴九神像，清代，内蒙古博物院藏（孔群 摄）　　皮质翁滚神像，近现代，内蒙古博物院藏（孔群 摄）

春人禁止用刀来叉火,因为刀是凶器,用刀叉火便是对神的大不敬,会触怒火神。

人们的生活离不开火。对于生活在森林中的原始部落来说,他们居住之地冬季漫长而严寒,生存环境较之黄河流域更为恶劣。原始初民为获取生产生活资料,必须要在冰天雪地中与野兽搏斗,因此,他们对火的依赖和敬畏也比中原氏族更甚。所以达斡尔族谚语中才会说:

进山缺不得火和刀,打猎缺不得马和枪。

火和刀是进山两种必不可少的工具,火不仅给人们带来光明温暖,帮助减少冻死冻伤的人数,还可用来驱逐野兽,防止野兽入侵,保护自身的生命安全。除此之外,在深山老林中游动狩猎,一旦发生迷路的状况,人们可用火传递信息,联系伙伴,尤其黑夜以火为标志寻求宿处。

鄂温克族认为,火是纯洁与神圣的象征,是不可玷污的。鄂温克族将火视为大自然的恩赐,于自然中产生,并且一直跟随人们生活。此外,同达斡尔族一样,鄂温克人也认为,生活之中处处需要火,火具有传递信息、联系伙伴的功能,火是黑夜寻求方位的标志,是游子寻求居身之所的指引,反映鄂温克人这种生活经验的谚语有:

刻石需要铁,打铁需要火;灭火需要水,用水需要人。

有火的屋子才有人进来,有枝的树上才有鸟落。

凡有烟火的地方都有人。

珍贵的东西,不许随意扔掉;善良的好人,不许任意欺辱;美好的想法,不许任性毁坏;祈福的火种,不许随心弄灭。

四、水神崇拜类谚语

水神信仰生存于民间。"原始先民依赖水、感激水、害怕水、敬畏水、崇拜水,认为其背后有着'水'神灵的支配,逐渐形成了一系列与水相关的膜拜活动与仪式,我们称之为水神崇拜与水神信仰。"[①]

[①] 肖旻,《人与自然和谐的文化写照:洞庭湖区水神信仰研究》,《湖北省社会主义学院学报》,2015年第4期。

每个民族、每个地区水神崇拜的内容与特点各不相同，均与该民族、该地区的地域特征、文化传统、政治形式、经济变迁、民俗心理、民众素质等诸多因素相联系。自佛教传入中国后，龙王观念日益渗入汉文化之中，并产生深刻影响。此后，道家的龙也附会为王。在佛道的共同影响之下，汉民族祠宇广布，龙神信仰成了水神信仰重要的内容之一。汉族关于龙神崇拜的谚语有"二月二，龙抬头""大水冲了龙王庙""龙多死靠不下雨，人多死靠不做活"等。

达斡尔族、鄂温克族、鄂伦春族认为，水是生命之源，是人们赖以生存的必要条件。在达斡尔族、鄂温克族、鄂伦春族的认知观念中，有水神、河神等神灵存在。水对于达斡尔族、鄂温克族、鄂伦春族的生活起着重要作用。因此，人们抱着对神明的尊敬之心，将祭拜神明作为从事各种生产活动之前的首要事务。鄂温克族谚语有"上山拜山神，下河拜河神""弄脏了河水，河神会生气；河神生了气，河水就泛滥"的说法，这就说明河神信仰在谚语中留下了语言的印记。鄂温克族人们认识到水的重要性，产生诸多与水相关的谚语：

玩火的人，会被火烧死；玩水的人，会被水淹死。

河水流不尽，恋人念不断。鱼离不开水，草离不开土。

鱼儿离不开水，鼹鼠离不开土，桦树离不开山，星星离不开天。

河里的水，越流越干净；唱歌的人，越唱越好听。

鄂伦春人对水有着深厚的崇拜，也敬奉水神、河神。鄂伦春语称

娘娘神龛，近现代，达斡尔博物馆藏　（孔群 摄）

其水神为"穆都木",称河神为"穆都里罕",有祭"穆都木""穆都里罕"的仪式。鄂伦春族有"人体三宝最为贵,日光、空气和清水"的谚语,说明鄂伦春人将水尊奉为人体的三宝之一,他们如同爱惜自己的身体一样尊敬神明。每逢到干旱季节,萨满与老人们就把祭水神求雨的事情提前准备,以免因干旱影响作物的正常生长,造成灾害。由于河水造福于人类,人类不仅喝河里的水,而且还捞河里的鱼。

萨满法帽,近现代,呼伦贝尔民族博物院藏(孔群 摄)

达斡尔族有诸多涉水谚语:

长江水甜,诺敏河水更甜。

滚滚嫩水泛金鳞,达斡尔人笑青山笑。

没有水的地方柳蒿芽不长,没有河的地方达斡尔人不安家。

萨满面具,清代,呼伦贝尔民族博物院藏(孔群 摄)

萨满法衣,近现代,呼伦贝尔民族博物院藏(孔群 摄)

黄山景美不如莫力达瓦山美，长江水甜不如嫩江水甜。

人出生在河边，河水便成美酒；人出生在山上，山石便成金银。

碧绿的诺敏河水，幸福的达斡尔人。

这些谚语反映出达斡尔族择水而居的生存状况，也间接地反映了达斡尔族对水的喜爱和崇尚。

五、蛇神类谚语

中国人对蛇的尊崇最早可追溯到远古时期，在上古创世神话传说中有很多关于人们尊蛇为始祖神，信仰蛇神的故事。蛇图腾信仰分布十分广泛，我国闽南地区自古就有蛇的图腾崇拜习俗。自古至今，民间流传了许多关于蛇与气候变化的测天谚语，如"大蛇出洞，注意防洪""大蛇现身，淹死老鹰""水蛇过道，小心防雹""蛇过道，迎太阳，三天之内雨一场""蛇上山，天要晴；蛇下山，雨来淋""蛇在水中游，天晴定不久""水蛇横过河，三天以内雨涝沱""蛇上树，天有雨"等。

达斡尔人特别敬奉蛇神，称其为"奴吉日·巴日肯"。达斡尔族传说："所有的江河湖泊都与'奴吉日·巴日肯'有关，都是'奴吉日·巴日肯'翻滚出来的泉眼，流淌出来的河水、江水。"[①] 达斡尔人认为，蛇神能力非凡。蛇神的本领与龙的本领一样，能够呼风唤雨。在鄂温克族神话传说中，蛇神是图腾，是始祖神。鄂温克人相信万物有灵，他们把祖先神称为"舍卧克神"。"生活在大兴安岭密林中的鄂温克人，与自然中的各种动物为伴，这些动物既是他们的生产生活资料的来源，也是鄂温克人思想创作的灵感原型。蛇具有一定的毒性和攻击性，它行动迅速，还能在水中自由游走，蛇皮的花纹丰富多变充满神秘，蛇还有重生般的蜕皮能力。这些特点使得人们对蛇十分敬畏，人们既希望避免蛇对自己的伤害，又想要获得蛇那样的神奇能力，因此将蛇作为自己的

---

① 萨敏娜，《试论达斡尔族萨满教的神灵世界》，《世界宗教文化》，2014年第5期。

图腾,以祈求获得蛇的保佑"①。鄂伦春族也崇拜蛇。鄂伦春族人认为:"蛇等两栖动物非常有灵性,在古代社会蛇甚至是"开天辟地"的重神,所以鄂伦春族的萨满神裙上经常有蛇的图案,而且在长袍神服上还经常有蛇的纹样。"②

达斡尔族、鄂温克族、鄂伦春族的传统崇蛇内容在现代发生了新的变化,出现了蛇神降格的现象,甚至蛇神崇拜正在逐渐消失。语言中的涉蛇谚语大多表现出日常生活的常识。

萨满法器,近现代,呼伦贝尔民族博物院藏 (孔群 摄)

达斡尔族的涉蛇谚语有:

> 蛇的灰色在外,人心在肚皮里。
>
> 蟒蛇不知自身弯曲,恶人不知自身丑态。
>
> 一旦被蛇咬了一下,三年都怕草绳子。
>
> 人心不足,蛇能吞象。
>
> 假睡的蛇不要去动它,假笑的人不要去求他。
>
> 逮毒蛇要掐脖子,教子女要教各行。
>
> 蛇无尾可行走,心无主见事难成。
>
> 说话和气可以引蛇出洞,说话粗鲁可使朋友绝情。

鄂温克族的涉蛇谚语有:

> 警惕毒蛇化美女,提防乌鸦装金凤。
>
> 毒蛇恶狼只配喂老雕,恶人歹人只配吃猎刀。
>
> 蟒蛇多了对牲口不利,蚂蚁多了对原野不利。
>
> 蛇若横过马路,不久就降大雨。

---

① 伊兰琪,《鄂温克族蛇图腾文化的变迁》,《呼伦贝尔学院学报》,2018 年第 4 期。
② 陈婧南,《鄂伦春族萨满服饰的造型与纹样图案浅析》,《黑龙江民族丛刊》,2015 年第 3 期。

蛇不长手脚，秃子不长发。

嘴里有毒的蛇，走路弯弯曲曲；心里有鬼的人，走路鬼鬼祟祟。

鄂伦春族的涉蛇谚语有：

燕子钻天蛇盘道，蚂蚁搬家有雨到。

没有脊背的蛇，长得再粗也挺不起身架；没有耐性的人，教得再细也瞄不准箭靶。

毒蛇毒在汁，坏人坏在心。

要防备路旁隐藏的蛇，要防备对美味垂涎的人。

六、"萨满"类谚语

萨满教以其巫师"萨满"（saman）而得名，也可音译为"珊蛮""嚓玛"等。在万物有灵观念的支配下，达斡尔族、鄂温克族、鄂伦春族人认为天地万物无处不灵，神灵是主宰一切的，人与神之间有着密切的联系，这个联系的主角就是"萨满"。达斡尔族、鄂温克族、鄂伦春族人认为"萨满"是一个氏族的精神、智慧和力量的结合体，是氏族社会最富智慧和具有渊博知识的人，受到人们的普遍崇敬。达斡尔族、鄂温克族、鄂伦春族中的一些谚语高度概括了萨满在三个民族生活中起到的作用。

鄂温克族谚语有"神是通过萨满的嘴来和人间说话"，这句谚语说明，鄂温克族人认为萨满沟通神界和人世，是无所不知的并具有神秘色彩的人。在日常生活中，萨满是人和神之间沟通的使者，而且能够操纵人和动物的灵魂，可以代表人与神进行沟通，向神祈求幸福，消除灾难和疾病。

萨满跳神，是早年十分重要的信仰活动。一般萨满都是有请而来，或是治病，或是祈福，或是氏族的祭祖仪式，表现出高超的表演能力。跳神一般都在晚上进行。围着一堆篝火，萨满大神全身披挂停当，闭上眼睛慢慢击鼓请神，旁观者鸦雀无声。不久大神全身抖动，鼓声逐渐加紧继而大作，神衣上的法器相互震颤，爆发出激烈的响声，表明此时"神明"已经完全附体。"萨满为人跳神治病时，具有专用的服冠和法具。法衣多以皮制而成。在悬有大小不等的许多青铜镜和铜铃的法衣上，另套一件钉有众如星罗棋布的贝壳的皮制坎肩。头戴圆状神冠，左手紧握单面神鼓，右手持一鼓槌。鄂伦春族的萨满，都有一件名为'挡士'的奇特法具，这是其他民族萨满所没有的。具有神棒性质的挡士，是一根长约50厘米、每面宽达20多厘米的四棱棒，上端配系着各种颜色的布条。萨满每次跳神，请来了几个神，便在挡士棱角上刻下几个豁口，以作对于降临诸神的登记凭证"①。

反映萨满跳神的谚语有：

　　附不了神的雅德根（萨满），一直跳到天亮。

　　神明不附体的萨满只好跳神跳到天亮。

这虽然是说萨满如果能力不够，神明就不能附体，但也从反面证明，萨满跳神是需要与神明进行沟通的。在神明附体后，大神即开始抑扬顿挫地唱着讲话，声明他是在代神而言。这时须有与他相配合的"二神"，鄂伦春语称作"扎日也"，从容地回答"神明"的训问。当大神一一数点众多神明，认为确是冲撞其中的某一位时，鼓声和舞步再次激烈加快，法事活动被推向高潮。为表示要制伏魔鬼神祟，萨满当场作法，或吞针，或吃炭，或刀砍手臂，或赤脚蹈火，然后急速旋转，发出"嘿嘿"之声，之后突然倒在七八个彪形大汉的怀里，表示已降伏魔祟，神明离去，跳神仪式结束。

跳神是萨满必备的技能，也就涉及新旧萨满间的传承，新萨满必须要向老萨满拜师学习。关于这一技艺传承，我们也能在谚语中找到印记：

　　跟什么人学什么人，跟着萨满学跳神。

谚语中虽然包含着达斡尔族、鄂温克族、鄂伦春族警醒世人的思

---

① 孟志东、瓦仍台布、尼伦勒克，《鄂伦春族宗教信仰简介》，《内蒙古社会科学》（汉文版），1981年第5期。

想，但我们可以通过字面的意思了解到，说到萨满，就会将他们同跳神联系起来，这也从侧面说明了跳神对萨满的重要性。当然，达斡尔族谚语还有"没有法术的萨满，跳到天亮也请不来神仙"的说法，说明在实际生活中，跳神的技艺是初级萨满成为高级萨满的主要衡量标准，也是萨满术的核心。跳神中的昏迷和过阴追魂术并非是天赋的，而是萨满经过多年的学习和实践累积而成的宗教经验和技巧。凡此种种，必须跟随师父进行长期学习和实践才能获得。因此，新萨满要想成为一个合格的萨满，就需要和老萨满虚心求教，学习老萨满的技艺，传承对神明的崇拜。

治病除疾是萨满的重要职能。原始萨满教的产生即萨满医术是宗教性医术文化残存之一，是信仰萨满教的达斡尔族、鄂温克族、鄂伦春族长期与自然疾病做斗争的经验总结和智慧结晶。反映萨满治病除疾的谚语有：

  萨满仙灵，鬼怪逃遁。（达斡尔族）

  萨满一击鼓，鬼怪远离走。（鄂温克族）

人们一般认为萨满是迷信，其实，萨满医术还是有一定科学道理的。萨满的医术主要有火燎、热烘、艾灸、冰敷、气熏、口喷、吸吮、虫噬、放血、针灸（称作按摩术）以及运动疗法。这些疗法在生活实践中发挥着重要的作用。而且，萨满的医术是由世代探索、总结、积蓄和承继下来的。扭伤、骨折等一般的病，新萨满在神明的帮助下便可治疗。萨满在治疗一般的病痛时，先向神敬酒，拜过自己供奉的神明，之后再到室外敬外面的神明，然后含一口酒喷到病人疼痛处，慢慢吹气，再用手加以按摩。另外，萨满在治疗时，会根据病情轻重不同，采用不同的工具和手段。越是严重的病，使用的方法就越"厉害"，用以恐吓附在人身上的鬼魂。鄂温克族便有谚语："灾难深重的人，需要手拿神鼓的萨满来拯救；磨难艰行的人，需要萨满神灵的降临来挽救。"有时萨满用刀刺入自己的腹部，向鬼魂展示自己的功力，以驱赶鬼魂。据说，法力高的萨满，甚至可以到阴间去，找回已死之人的灵魂，使之起死回生。

当然，谚语中也留存有关萨满"大病治不了，小病治不好"的描写：

> 山歌声越高兽越逃，萨满调越响病越孬。

"萨满"是沟通人世间与神的中介人，最初的萨满是以女萨满为主角，但随着社会的发展，"萨满"向男性转化。在满-通古斯诸语中，都有"女萨满"与"男萨满"的专称。

达斡尔族、鄂温克族、鄂伦春族长时间处在母系氏族社会中。在"民知其母，不知其父"的母系社会初期，妇女特别是老年妇女居于氏族领导地位，是生活的管理者和生产的组织者。[①] 但萨满，即使是氏族萨满在氏族生活中也并没有特殊的地位，仍然要进行生产劳动，只是在氏族成员需要的时候跳神治病。对于萨满的性别，并没有特殊的要求，男女皆可为萨满，男萨满称为"尼然"萨满，女萨满称为"阿戏"萨满，男女萨满地位平等。但在可寻的史料记载以及前人的调查研究中我们发现，达斡尔族、鄂温克族、鄂伦春族的萨满以女性居多。达斡尔族谚语"九十个女萨满，七十个男萨满"，表现的就是这种情况。有学者总结原因道："研究者一般认为索伦鄂温克萨满信仰产生于母系氏族时期，原因在于鄂温克萨满女性很多，而且，关于萨满的神话传说中，大部分都是女萨满。早期鄂温克每个氏族都有。"[②] 这也是萨满性别受传统达斡尔族、鄂温克族、鄂伦春族母系氏族社会影响的表现。

饲马神，近现代，呼伦贝尔民族博物院藏（孔群 摄）

[①] 王晓坤，《萨满火神与华夏崇火——中国文化的区域差异》，《长春大学学报》，2005年第1期。
[②] 首都师范大学哲学系编，《首都师范大学哲学学位论文选（2005—2012）》，首都师范大学出版社，2012年，第45页。

王伟在《索伦鄂温克宗教信仰：仪式、象征与解释——兼论萨满式文明与中国文化》中有一段关于请神仪式的表述："南屯有一位达斡尔族的女萨满比较有名，2006年在南屯召开'三少民族'会议时，曾请这位萨满来表演请神仪式，同时还请了一位辉河的40多岁的男萨满。据参加会议的人描述，萨满穿上萨满服，戴上萨满帽，手拿萨满鼓。萨满敲起鼓请神之后，开始只是口中念念有词，然后动作幅度非常大，大声地呼喊，控制不了自己的身体。当时本来是晴天，萨满请神附体之后，天空马上阴云密布，下起大雨，风也非常大，附近住宅楼顶有瓦片掉落下来。整个仪式不

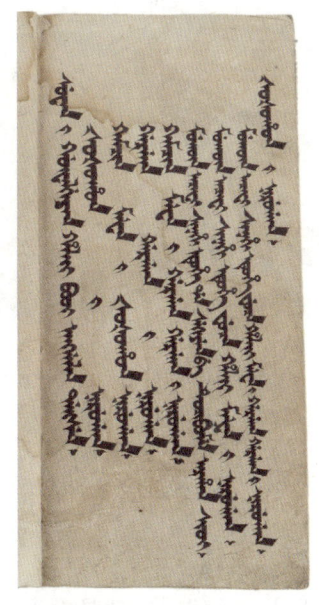

满文萨满唱词，清代，呼伦贝尔民族博物院藏 （孔群 摄）

到20分钟，仪式停止之后，天空晴朗如初。萨满作法之后浑身大汗，需要好几个人扶着才能站稳，周围很多人看得心惊肉跳。"[1] 虽然没有明确表述女萨满能力强于男萨满，但在这段表述中作者特意加了"有一位女萨满比较有名"这句话，所以请她来表演请神仪式。这也从侧面体现出女萨满仍有较高的地位，由此可推测出在现代社会，母系氏族的影响依然存在。

第三节　谚语与佛教文化

佛教起源于印度，汉唐时期传入中国。佛教的传入对汉语产生了很大的影响，在唐代，与佛教信仰有关的谚语就已经得到了普及。例如，

---

[1] 王伟，《索伦鄂温克宗教信仰：仪式、象征与解释——兼论萨满式文明与中国文化》，首都师范大学博士学位论文，2011年。

萨满神鼓，近现代，内蒙古博物院藏 （孔群 摄）

与风水有关的谚语就有："未看山头土，先观屋下人""主者福寿，良师辐辏；主者当衰，盲师投怀"（明代郎瑛《七修类稿》）；"放下屠刀，立地成佛"（宋代普济《五灯会元》）；"救人一命，胜造七级浮屠"（明代吴承恩《西游记》）。汉族谚语有"放下屠刀，立地成佛"，原本是佛家劝人改恶从善的话，汉族谚语则用来比喻作恶的人一旦认识到了自己的罪行，决心改过，仍可以很快变成好人。佛教讲"缘起"，认为"一切诸法的因缘和合自有一定的不乱的因果规律"，也就是常说的"三世轮回""因果报应"。人的生命包括今世、前世和来世，今世生命有限，前世、来世则无穷无尽，受这种思想的影响，汉族有了反映这种因果报应的观点的谚语，如"不修今世修来世""善有善报，恶有恶报"。泰国佛教是南传佛教，"谚语'好人魔鬼保护，坏人进地狱'，是当地原始宗教信仰渗入了佛教文化因子的产物，其蕴含的文化内涵即佛教宣扬的'善有善报，恶有恶报'。佛教和婆罗门教传入泰国之前，泰国民众大都崇尚民间信仰。民间信仰即民俗信仰，鬼神信仰是民间信仰的主要内容"[①]。

达斡尔族、鄂温克族、鄂伦春族除信仰萨满教外，还有喇嘛教、汉传佛教。在达斡尔族、鄂温克族、鄂伦春族的谚语中，我们可以发现佛教文化的印记。这些承载着厚重的佛教文化思想精髓的谚语，在达斡尔族、鄂温克族、鄂伦春族民众中也广泛传播，对达斡尔族、鄂温克族、鄂伦春族社会的政治、经济及民族的意识形态、伦理道德观产生了一定的影响。

---

① 杨丽周，《泰国谚语中的佛教哲学思想研究》，《云南民族大学学报》，2014 年第 5 期。

一、喇嘛教类谚语

喇嘛教为藏传佛教。藏传佛教从蒙元时期传入蒙古地区，经过几个世纪的发展，它逐步替代了蒙古族的原始宗教信仰，成为蒙古地区占支配地位的宗教。有学者指出，16世纪下半叶，蒙古土默特部阿拉坦汗（俺答汗）迎进了宗喀巴的藏传佛教格鲁派，即黄教。黄教的传入，对蒙古族的社会、政治、经济和思想文化产生了极为重大的影响，与佛教相关的谚语也由此产生，如："好人的心肠像活佛，坏人的肺肝似毒蛇"，形容好人心地善良，坏人内心狠毒；"早点上床可以多休息，早点去佛寺可以多积福"，意为无事早睡会健身，闲时行善可积福。

元明清时期，喇嘛教在达斡尔族、鄂温克族、鄂伦春族生活的地区传播，对达斡尔族、鄂温克族、鄂伦春族产生了很大影响。

清代就有达斡尔人信佛的记载。清宣统年间，黄维翰纂修《呼兰府志》，其卷十《礼俗略》记载："达斡尔种族，家供铜佛一尊，高约八寸。索伦、蒙古、锡伯、巴尔虎各种族亦供铜佛，高约三寸。锡伯并祀绸条，但不祀祖先。"民国末年，达斡尔学者何维中（何布台）撰《达古尔蒙古嫩流志》，在第二篇"宗教与教育"中记载：

> 至于喇嘛教，清廷虽未明令达古尔蒙古信奉，但已与其他蒙古族风俗习惯大致相同。故于清初喇嘛教盛行以后，亦渐次转入达古尔蒙古民间。如请喇嘛僧念太平经及医疗疾病，或为小儿种痘等事，时所恒有，因其医术文化长于萨满教是也。且于齐齐哈尔附近五家子之吴氏门小儿，至七岁被接至为活佛转生等事实，以及达古尔人往泰来等有喇嘛庙之地，愿为出家充当喇嘛者，亦不乏其人。足证喇嘛教之渐次流布于达古尔社会之过去事实也。

在达斡尔族、鄂温克族、鄂伦春族人民生活地区，很多家庭都有在喇嘛庙请的符，或贴在进门处，或在院子里立个杆，挂在杆上。喇嘛也成为达斡尔族、鄂温克族、鄂伦春族一部分人信仰的保护神。达斡尔族谚语有"十个藏人里有一个活佛，十个汉人里有一个店主""没有喇嘛的地方，魔鬼发疯"，这两条谚语直接提及活佛、喇嘛，并且强调喇嘛可以制伏魔鬼，这就是有喇嘛教流传至达斡尔族、鄂温克族、鄂伦春族聚居地的佐证。

二、汉传佛教类谚语

汉传佛教，又称汉语经典系佛教或汉地佛教，是指在中国汉地用汉语传教的佛教体系。受汉传佛教的影响，在达斡尔族语有专门提及佛、佛爷、菩萨、鬼、阎罗的谚语，如：

日子好了总有鬼来捣乱。

利是要命的阎罗，色是刮心的刀剑。

没有佛的地方，旱魃作怪。

忘掉恩情，揍了佛爷。

土佛鄙视泥佛。

土菩萨别看不起泥菩萨。

在鄂温克族谚语中亦有专门提及佛、天佛的谚语，强调佛的神通广大，拥有无限权威，如：

顺应猎神的意愿，就会获得遍地的福气；按佛经原理去做，就会过上幸福的生活。

顺应佛的意志，就会获得吉祥如意的人生；违背佛的意志，就会失去幸运的人生。

在鄂温克族人民心中，对"天""佛"的崇拜融为一体，形成"天佛"的概念，在其谚语中也有所反映，如：

没有天佛的地方，恶魔就会逞凶；没有天神的地方，妖怪就会逞凶。

没有天佛的地方，妖魔鬼怪就会多；没有天神的地方，混乱骚乱就会多。

天佛怒吼，妖怪吓死；大地震动，万物即逝。

无视天佛的意志，生命的岁月变短；顺从天佛的意愿，幸福的生活变长。

抵抗天佛的意愿，人生路就会变短；实施天佛的意愿，一生走富贵之路。

从这些谚语中我们可以发现，达斡尔族、鄂温克族、鄂伦春族地区中已经有了汉传佛教的影响，佛的观念在一部分人当中已经存在。

甘珠尔庙 （孔群 摄）

鄂伦春族猎人

第四章 谚语与生产生活

谚语是客观事物的反映，是一个民族生活的教科书，要了解谚语必须要了解民族的生产、生活实践。斯大林曾经说过："要了解语言及其发展的规律，就必须把语言同社会发展的历史，同创造这种语言、使用这种语言的人民的历史密切联系起来研究。"① 达斡尔族、鄂温克族、鄂伦春族谚语是广泛流传于民间的言简意赅的短语，记载和反映着在一定的自然环境下人们利用自然资源、创造物质财富并享用，以延续生命、繁衍种族的过程，具有鲜明的民族性。

按照达斡尔族、鄂温克族、鄂伦春族的生产生活样态和谚语涉及的内容，可将内涵丰富的达斡尔族、鄂温克族和鄂伦春族谚语分为狩猎类谚语、其他生产行业类谚语、日常生活类谚语、文体娱乐类谚语和风俗类谚语五个类型。

第一节 狩猎类谚语

物质生活的生产方式是人类社会存在和发展的基础。"从人类历史上看，狩猎曾经是一种重要的甚至是主要的谋生手段，到其他经济生产方式尤其是农牧业出现以后，这种生产方式才逐渐退出舞台的主角地位，但由于狩猎业的特殊性，其始终以一种变体形式伴随着人类的社会生活"②。狩猎是狩猎业的一个重要过程，狩猎这个生产过程，除捕猎野

---

① 〔苏〕斯大林著，李立三等译，《马克思主义和语言学问题》，人民出版社，1964年，第14页。
② 丁石庆，《达斡尔族早期狩猎文化的母语重建》，《满语研究》，2004年第1期。

生动物，开发国家野生动物资源外，还起到控制野生动物种群、维持自然生态平衡的作用。狩猎经济最初是一种攫取经济，是分布在我国东北地区的少数民族的主要生产方式。长白山、大小兴安岭特有的森林草原为少数民族提供了优质的狩猎环境。在长期的狩猎活动中，少数民族人民积累并总结了丰富的狩猎经验，并创造了许多短小精悍的狩猎谚语。

　　狩猎，即捕杀或猎取自然界的野生动物，是达斡尔族、鄂温克族和鄂伦春族的主要生产方式。"达斡尔族狩猎经济的历史悠久，在传统经济结构中始终占据着十分重要的地位。自达斡尔族迁居黑龙江北岸及精奇里江后，当地的自然环境为达斡尔人沿袭契丹古老的渔猎生产活动提供了有利的条件。直到1949年，在山区达斡尔人的经济生活中，狩猎仍占有一定比重，有百分之十左右的人家以狩猎为主，兼营其他副业，或者农猎并举。由此看来，达斡尔人从事狩猎生产活动也是对所处特定的自然环境的一种文化适应"[①]。鄂温克族和鄂伦春族在1949年前就一

敖鲁古雅乡鄂温克族猎人（孔群 摄）

[①] 丁石庆，《达斡尔族早期狩猎文化的母语重建》，《满语研究》，2004年第1期。

直从事着在文化初期延续下来的狩猎生产方式。鄂温克族、鄂伦春族主要生活于贝加尔湖以东、黑龙江以北的广大地区。这一带冬季漫长而严寒，夏季雨量充足、气候湿润，河流众多，丛林茂密。原始森林遮天蔽日，极其简陋的"斜仁柱""林盘""乌格顿"是他们原始的居住场所。在严酷的自然环境中，早期的鄂伦春人、鄂温克人为了生存不仅要战胜严寒暑热，还要躲避各种凶猛野兽，捕猎各类诸如鹿、兔等野生动物来维持生存。自古生活在东北地区的满族，受其地理位置和自然环境影响，形成了与达斡尔族、鄂温克族、鄂伦春族相似的地域文化。

在漫长的狩猎活动中，达斡尔族、鄂温克族、鄂伦春族人民创造出了大量有关狩猎的谚语。

一、猎人类

猎人，指从事打猎职业的人或指打猎有专长的人，他们狩猎动物，以猎物换取钱财为生。猎人这一职业，在古代就已经出现了，唐代陆龟蒙《头陀僧》诗云："自扫雪中归鹿迹，天明恐被猎人寻。"对于以狩猎为主的达斡尔族、鄂温克族、鄂伦春族人而言，猎人的地位很高，因而对猎人的要求也更为严格，达斡尔族、鄂温克族、鄂伦春族猎人的狩猎技巧也更为高超。在鄂伦春族中，优秀的猎手被称为"莫日根"。达斡尔族、鄂温克族、鄂伦春族的猎人谚语以猎人为主体，细致生动地描绘了狩猎环境、狩猎经验、狩猎方式、猎人狩猎时的欢乐以及猎人的优秀品质等方方面面。这些谚语不仅表述了达斡尔族、鄂温克族、鄂伦春族人民长期累积的经验方法，也再现了三个民族人民狩猎活动的真实场景。

（一）狩猎环境类

鄂温克族谚语有"猎人的孩子都是在狼嚎声中长大的"，道出了猎人生活的常态。达斡尔族、鄂温克族、鄂伦春族作为游猎民族，没有稳定的住所，一切收入都是依靠进入山林捕杀动物而获得，他们的生活在很大程度上是受自然条件的局限的。冬天东北地区气候寒冷，积雪期长，动物稀少，猎民们很难打到猎物，生活十分艰苦。达斡尔族有一句谚语"猎手在冰天雪地里哈出的气，像山雾那样厚；猎妇在辛酸生活里流出的泪，比河水还要多"，描述的正是猎人这样的生活状态。"熬过严冬的猎人深知春天的温暖"，也是对猎人艰难的生活环境的描述。

在这样恶劣的自然环境下，能否获得猎物取决于猎人的狩猎技巧，有时甚至要依靠运气，正如鄂伦春族谚语所说的那样，"猎狗有受伤的时候，猎人有失败的时候"，意即狩猎技术再高超的猎人，也有失手的情况。但他们始终相信"积雪再厚，山林终究会变碧绿；生活再苦，猎民终究会有转机"，也会用"别讥笑空驮来的猎人，别恭维满驮归的猎人"来告诫别人，空手而归的猎人不应该被嘲笑，满载而归的猎人也不能自满。在如此严苛的自然环境下，猎人们始终要保持清醒的头脑，特别要清楚地认识到自己生活的环境，不能被暂时的胜利冲昏头脑，因此有"打猎一次的收获，别认为可够吃一冬；赛马一次的领先，别以为可炫耀一生"的说法。这句谚语也从侧面反映出狩猎具有随机性，猎人每一次通过狩猎获得的猎物数量都是不确定的，因此需要不断提升自己的技术，来提高捕猎成功的概率。

鄂温克族有一谚语"群鸟最快乐的地方是蓝天，猎人最快乐的地方是深山"，指出了山林是猎人捕猎的环境。"小山养不起猎人，小河养不起渔民"，只有埋藏丰富资源的山林，才是最佳的狩猎场所。猎场对于狩猎的达斡尔族、鄂温克族、鄂伦春族来说有着重大的意义。狩猎生产不同于农业生产，三个民族除了枪支、马匹等属于私有外，其他物品并不存在私有的概念。一般一个部落都有一个比较固定的活动范围，通常是活动于一条河附近，这些小河周围就是各个部落的天然猎场，各部落人都会在各自的活动范围内狩猎。有时会出现几个部落的人在同一个猎场出现的情景，如果遇到这种情况，先到者具有在此狩猎的优先权，后来者则会转移到别的地方进行狩猎。但往往先到者会热情地挽留后来者一起狩猎，并将打到的猎物平均分配，先到者也不会因自己先占领了猎场而要求多要一份猎物。有些猎人看到一个猎场有其他猎人的足迹，便知道已经有人在这里狩猎了，为了不干扰和影响别人，便悄悄离开去寻找别的猎场。达斡尔族、鄂温克族、鄂伦春族将这种狩猎传统延续了千百年，猎人们之间很少因为征占猎场而发生冲突。

猎场是所有动物栖息的场所，更是达斡尔族、鄂温克族、鄂伦春族赖以生存的家园，因而，三个民族的猎人们都非常重视对猎场的保护。这种对猎场的保护观念在他们的谚语中也有不少体现，比如达斡尔族谚语有：

> 猎场是猎人的天地，田地是农夫的乐园。
> 别叫好马去狩猎场，别叫好儿去放木排。
> 要想伐木，选好林地；要想打猎，选好猎场。
> 靠近猎场顶风走，打鱼收网逆水拖。
> 靠近猎场顶风走，伐倒树木顺风倒。

鄂温克族也有表现出重视保护猎场的谚语，如"昔日烧荒引兽，现今护林防火"。旧时烧荒引兽是以牺牲猎场为代价的狩猎方式，现今人们意识到了猎场防火的重要性。这则谚语实际上是通过今昔对比，反映出了鄂温克族狩猎观念的转变，也反映出他们对猎场保护意识的提高。除了防火，鄂温克族非常注重对猎场环境的保护，强调不能随意扔垃圾，如谚语"原野上随便倒垃圾，天神会来收拾你；地上乱扔埋汰东西，妖精会来带走你"。"天神"和"妖精"时刻在约束人们的行为，可见鄂温克族对于猎场环境的保护已经上升到了信仰的高度。

同样，猎场对鄂伦春族也非常重要，因而在谚语中也有体现：

> 皮衣怕雨浇，猎场怕火烧。
> 山林宝藏越多，猎户日子越好过。
> 山林是猎人的母亲。
> 森林草原是个宝，护林防火最重要。

可见，达斡尔族、鄂温克族、鄂伦春族意识到了猎场对他们的重要性，因而非常注重维护猎场生态平衡，并将这种观念通过谚语代代相传。

（二）狩猎经验类

猎人们高超的狩猎技术都是依靠丰富的实战经历和世代相传的狩猎经验而获得的。狩猎经验的传授有口头陈述和实际操作两种途径。家族中优秀的和富有经验的年长猎手在狩猎归来或闲暇时刻，都非常愿意把打猎的亲身经历传授给新的猎手，通过讲述使新人对狩猎获得感性认知，如：每种野兽的习性，在什么地方出没，用什么方法可以打到野兽，各种枪支和弓箭的使用方法，以及在打到野兽之后怎样处理野兽的皮、肉等一系列过程。但一个年轻的猎手绝不会满足于感性认知上，而是更愿意在实践经历中不断摸索。猎手一般在7到8岁开始学习打猎，大概经过近10年的磨炼就可以完全独立的活动了。猎人高超的狩猎技艺，需要多次的实战经历，还需要深入大山去获得。

达斡尔族就有反映出实战经验重要性的谚语，如：

不去猎场，看不出好猎手。

要学会打猎多进山，要学会技术多实践。

有经验的猎手，总有办法对付猛兽。

鄂温克族谚语同样强调打猎实践和磨炼打猎技术的重要性，如：

树经多年风寒成栋梁，儿经多次锻炼成好猎手。

没有打不来的野兽，没有练不会的技术。

马不奔跑显不出速度；猴子不爬树显不出能力；人不交往显不出好坏；猎人不狩猎显不出智慧。

鄂伦春族谚语也在告诫猎人们，要不断积累狩猎经验以提高打猎技术，如：

肥壮的猎马是伺候出来的，能干的猎手是锻炼出来的。

只要猎人用心学，不怕猎物打不着。

溪流虽细照样绕山流，后生虽小可当逮兔手。

做梦打来野猪——空的，出围打来鹿——实的。

不敢进深山，难成好猎手。

不进深山，难得猎物；不学他人，不能获益。

燕子窝是一口口垒起来的，狩猎经验是一点点攒起来的。

只有登上没人走的路，才能打到更多的野物。

肉粥煮透味道鲜，猎手练熟功夫硬。

这些谚语都在说明猎人要勇于实践的道理，只有将学来的狩猎经验付诸实践，才能不断提升自己的狩猎能力，成为一个真正的好猎手。

狩猎 （呼伦贝尔市政协提供）

好的猎手首先应该有出色的观察能力。鄂伦春族谚语有"好猎马功在腿上，好猎手功在眼力""无论森林多茂密，猎人从不迷山；不管兽禽跑多快，躲不过猎人眼"，说的就是这个道理。

达斡尔族谚语有"放排人顺着河水流下，打猎人顺着野兽足印走"，说明作为一名优秀合格的猎人，还需要全面了解和掌握野生动物的习性和活动规律，要有敏锐的观察力，要学会通过动物的踪迹来判断狩猎的方向。这种要求在鄂伦春族谚语中也有体现：

野兽逃遁总会留踪迹，猎人追寻应该有算计。

夏天寻踪看泥窝，冬天追踪看血迹。

熟透的都柿满枝挂，口渴的棕熊伸出爪。

西山出红云，碱场来鹿群。

动物行走必然会留下踪迹，观察并寻找动物的踪迹是狩猎的一个重要技巧。当然，还要对动物的生活习性有着清晰的认识，鄂伦春族谚语中就有很多相关的表达：

夏天顶风走河边的高山石头上见虎。

雪前下夹子，雪后留足印。

冬天猎人走到高山柞树见野猪。

冬天在高山上的樟松林见灰鼠。

冬天山林中见白兔。

冬天在高山的都柿甸子中见乌鸡。

冬天都柿甸子见树鸡。

冬天河边倒木圈及暖流边见水獭。

冬天顶风走在河边的土洞里见紫貂。

冬天在河边的土岸土空洞中见黄鼠狼。

夏天，老虎常出没于河边的高山石头边；冬天，野猪、灰鼠和白兔出没于山林，乌鸡和树鸡出没于都柿甸子，水獭、紫貂和黄鼠狼出现于河流附近。这些都是猎人在不断打猎过程中积累的经验。

"黑夜蹲不起狍子的猎人，就打不着犴达罕（指驼鹿，犴读作 hān）"，说的是鄂温克族猎人常用的一种技巧，是在野兽经常出没或必经之地对其进行堵截的方法。用这种方法不仅可以捕获各种野兽，还能免去深山穷谷追寻野兽的艰辛，省事易行。但这要求猎人必须熟悉野兽的习性和活动方式，否则只能是守株待兔，因此只有经验丰富的猎人才可以驾驭这种方法。野兽都有各自的活动规律，如：犴、鹿喜欢到水泡子或水边觅食，一般晚去早归，并有一定的来往路线。只要准确地掌握野兽来往的时间、地点和路线,在路线上进行堵截,野兽往往就会被轻易地猎取到。

(三)狩猎方式类

世世代代的游猎生产和生活,促使达斡尔族、鄂温克族和鄂伦春族对各种野兽的习性、特点和活动规律都十分谙熟,并且积累了丰富的狩猎经验和知识,创造了许多巧妙地猎取野兽的方式和方法,使狩猎生产技术发展得相当完备。达斡尔族、鄂温克族和鄂伦春族根据狩猎对象的不同而采取不同的狩猎方式和方法。各种狩猎方式都是建立在各种野兽活动规律充分认识的基础上,也是对狩猎经验不断总结所产生的生产行为。

集体围猎是达斡尔族、鄂温克族和鄂伦春族常用的捕猎方式。

在历史上,达斡尔族传统的狩猎组织形式是集体出猎,尤其是盛大规模的联合围猎。联合围猎多以一个"哈拉"(氏族)为单位而进行,这一哈拉所属的各"莫昆"(家族,也称"穆昆")的猎手都要参加。联合围猎在每年春、秋季各组织一次,在进行联合围猎时,要推举出一位长辈或狩猎能手担任总"阿维达"(总围猎长),负责统一组织和指挥围猎的各项事宜,参加围猎活动的猎手们按照统一指挥包围预定的猎场,然后逐渐缩小范围圈,将各种野兽赶到一处,最后用弓箭射杀被围困的大小野兽。另一种方法是在总阿维达的统一指挥下从三面包围猎场,将野兽赶向事先布下夹子、陷阱和地箭的山口。

围猎也是鄂伦春族的主要狩猎方式。围猎是全乌力楞的男女老少,到野兽较多之处,将一个山头包围起来,并在包围圈周围放起一堆堆篝火,火生起来之后,人们开始喊叫,野兽看到大火,听到喊声就会乱作一团,这时猎人就会用枪或棍棒捕杀猎物。即使在这时有猎物跑出包围圈,由于烟熏火烤,防御能力和攻击能力也会大大下降,容易捕杀。

集体狩猎、平均分配,是乌力楞的分配原则,不容破坏。家族公社内的每个小家庭(一个撮罗子),都是分得猎物的单位,无论有无劳动力都能分得一份。①家族长按狩猎的季节特点，安排生产，派技术好、经验丰富的人去打鹿和狍等大兽，技术差的人及儿童、妇女去打灰鼠。行猎时，由一位年老有经验的猎手担任行猎长（鄂温克语"给靠列都阿楞"）。他有权决定打猎的时间，并监督成员的生产生活，要求成员成为严肃团结和能遵守纪律的人，大家都要听从他的指挥。鄂温克族谚语有"出现野兽不要乱开枪，要听从指挥的狩猎长"，说的就是这个规则。行猎长要起早贪黑地到猎场观察熟悉情况、掌握风向，并根据野兽出没的时间，布置好包围圈。如围歼，由3个人组成小组（鄂温克语"尤那格他"）；分工后，由优秀的猎手开枪，其他人不许乱开枪。行猎长在分配任务时说："你可能有运气，老天爷可能给你点东西。"行猎期间，不准唱歌跳舞，不准向要去的方向打枪。不许说大话、吹牛，如说"明天一定吃着肉"等。②

除了围猎，"下套子"是鄂伦春人常用的狩猎方式。这种方法是一个或几个"穆昆（氏族）"的几十人联合起来，选出一名首领，由他统一指挥。在围猎之前，各家妇女都要为下套子搓麻绳。每次围猎要下几百个套子。参加围猎的人会被分为三部分：一部分骑马，从河边向山沟包围；一部分由老人和妇女组成，他们负责上山呐喊，吓唬猎物，把包围圈逐渐缩小；一部分是首领等人，他们潜伏在套子附近及时宰杀野兽。这种围猎方法一般用来捕杀狍子，一次就可套住二三十只狍子。

无论用何种捕猎方式，都需要族人之间的相互合作。早期因为生产力低下，生产工具简单，个人无法捕获大型猎物，只能通过通力合作才能战胜野兽。因而合作精神是每一个鄂伦春人尤其是猎手必备的品质。鄂伦春族有许多讲求合作的谚语，如：

  一个猎人打不来活鹿，四十个猎人能围住鹿群。

---

① 吕光天,《鄂温克族》,民族出版社,1983年,第37页。
② 同上注,第38页。

歌子齐唱声势大，猎户齐心力量大。

好鄂伦春一人打猎少，众人围猎收获多。

脾气相投话多，猎人合手物多。

离群的鹿儿欢乐少，孤独的猎户处处难。

"烧荒引兽，放火寻角"，是鄂温克人狩猎的一种方式。早年的鄂温克人，在天气干燥、草木枯黄的秋末冬初时节，就会在野兽经常活动的区域内到处放火，把所有烧死的大大小小的动物捡回来，直接食用。"野火烧不尽，春风吹又生"，经过大火的洗礼，枯黄的草木更加油绿醒目。这样，在来年荒火烧过之处，草木抽芽繁盛，野兽还会前来吃草，猎人便可以伺机捕杀，这即是"烧荒引兽"。"放火寻角"也是用火捕猎的一种，与烧荒引兽有所不同。鄂温克人会手举火把，将一群野兽驱逐到预定地点进行围捕，或根据风向，三面纵火焚烧，留一面缺口，待野兽怒奔之时，猎人手持弓箭将其猎杀。

鄂温克族谚语"雪前下夹子，雪后留足印"，描绘的是鄂温克人另外一种狩猎方式。夹捕是鄂温克人猎取灰鼠的主要方法之一。鄂温克人利用木材做夹子，称作"属日克"。猎人将其架置在灰鼠常走之地，灰鼠如果踩在夹子的平板上就会被夹住，无法挣脱。鄂温克人利用力学原理发明制作的夹子简单灵便，起到了即使猎人不在现场也同样能捕猎之用，既省力又高效。

（四）狩猎乐趣类

"马是猎人驰行的双翅，歌是猎人生活的伴侣"，在极其耗费精力的捕猎活动中，唱歌可以缓解猎人的疲惫，愉悦

鄂温克族集体狩猎图（来源《中国远古文化》）

猎人的精神。因而在捕猎活动中,歌声是必不可少的。"好马是猎人的腿,好琴是猎人的嘴",在狩猎过程中,猎人们有时会以音乐相伴,来增加自己的打猎乐趣。反映鄂伦春族打猎乐趣的《猎歌》是这样唱的:

  猎人出围离家园,去打红围上高山。
  猎获狍子打到鹿,还有四不像犴达罕。
  猎获猎人打到狐狸,还有山狸打的全。
  猎物分给每个人,老人寡妇都有份。
  剩下的猎物换粮食,留下兽皮换食盐。①

山歌唱出了鄂伦春族捕猎的场景,也唱出了鄂伦春族猎人的勇敢,如民歌《胡玛河畔的鄂伦春人》:

  胡玛河畔的鄂伦春人,太阳月亮星星照耀着我们。
  以猎求生以肉为食,兽皮做衣穿在身。
  我们生活在森林河边,人称我们是山里人。
  一百五十个披甲抖威风,都是勇敢的鄂伦春。
  五十个披甲去鸥浦,当差站岗保护山林。②

山歌不仅歌唱了鄂伦春人狩猎的场景,也唱出了猎人收获的喜悦,如"克库鸟喝了山泉水,嗓音才会圆润;打猎人有了好奔头,歌声自然动听"。鄂伦春人用山歌道出了狩猎成功的喜悦,山歌《打到猎物再欢乐》正是表达了这一含义:

  你邀我唱歌我心里不快活,打不到猎物哪有心唱歌。
  打到了猎物咱们再欢乐,到时候别怕我的歌儿多。③

(五)猎人品格类

"飞入云层,才知道翅膀硬;打来猛兽,才相信猎手行",鄂伦春族的这则谚语表明,一个优秀的猎人必备的品格,就是会打猎。这也是判断一个好猎人的首要标准。"猎手出围不能空手回,勇士除魔不能半

---

① 白亚光、暴侠整理,《鄂伦春族民歌选》,黑龙江人民出版社,2005年,第57页。
② 同上注,第59页。
③ 同上注,第60页。

途废"，只有获得猎物的猎人，才可以称得上是一个优秀的猎人。鄂温克族谚语"无能的猎人，打不着猎物；笨拙的猎狗，抓不到猎物"，因而猎人需要不断磨炼自己的技术，提高自己的经验。达斡尔族谚语"没有打虎的本事，别想抓恶狼"，就是在告诫猎人们要不断提升自己。

当然，除了具备丰富的狩猎经验外，一个好的猎手还需要具备很多优秀的品质和条件。鄂温克族谚语"狩猎能手靠眼睛，善良好人靠真情"，指出善于观察是一个猎人具备的好品质。与此同时，一个好的猎人必须具备勇敢的品质，鄂伦春族谚语有：

有经验的猎手，总有办法对付猛兽。

直树长在山峰顶上，勇敢的猎人长在森林里。

勇敢的猎手可以从山头爬到云朵上，胆小鬼搭着梯子也爬不到帐篷顶。

办事要靠智慧，狩猎要靠勇敢。

狩猎能将人变成勇士，懒惰能将人变成魔鬼。

鄂温克族谚语"雄鹰飞不过去的山，莫日根敢登攀；野鹿能穿越的路，莫日根也能走"，说明猎人是勇敢的化身，极端的天气和恶劣的自然环境都不能阻挡他们前进的步伐。"没经历狩猎活动的人，感受不到生活的艰辛；优厚条件下长大的人，体会不到人间的辛苦"，狩猎活动非常艰辛，因而猎人这种勇敢坚韧的品格往往被该民族人民歌颂赞扬。同样在鄂伦春族谚语中，也有许多描述猎人不畏艰险的品格的，如：

再好的羽箭，也射不散空中的彩云；再冷的天气，也挡不住进山的猎人。

石头再大隔不断流水，森林再密挡不住猎骑。

横杆挡不住骏马的奔驰，倒木挡不住猎人的脚步。

林中的乌哩乌雷打不飞，山里的狩猎人苦吓不退。

狂风大雪能封山，却挡不住骑手登攀。

害怕黑夜穿密林，不算真正的猎人。

猎人的孩子都是在狼嚎声中长大的。

在狩猎活动中，仅有勇气是远远不够的。一个勇敢的鄂伦春族猎人还需要运用自己聪明的头脑以求事半功倍：

莽盖是愚蠢的魔鬼，怎能比上有智谋的猎人。

狗战恶狼全凭勇，人斗斑虎全凭智。

只要心细拿狮子也不难，只要有志抓老虎不费力。

不怕野兽滑，就怕猎人笨。

绊腿的猎马走不远，愚蠢的猎人眼光浅。

在面对诸如老虎、狮子等这些与人的力量悬殊的野兽时，用蛮力毫无用处，只有运用智慧才能捕获到。当然，对于一个鄂伦春族猎人而言，勤劳的品质也是必不可少：

大树穿上绿袍，打猎定要起早。

月亮戴上套环，出猎不应迟缓。

猎物的捕捉是十分费时费力的，想要获得猎物，就必须要起得早，为自己一天的打猎活动做好充分的准备。除了机智勤劳、正直勇敢，忠厚也被认为是一个鄂伦春族优秀猎人必备的品质：

湛蓝的是天空，憨厚的是猎手。

高山离不开它的影子，猎人掩不住他的忠厚。

篝火心要空，猎人心要实。

其实不仅是猎人，忠厚老实是每个族人必备的品质。在以狩猎经济为主的社会，个体之间的联系十分紧密。猎人获得猎物之后要与族人分享，吃了别人的猎物之后也要按时归还，这就要求族人必须诚实，这样才能保证成员之间相互信任，从而保障整个族群继续生存发展。

二、猎物类

猎物是猎人或野兽所捕获的牺牲者的意思。从狩猎的角度讲，猎物代表被猎取的或作为打猎对象的鸟兽。通常来说猎物可分为七个等级，一级猎物是鸟类等一些小型动物，之后是狐、狸、狼等，还有小鹿类、中型鹿类、巨鹿（驼鹿）类以及大型动物棕熊类、野水牛大象类等。

达斡尔族、鄂温克族、鄂伦春族的狩猎对象，随着各个时期经济发展的不同而有所变化。鄂伦春族的狩猎对象"基本上可以分为三个时期：即早期的狩猎对象、为清朝纳贡时期的狩猎对象、商品经济发展起来以后的狩猎对象"[1]。

鄂伦春人早期狩猎，主要是为了满足自己衣食住行的需求，因而这一时期的猎民们主要猎取肉多、皮厚而大的野兽，如鹿、犴、狍子、野猪和熊等，特别是狍子。这种动物遍及兴安岭各个地区，数量多而没有较大的杀伤力，因而成为鄂伦春人的主要衣食之源。熊和野猪的皮肉对鄂伦春人也是很好的物资，但相比狍子，它们比较凶猛，被射伤后还会反扑，所以鄂伦春人在生产工具较差、不是极端缺乏食物的时候是不会猎取它们的。

清朝统治鄂伦春族地区以后，把青壮年编入八旗兵，每年每人要向清朝进贡貂皮一张。有文献记载：室韦地区"尤多貂皮"，人民"皆捕貂为业"，这里所说的室韦地区，就是鄂伦春人先人所活动的地区。之后，随着商品经济的发展，鄂伦春人开始同谙达（意为好朋友或义兄弟）和商人进行猎品和商品的交换，这个时期的狩猎对象逐渐扩大，从过去主要为自己的衣食住行和为清朝打貂的狩猎，开始为猎取细毛皮张和动物身上的药材而狩猎。

"进入17世纪以后，鄂伦春族许多传统狩猎技术仍然得到了保留，但是枪支、马匹和铁器的进入却对他们的狩猎活动产生了巨大的影响。为了满足商品交换的需要，许多鄂伦春人以前从不猎杀的动物也成为他们猎杀的对象。枪支使用以前，鄂伦春人的狩猎对象主要是体型较大、并且比较容易猎获的动物，而枪支引入后，他们的捕猎对象就比以前广泛得多了"[2]。

---

[1] 赵复兴，《鄂伦春族游猎文化》，内蒙古人民出版社，1991年，第42页。
[2] 方征、马强，《鄂伦春族狩猎文化的变迁与聚居区村民健康研究》，中央民族大学出版社，2014年，第110页。

尽管捕猎范围变广，但鹿、狍达罕、狍子、熊、狐狸仍是主要的捕获对象。据此，可以将达斡尔族、鄂温克族、鄂伦春族猎物类谚语分为以下几类。

（一）鹿类

鹿是典型的草食性动物，吃草、树皮、嫩枝和幼树苗，善游泳。鹿的听觉、视觉和嗅觉十分灵敏，能闻到距离很远的气味，警惕性高，多栖息于苔原、林区、荒漠、灌丛和沼泽。鹿的经济价值极高，鹿茸等都是珍贵的药材。鄂温克族谚语中就有对于鹿茸的描述："鹿的头上藏着黄金，身上披着白银。"同样，鄂伦春族谚语中也有很多有关鹿茸的描述：

呼伦贝尔猎人饲养的梅花鹿　（孔群 摄）

雄鹿卸去七叉角，是为了春茸长得好。

水草茂盛鹿茸才丰富，风雨调顺猎户才平安。

二至三月是鹿胎期，五至六月是鹿茸期，九月至落雪前是鹿围期，落雪期间是打皮子期。

角是雄鹿的第二特征（仅驯鹿，雌雄皆有角）。北方的鹿过了繁殖季节，角便自下面毛口处脱落，初长出的角叫茸。正是因为鹿有如此高的价值，所以它成为猎人的捕捉对象。猎人们对鹿的生活习性也是了如指掌，鄂伦春族谚语有：

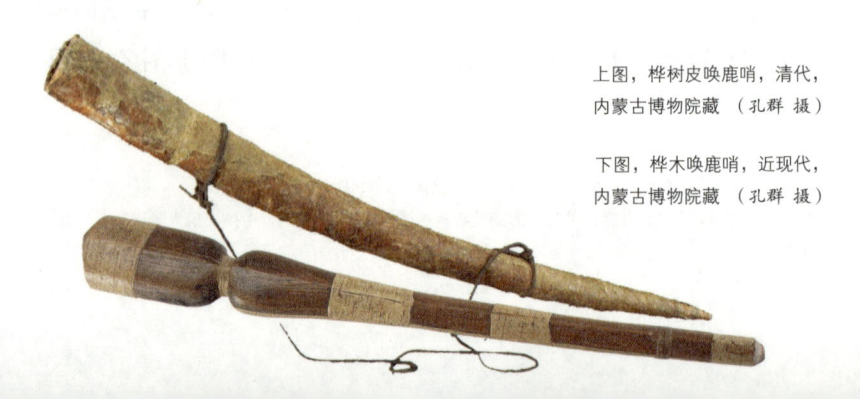

上图，桦树皮唤鹿哨，清代，内蒙古博物院藏　（孔群 摄）

下图，桦木唤鹿哨，近现代，内蒙古博物院藏　（孔群 摄）

鹿无头越跑越分散，人无主越过越孤单。

离群的鹿儿欢乐少，孤独的猎户处处难。

风暴再狂，鹿群也不愿分散；阴云再厚，猎户也不愿离山。

不下深水捉不到哲罗鱼，不上高山打不到梅花鹿。

西山出红云，碱场来鹿群。

同样，鄂温克族谚语也有对鹿生活习性的描述，如"鹿哨引鹿，碱场寻鹿"。

鹿是一种群居动物，且常出没于高山碱地。这是对达斡尔族、鄂温克族、鄂伦春族猎鹿经验的总结。"鄂伦春族猎人一年四季均猎鹿。春天鹿多在阳坡没有树的地方活动，因为这种地方草先长出来，它早晚来吃，猎人摸到这种规律，把这种地方放火烧荒，促进草芽早出，引诱鹿前来觅食，以便进行猎取"[①]。早期鄂伦春人猎取两种鹿：一种是野驯鹿，被称作"索格焦"，据说野驯鹿很早就以庞大的数量成群的活动在北方的密林中。但因为主要是食苔藓，因此只活动在原始森林之中长苔藓的地方。它们的食物也随季节变化而变化，春天它们会吃立金花、羊胡子草、斗篷草等；夏天会吃青草和蘑菇；秋天吃白地衣；严冬则改吃石蕊和桦、柳的细枝条、苔藓和长在树上的菌类。另一种是马鹿，也称"黄臀赤鹿"，它冬季多啃吃枯草、桦树瘤和嫩柳枝，春季吃积雪下的枯草和刚长出的青草，夏季吃青草、树枝，也到盐渍地舐吃盐土。

敖鲁古雅乡鄂温克族猎人（孔群 摄）

---

① 赵复兴，《鄂伦春族游猎文化》，内蒙古人民出版社，1991年，第44页。

鹿不仅是达斡尔族、鄂温克族、鄂伦春族的狩猎对象，也是其使役对象，是非常重要的交通工具。《文献通考》记载：鞠国在拔野古东北五百里，六日行至其国。有树无草，但有地苔。无羊马，国畜鹿如牛马，使鹿牵车，可乘三四人。人衣鹿皮，食地苔。在乌热尔图的作品《你让我顺水漂流》中就描绘了鹿作为交通工具的片段：鄂温克猎族生活在森林中，道路狭小难行，迁徙时，"有两头驮着炊具和行装的灰白色驯鹿"。生病或年老的人会以驯鹿为交通工具，秋卡的"母亲骑在一头粗壮的驯鹿背上"，"尼库砍来一抱细软的树枝，铺在潮湿的地面。秋卡把母亲扶下驯鹿，扯过一张狉皮铺在地上，让母亲躺在那里。"[①]

（二）犴达罕类

犴达罕，学名驼鹿，亦称"罕""堪达罕"。犴是最大型的鹿，善游泳，不喜成群，有六七百斤重。犴达罕是驼鹿的民族语言叫法，这种叫法在鄂温克、鄂伦春族中较为常见。犴生活在亚寒带针叶林长有桦树、杨树的密林深处，也经常出没在靠近河边的沼泽地中。冬春多在山上有树的地方吃各种树梢和树叶，特别爱在"尼阿尼克"（一种树）中卧着，猎人需要到这些地方找它。夏秋多在四周有柳丛的河套里，落雪后可按足迹追捕。

鄂伦春族有谚语"蚊蠓多了咬死大犴"，犴也总是会受到蚊虫的叮咬，所以犴在夏季为躲避炎热和蚊虫，多在水中洗澡。且犴爱吃水草，几乎每天夜间都要到水泡子或河里找水草吃。猎人掌握了犴这一习性，事先乘桦皮船埋伏在它活动的周围，等它把头伸进水中时便开枪射击，这种方法被称为蹲水泡猎取法。鄂伦春族谚语即可为证："黑夜蹲不起狍子的猎人，就打不着犴达罕（驼鹿）。"

犴的听觉、嗅觉灵敏，视觉较差，其奔跑速度很快，有耐力，且经常会在日出或黎明时行动，所以不易捕杀。成功打到犴需要一定的毅力

[①] 乌热尔图，《乌热尔图小说选》，内蒙古人民出版社，1986年，第163页。

与耐力，因而鄂温克族有谚语云："打犴鹿时日刚出，打狍子时日正南，吃饭时间日偏西。"

犴经济价值较高，肉好吃，其皮可制革，茸可制药。肉不仅鲜美，而且其皮毛也可以用来做衣服。鄂伦春族谚语中就有对其价值的记述：

饿时方知犴肉香，渴时倍觉山泉甜。

犴皮越熟越软乎，手茧越磨越硬实。

男人温得（鄂伦春语，即一种用犴爪做的靴子）窟窿多，女人闲串门子多。

（三）狍子类

狍子是一种类似山羊的中小型鹿类，颈和四肢都较长，尾很短。狍子是食草动物，视觉、听觉和嗅觉灵敏，跑的速度也很快。它没有固定的活动范围，一年四季在高山、平原及林区均可以见到其踪迹。因为经常遭受猎杀，所以狍子胆子很小，一边吃草一边还要抬头张望，一感到任何风吹草动就会乱跑，但跑不多远就站住了。在我们看来，狍子似乎有些发傻，如果你今天在这里打过它，明天它依旧会回到这里，因而我们如今也会把一些傻里傻气甚至傻得可爱的人称作傻狍子。在鄂伦春族谚语"狍子无角，会遭恶狼的袭击；猎人无枪，会受歹人的欺负"中，狍子就被赋予了憨厚善良的个性特征。

鄂伦春族有谚语"冬天猎人顶风走到草甸子见狍子"，狍子喜欢食用灌木的嫩枝、芽、树叶和各种青草、小浆果、蘑菇等，因此经常出没于草甸子，且喜欢躲在阴面，正如鄂伦春族谚语所说："树叶绿在枝头上，狍子躲在背阴岗。"春天，狍子过冬的绒毛尚未脱落，又是长"翁眼"（一种皮肤病）的季节，怕晒太阳，因此他们会经常在山阴坡密林或小河边活动。夏天，狍子则会出现在朝阳的山坡上。鄂伦春族谚语"夏天狍子影子红红的，冬天狍子屁股白白的"，描述的正是狍子的这一习性。到了冬天，狍子不会像其他动物一样进行冬眠，而是会在背风的山谷中活动。达斡尔族谚语"落雪攒兔，化雪猎狍"、鄂伦春族谚语

"风雪赶不走獐狍野鹿",说的就是狍子这一特点。中午往往是打狍子的最佳时间,鄂温克族谚语"打犴鹿时日刚出,打狍子时日正南,吃饭时间日偏西",说的就是打狍子的时间限制。

狍子肉鲜美,皮可以保暖,因此在达斡尔族、鄂温克族、鄂伦春族谚语中也有很多关于狍皮和狍肉的记录,如达斡尔谚语"稷子米是别人的黄,狍子肉是别人的香"。鄂伦春族谚语有:

狍皮是红杠子的好,小伙儿是有能耐的好。

棒打獐子,瓢舀鱼,野鸡飞到饭锅里。

达斡尔族谚语"大兴安岭山连山,我们翻过无数遍;年年进山砍柴,打鹿茸猎獐狍",说明捕猎狍子是该民族生活的常态。因为狍子数量较多,在森林中随处可见,达斡尔族、鄂温克族、鄂伦春族人民不仅可以食其肉,还能够衣其皮,因此狍子一年四季都是猎民们的猎取对象。

(四)熊类

熊是食肉动物,熊平时性情温和,但当受到挑衅或遇到危险时易暴怒,打斗起来十分凶猛。

栖息在兴安岭的熊有两种,分别是棕熊和黑熊。黑熊体型较小,头大眼小,嘴鼻突出,眼露凶光,满口锯齿獠牙,巨掌上尖利的钩牙可伤害人兽的性命,而且性猛烈,把它打伤后,会进行猛烈的反扑,所以鄂伦春族有谚语"能打到千只小鸟,才能打到一只大熊",可见捕获它的难度。黑熊不会爬树,也不会游泳,只能住在地洞里,因此达斡尔族有谚语描述:"黑熊过河,有死无活。"而鄂伦春族的另一句谚语"橡籽落地转,黑熊凑上前",则说明黑熊喜食橡籽,但因为黑熊不会攀树,只能住在地洞里,所以它只能等到橡籽落在地上之后才能凑上前去吃。

"熟透的都柿满枝挂,口渴的棕熊伸出爪",鄂伦春族的这一谚语说明棕熊喜食柿子,又因为其擅长爬树,因而树上的柿子是可以伸手得到的。另外,熊也食野果、松子、嫩草、蚂蚁、蜂蜜等,还吃狍、鹿、松树等。夏秋季由于事物丰富,使得它膘肥体壮,严冬季节开始蹲仓。

熊浑身是宝，熊掌营养丰富，是大补食品，食之有滋身壮体、增强耐力之功用，故被誉为"山八珍"之一。达斡尔族谚语中有很多描述了熊的价值，如：

草原青青放牧忙，全是财主牛马羊；进山狩猎得黑熊，白音上门收熊掌。

进山狩猎得黑熊，财主上门收熊掌。

身为可汗者，爱吃唇身；身为皇帝者，爱吃熊掌。

除了熊掌之外，熊胆也是重要的药材。鄂伦春族谚语"苦涩的熊胆利于肝脾，衷心的劝告利于身心"，就记录了熊胆的这个性能。

(五) 狐狸类

一般所说的狐狸，又称红狐、赤狐和草狐。它们能对声音进行准确定位，嗅觉灵敏，腿部修长，能够快速奔跑。鄂伦春族谚语有"红色的狐狸值钱，忠诚的姑娘高尚"，红狐的皮毛更值钱，因而也成为猎人竞相捕猎的对象。

狐狸大多生活在森林、草原、半沙漠、丘陵等有草的地带，居住于树洞或土穴中。狐狸能捕食各种老鼠、野兔、小鸟、鱼、蛙、蜥蜴、昆虫等，也食用一些野果。因为它主要吃鼠，偶尔才袭击家禽，所以是一种益多害少的动物。鄂伦春族有谚语云："冬天猎人在草甸上见狐狸。"

从外形看，狐狸小巧，最引人注目的就是其毛茸茸的尾巴，这也是它显著的标志。在鄂温克族、鄂伦春族谚语中也有对狐狸尾巴的描述：

凡是狐狸都夸自己尾巴。(鄂温克谚语)

貂尾美丽被土埋得快，狐狸尾被灰埋得快，猞猁尾被沙土埋得快，喜鹊尾巴老得快。(鄂伦春谚语)

狐狸性格机敏胆小，但又非常狡猾。狡猾是其最显著的性格特征，鄂伦春族谚语中有"野鸡和狐狸不搭言，好人和坏人别攀亲"的说法。对于狐狸狡猾这一特点，达斡尔族谚语是这样描述的：

狐狸越老越猾，奸商越老越奸。

狐狸再狡猾，逃不脱猎人的眼睛。

狐狸再狡猾，逃不脱猎狗的嗅觉。

狐狸跑得再快，最后还是被猎马追上。

鄂温克族和鄂伦春族谚语中也有类似的描述：

狐狸再狡猾，也跑不出山神的手。

狐狸无论怎样掩饰，猎人也会看出它的本相。

狐狸的眼泪是假的，敌人花言巧语是骗人的。

这些谚语告诉人们，要警惕狡诈之人，不要被其花言巧语和眼泪所欺骗。

三、狩猎工具类

在远古时代，鄂温克族的狩猎工具是木棒、石器、扎枪、骨器、弓箭等。在"木器时代"，鄂温克族先民也与其他狩猎民族一样是使用木棒狩猎的，而后木器由天然木器发展到人工木器。鄂温克族先民用棍棒袭击野兽，进而将棍禅削尖来刺杀或投向野兽；之后鄂温克人开始用石器工具狩猎，用石头撇打野兽，或用木棍刺杀野兽，进入木器、石器并用的时代；而后开始使用弓箭。"鄂温克人长期使用的弓箭，是他们就地取材自己制造的，弓是双层的，里层用黑桦木，因其带有较强的韧性，外层是落叶松，里外层之间再夹以鹿、牛的筋，用细鳞鱼皮熬成胶将其粘固，使之不易折断。弓弦是用鹿筋或牛筋制成的，箭杆是木质的，箭羽用的是野鸭翎"[①]。

狩猎工具的不断改进和提高，标志着狩猎生产力水平的日益提高，也表现出狩猎经济的不断发展和社会群体的不断进步。从远古的木棒、石器、骨器、弓箭到枪支，鄂伦春人的狩猎工具逐步发展。在近代，鄂伦春人主要使用枪支从事狩猎活动。关于记载鄂伦春人使用猎枪的文献，《清高祖实录》中，在1750年清高祖给黑龙江将军傅尔丹的上谕中

---

① 张璇，《北方民族渔猎经济文化研究》，吉林人民出版社，2005年，第198页。

记载:"索伦等(当时的鄂伦春人包括在索伦部里)围猎,从前不用鸟枪,今闻依等不以弓箭为事,唯图利便,多习鸟枪。夫围猎用弓箭,乃从前旧规,理宜勤习。"①

因为世代以狩猎为主,因而达斡尔族、鄂温克族、鄂伦春族的狩猎工具也是多种多样的。在鄂温克族的传统狩猎生产中,除了弓箭、扎枪和快枪这些基本工具外,还有一些辅助性工具如猎刀、桦皮船、滑雪板、猎犬、猎鹰、猎马、驯鹿和鹿捍哨等也是狩猎活动中必不可少的。达斡尔族、鄂温克族、鄂伦春族谚语中就有对诸如对弓箭、猎刀、猎枪、猎狗、猎马和猎鹰使用情况的描述,从中可以对达斡尔族、鄂温克族、鄂伦春族的狩猎方式有一个清晰的了解。

(一)弓箭类

恩格斯曾说:"由于有了弓矢,猎物便成了日常的食物,而打猎也成了正常的劳动部门之一。"弓箭是一种威力大、射程远的远射兵器。弓的部分由有弹性的弓臂和有韧性的弓弦构成,箭包括箭头、箭杆和箭羽。箭头为铜或铁制(现代的箭头多为合金),杆为竹或木质(现代多为纯碳或铝合金),羽为雕、鹰或鹅的羽毛,是军队与猎人使用的重要武器之一。在原始社会人们以狩猎为生,弓箭的发明极大地改变了原始先民的生活,提高了狩猎的成功率。在原始社会时期,弓箭也被用作战争时自我防卫的武器。随着热兵器的出现,弓箭退出军事舞台,在历史的发展中逐渐演变成体育娱乐项目或者说体育竞技项目。基本上每个民族的人民都曾使用过弓箭,对弓箭很熟悉,也因此留下很多与弓箭有关的谚语,如"开弓没有回头箭",是指事情一旦决定之后,就不能更改了;"一箭易断,十箭难折",说明了团结的重要性;"明枪易躲,暗箭难防",比喻正面的攻击比较容易躲开,暗地里的攻击难以区分。此外,拉祜族也有与弓箭有关的谚语,"人狂惹祸,鸟狂招箭",告诫人们要谦

---

① 方征、马强,《鄂伦春族狩猎文化的变迁与聚居区村民健康研究》,中央民族大学出版社,2014年,第110页。

虚，也从侧面反映了弓箭是被当作狩猎工具来使用的。

弓箭是人类制服野兽的有力武器。传说中的鄂伦春族英雄喜勒特很就是凭借着弓箭的威力才主宰了山林。弓箭在鄂伦春族社会发展中，起过不可磨灭的作用。有关鄂伦春人早期使用弓箭的情况，许多历史文献都有记载，《契丹国志》中就有"弓以皮为弦，箭削桦为杆"的描述。

鄂伦春人从小对于弓箭就很重视，猎人常常亲手给孩子制作圆头箭、尖头箭等各种弓箭，以便从小培养孩子的射箭兴趣，一个七八岁的孩子便可以用箭射猎飞禽和小兽。一些老年人也采用下地箭的方法猎取野兽，他们把弓箭下在野兽经常出没的地方，用绳子拴住机关，野兽一旦触动绳子，就会被脱弦而落的箭所射杀。

鄂伦春族有一谚语"山里毫无用处的是金银财宝，山里最有用的是弓箭猎马猎犬"，可见弓箭在狩猎过程中非常重要，因而达斡尔族、鄂温克族、鄂伦春族人民格外注重射箭技术。在达斡尔族、鄂温克族、鄂伦春族的历史传说中，每一个英雄形象都是弯弓射箭的能手，氏族首领毛考代汗、根特木耳都是射击英雄。鄂伦春人每当谈起先人们精湛高超的射箭技术时，总是津津乐道、充满自豪。对猎手高超射箭技术的描述在谚语中也有所体现：

　　金银绸缎虽好看，好猎手喜欢的却是弓箭。

　　千只飞鸟爱蓝天，千个猎手爱弓箭。

　　飞快的骏马，好骑手才有资格骑；硬木的弓子，好箭手才有资格使。

鄂伦春族谚语有"骑马上坡容易下坡难，学箭射出容易瞄准难"，这说明成为一个好的箭手非常不易，需要在实践过程中不断提升自己的箭法，正如鄂伦春族谚语所说"秋草摺荒了春天还会发芽，箭法

弓箭，近现代，内蒙古博物院藏（孔群 摄）

生疏了必须从头学起"。当然,成为一个好的箭手还需要极大的耐性,如鄂伦春族谚语所说,"没有脊背的蛇,长得再粗也挺不起身架;没有耐性的人,教得再细也瞄不准箭靶"。同样,成为一个好的箭手需要持之以恒的练习,如鄂伦春族谚语所说,"雨后的山水一泻就没,半途的箭术一比就颓",半途而废是成就不了一个真正的箭手的。

猎人使用的弓箭一般都是猎人自己做的。弓用弹性较强的落叶松木制作,弓弦用鹿筋制成,箭杆用性质坚硬的桦木,箭尾夹有羽翎,早期的箭头是用石和骨制的,铁器传入以后,又有了金属箭头。达斡尔族谚语"弓用皮绳子做弓弦,箭用桦木削成杆",说的正是有关弓箭的制作方法。

弓箭作为早期狩猎的主要工具,在达斡尔族、鄂温克族、鄂伦春族生产生活中也起着至关重要的作用,达斡尔族人民有用弓箭教育世人的谚语"勿拉别人的弓,别骑他人的马",提醒人们要尊重个人隐私,不要轻易使用别人的东西。

(二)猎刀类

猎刀是猎人必备的狩猎工具之一,在野外狩猎中可以发挥切割、刺的作用,也可以用来剥皮。猎刀的发明和生产极大地促进了狩猎经济的发展。达斡尔族有很多描写猎刀的谚语:

  猎刀用于打猎,刺话可伤感情。

  做勒勒车离不开斧凿,扒兽皮离不开快刀。

  进山缺不得火和刀,打猎缺不得马和枪。

  要想卸好肉,刀刃就要快。

生活上的切、砍、刮、劈,打到野兽以后的剥皮、开膛、割肉和剔骨等都要用猎刀,可以说猎刀是达斡尔族、鄂温克族、鄂伦春族人民生活中的万能工具。

鄂伦春族谚语有"子刀是钢的快,话是真的好""箭是铁尖的利,刀是淬钢的锋",这些都反映出猎刀的主要制作材料是钢。据说,早期的猎刀是石质的,继石质的之后还有骨质的刀,后来在儿童玩耍时用鹿的第七根肋骨来制作猎刀。近几百年来开始使用铁质的猎刀，还有用树杈木制作的猎刀和用桦木制作的刀鞘。

达斡尔族对于猎刀的感情很深。猎刀是达斡尔族猎人出猎时必不可少的用具。现如今，达斡尔猎刀从过去

猎刀，近现代，鄂温克博物馆藏 （孔群 摄）

的打猎工具变成了杀猪刀和收藏品。目前的达斡尔猎刀并非纯手工制作，而是用现代化的工具做出来的。但使用材料相同，制作工艺比传统的更加精致。猎刀传承人郭连锁说："达斡尔族猎刀不仅是一把猎刀，在它里面融入了达斡尔族的民族文化。达斡尔族人对猎刀很有感情，一个人一辈子只用一把刀，这一把刀一直跟着他成为他的一个伙伴。达斡尔族认为不能拿刀开玩笑，不能摸别人的刀，也不能拿刀指别人，这样都是不礼貌的。"可以说猎刀是达斡尔族男人一辈子的写照，每个猎民都会有一把猎刀，出猎时插在腰带上，以便随时使用，死后刀也要随葬。同样，鄂伦春族猎人也随时携带猎刀，"酣睡也别忘槽上的马，无事也别忘身旁的刀"，实则是在提醒猎人们时刻保持警惕。

鄂温克族有一谚语："毒蛇恶狼只配喂老雕，恶人歹人只配吃猎刀。"猎刀已经不仅用于狩猎，而且成了惩恶扬善的工具。猎刀已经深深印刻在达斡尔族、鄂温克族、鄂伦春族的民族血液之中，成为其文化的一部分。

（三）猎枪类

猎枪是一种猎人打猎用的工具，体积跟步枪一般长，是达斡尔族、鄂温克族、鄂伦春族重要的狩猎工具。达斡尔族、鄂温克族、鄂伦春族谚语有很多关于猎枪的描述，如达斡尔族谚语有：

好马壮胆子，好枪猎物多。

进山缺不得火和刀，打猎缺不得马和枪。

伐木人拉木头离不开达斡尔特日格，狩猎人打猎离不开马和枪。

文人缺笔不行，猎人缺枪不行。

猎枪是达斡尔族、鄂温克族、鄂伦春族狩猎活动中非常重要的工具。火枪代替弓箭经历了一个较长的发展阶段。虽然火枪的杀伤力和射程都是弓箭所远不能及的，但它却没有弓箭来得快，而且声音很大，发射一枪之后还没等重新装好火药，野兽们早已被吓得四处逃遁了。所以这种火枪当时并没有受到猎人们的热烈欢迎，有些猎人干脆把买来的火枪束之高阁，而宁愿使用扎枪和弓箭。后来，随着猎枪的改进与猎人用枪技术的熟练，猎枪才逐渐成为猎人的主要狩猎工具。

猎枪的广泛使用对猎人的射击技术日益提出更高的要求。光有枪支而没有好的射击技术的猎人同样打不到猎物，因此达斡尔族、鄂温克族、鄂伦春族对射击技术格外重视。达斡尔族谚语"打猎要学好枪法，种地要学好技艺"，说的就是这个道理。同样，在鄂伦春族谚语中也有很多有关射击技术的描述：

猛兽有伤人的技能，猎手有擒杀它的技艺。

瞄不准枪星，打不中猎物。

射中靶心的人，对自身的声誉好；瞄准目标的人，对自己的前途好。

不开猎枪，打不住狼。

不拉满弓杀不死野兽，枪法不准称不上猎手。

老虎扑死雄鹿，靠的是凶猛威慑；猎手捕获獐狍，靠的是神奇枪法。

枪法好坏不在嘴边，同伙好坏不在脸面。

猎枪，近现代，呼伦贝尔民族博物院藏（孔群 摄）

泥底的河水，越冲水越浑；虚底的枪支，越瞄越晕。

鄂温克族关于猎枪的谚语有：

猎手的枪响，一定会带回肉。

草原上的牧马人要骑最好的骏马，山林里的狩猎人要背最好的猎枪。

牧马人骑好马，狩猎人背好枪。

牧马的人需要套马杆，狩猎的人需要长筒枪。

猎人需要的是猎枪，牧马人需要的是套马杆。

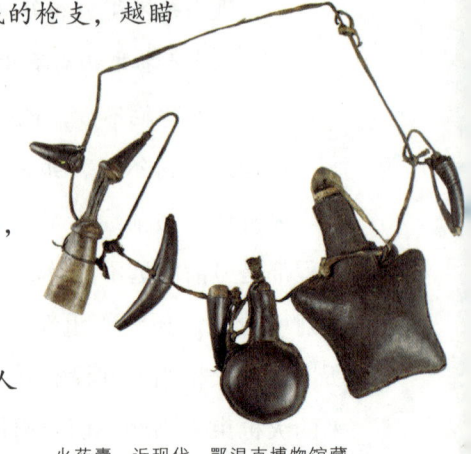

火药囊，近现代，鄂温克博物馆藏（孔群 摄）

除此之外，达斡尔族、鄂温克族、鄂伦春族谚语中也有用猎枪做比来说明生活道理的，如鄂伦春族谚语："无能的猎手，总怪猎枪不好；无志向的人，总是怨天尤人"，告诫人们要从自己的身上找问题；"出征打仗之前，先把枪械擦好"，则是告诉人们要做好准备。

（四）猎马类

猎马是达斡尔族、鄂温克族、鄂伦春族狩猎的重要帮手，猎马一般都经过特殊训练，体型矮小，耐力很强，善于翻山越岭、穿行密林和沼泽。在深山密林中，猎马比人更识途，穿越沼泽时，如果猎马主动调头，前方一定有"鬼泽"。如果猎人突发疾病或遭遇意外，猎马会驮着空鞍回去报信。猎马的生存能力极强，无论冬夏春秋，只要把它放在野外就不会被饿死。它们会扒开积雪吃草，刨冰喝水。除了草料以外，猎人还会给猎马喂食盐和肉。达斡尔族、鄂温克族、鄂伦春族的猎人们在马还很小的时候就会给它们喂盐，这样喂大的马才容易接近。猎人在给马喂肉的季节大都在冬季，冬天缺少草料，给马的肉主要是鹿、狍和狍子肉，有时也会给马喝煮肉的汤。用肉喂肥的马不容易掉膘。

鄂伦春族猎人（呼伦贝尔市政协提供）

猎马在狩猎过程中非常重要，达斡尔族谚语中有着生动的记录：

好狗是猎人的耳目，好马是猎人的帮手。

蛟龙离开水难飞腾，猎人没有马难逞能。

坐船必离不开撑竿，打猎人离不开骏马。

同样，在鄂温克族谚语中也有突出猎马在狩猎活动中重要性的谚语：

牧马人套马技术最好，狩猎人射击技术最高。

好骑手骑好骏马，好车夫用好犍牛。

鄂伦春族关于猎马的谚语有：

猎马长翅能上天，猎人长智能避险。

猎马是鄂伦春人的命根子。

猎马好坏骑骑看，朋友好坏处处看。

山里毫无用处的是金银财宝，山里最有用的是弓箭猎马猎犬。

养马为了打猎骑驮猎物，娶来的媳妇怎能白闲着两只手。

猎人们常说："猎马就是我的双腿。"很多达斡尔族、鄂温克族、鄂伦春族猎民在定居搬入城里后，不习惯走城里的路，他们会感到腿酸、腿疼，走不了多远的距离就会哀叹："我的马要是在就好了！"可见猎马是猎民重要的交通工具，猎人对猎马十分依赖。鄂伦春族谚语"没有猎马，猎人就像断腿的人""猎马是鄂伦春人的两条腿"，反映了猎马在猎人生活中的重要性。

达斡尔族谚语有：

猎人的眼，猎马的腿。

狐狸跑得再快，最后还是被猎马追上。

猎鹰的眼睛，猎马的速度。

糟绳子拴不住猎马。

这些谚语都是对猎马速度的描述，判断一个猎马好坏与否，往往要看其腿是否强劲有力，在鄂伦春族谚语也有相关表述：

群雁飞翔有头雁，猎马奔驰有后前。

好猎马功在腿上，好猎手功在眼力。

马勤快在腿上，狗勤快在嘴上，鸟勤快在翅上，人勤快在手上。

飞马能攀云，良狗能救人。

再好的马也是要经过训练的，鄂伦春人定居之后，开始圈养马鹿，捕捉马鹿主要是靠猎马追，循着踪迹，直追到马鹿无力再跑的时候就将其活捉。鄂伦春族谚语"好马是调驯出来的，英雄是磨炼出来的""亲自驯养的猎马通人性，自家喂的猎狗才忠心"，达斡尔族谚语"和出来的面，练出来的马"，都是在传达马要经过训练这一事实。在长期的训练过程中，马渐渐也有了人性。故达斡尔族谚语有"猎马通人性，好汉通道理"，猎马给达斡尔族、鄂温克族、鄂伦春族的生活带来了极大的便利，在他们的生活中扮演着非常重要的角色。

（五）猎狗类

猎狗，或称猎犬，是猎人狩猎最得力的助手，它可以帮助猎人寻觅野兽的踪迹，追捕被打伤的野兽。在使用弓箭和火枪的时代，由于狩猎工具性能低下，一箭一枪往往打不死野兽，有时野兽还会反扑伤人，这时主要靠猎犬与野兽周旋，为主人创造重新射击的机会。遇到成群的动物，猎人发射一枪以后，动物惊慌四散，若没有猎犬围追堵截，猎人很难再有射击的机会。就是武器精良的今天，猎犬依然是猎人不可缺少的助手。

达斡尔族、鄂温克族、鄂伦春族中有很多谚语都论证了猎狗对于猎人的重要性，达斡尔族谚语"猎人离不开狗，农夫离不开牛"，就反映了达斡尔族对猎狗重要性的认识。

鄂温克族也有谚语说明猎狗在猎人打猎时发挥着不可替代的作用：

如果没有猎狗就等于瞎子。

没有牧犬，就像没有眼睛和耳朵。

狗吃谁的饭，就替谁看羊。

鄂伦春族谚语中关于猎狗的表述有：

截不住野猪不算猎狗，打不掉飞龙不算猎手。

一条艾亚纳尼黑（好猎犬），三匹好马也不换。

一条阿牙阿呢嘿（好猎狗），三匹好马也不换。

美酒美女美梦，是懒鄂伦春人的朋友和坟墓；猎马猎狗猎枪，是猎手的伙伴和前途。

树木生长靠大地、水分和阳光，猎人生存靠猎马、猎狗和刀枪。

猎户养狗，因为它是猎人的好助手；猎人杀狼，因为它的恶性难以改良。

狗是人类的好朋友，在很多民族的传说中都有狗帮助或救助主人的故事，以狩猎为生的达斡尔族、鄂温克族、鄂伦春族人民对于狗的热爱更是有过之而无不及。在鄂伦春族有一个流传很广的故事叫《猎人为什么养狗不养狼》，这是一个典型的狗救助主人的故事：过去，猎人既养狗，也养狼，因为狩猎的时候狼要比狗凶猛得多，所以狼总是备受猎人的爱护。一次，一个猎人带着自己的狼和狗一起出猎，可是运气不佳，一连几天都无所收获。一天夜晚睡觉的时候，猎人被狗的叫声吵醒，他起身发现，狼安安静静地躺在地上，而狗却虎视眈眈地盯着狼，他不明所以，就又去安然入睡了。过了不久，他又被狗的叫声吵醒，可醒来依旧发现什么都没有，他感到很奇怪，便又一次假装入睡。这时，他发现，狼正张着血盆大口一步一步地靠近自己，狗却奋不顾身地扑上去阻挡狼，如果不是狗的屡次提醒，他早已成了狼的腹中餐。

鄂伦春族中有不少体现狗的忠诚的谚语：

> 好猎狗知道护主人，明白人不能护近亲。
> 亲自驯养的猎马通人性，自家喂的猎狗才忠心。
> 狗养大了护人，狼养大了吃人。

因为狗对主人的绝对忠诚，所以猎人对于狗也是倍加爱护，甚至把它们当作自己同伴。如果猎狗在狩猎时不幸受伤，猎人就是马驮肩背也要把它带回家，千方百计为它治疗；如果猎狗死了，猎人就像失去亲人一样悲伤。鄂伦春族从不吃狗肉，也绝不杀狗，即使狗残疾了，老了，也都任其自然死亡，挖坑埋葬。

达斡尔族谚语"丢猎狗伤心别人理解，丢猎鹰伤心别人不理解"和鄂伦春族谚语"猎狗被狼咬伤，谁看了都心疼"，就是关于猎人对狗爱护的描述。

达斡尔族、鄂温克族、鄂伦春族猎人在挑选和驯养猎狗时都有一些特殊的办法。谁家的狗种好，人们就会纷纷上门讨要，主人家留一两

鄂伦春族猎人（呼伦贝尔市政协提供）

条自己喂养,余者都送给别人,不要任何报酬。这种方式有点类似于恩格斯所说的斯拉夫家庭公社:"衣食都出自共同的储备,共同占有剩余产品。"当然,恩格斯所论述的是农业公社,但是这种生产分配方式同样也适用于处于狩猎经济当中的达斡尔族、鄂温克族、鄂伦春族。前来讨狗的人要带着刀、斧等有利刃的东西,预示日后猎犬的牙齿能长得像利刃一样锋利。讨来小狗后,首先要根据它的毛色和形象为它取名,如四眼狗叫"嘟啵"、黄色的狗叫"库列"等,从小叫它的名字,长大后无论它在什么地方,只要听到主人呼唤,就会迅速跑进来。

猎犬从小进行训练,最初是扔一块肉让它叼回来,这是让它懂得以后捕捉到猎物不能随便吃掉。初次跟随出猎的小猎犬,猎人要用一条绳子牵着它,否则它会没头没脑地到处乱跑,怕它吓跑了猎物,尤其怕野兽咬伤它。猎狗一旦第一次出猎就被咬伤,以后就不敢靠近野兽了。

(六)猎鹰类

鹰属大型的鹰科鸟类,是肉食性动物,会捕捉老鼠、蛇、野兔和小鸟等小型动物,还会捕食山羊、绵羊和小鹿。它的体态雄伟,性情凶猛。鹰多数在白天活动,即使在千米以上的高空,它也能把地面上的猎物看得一清二楚。达斡尔族有谚语描述鹰敏锐的眼睛:"猎鹰的眼睛,猎马的速度。"强壮的鹰脚和锐利的鹰爪便于捕捉动物和撕破动物的皮肉。鹰栖息于峡谷、林地、树林等处,繁殖期常在空中翱翔,同时发出响亮的叫声。

木夹子,近现代,达斡尔博物馆藏(孔群 摄)

猎鹰是达斡尔族人的帮手。受训的鹰即是猎鹰,即指"海东青,大仅如鹘,即纵,直上青冥,几不可见,俟天鹅至半空,炊自上而下,以爪攫其首,天鹅惊鸣,相持殒地"[①]。

[①] 丁石庆,《达斡尔族早期狩猎文化的母语重建》,《满语研究》,2004 年第 1 期。

黄维翰在《黑水先民传》中有对达斡尔人猎鹰的记载:"……其野丰水草,多牛马,牛马以谷量。其人民种族繁多,约之为打牲、游牧、力田三类。咸猛鸷轻迹,精骑射。地苦寒,秋季即大雪,皑皑数千里。冰厚逾丈,万物咸鸷。而人民日益发舒,伍伍什什,臂鹰腰枪矢,大合围山谷间。或遴车徒马力,载麦与豆输他境。穷日夕行,腾赴泥雪中,习以为常。"①

达斡尔人从事鹰猎生产已有上千年的悠久历史,无论是达官贵人还是平民百姓,都以臂鹰走马、驰骋田猎为乐,猎鹰作为猎人狩猎时的得力助手备受达斡尔人的钟爱。流传在黑龙江省齐齐哈尔市的民歌《鹰啊,我那心爱的鹰》通俗流畅地描绘出达斡尔人的鹰猎生产过程,在这首民歌的开头部分,作者首先以朴素无华的语言叙述了捉鹰的地点和经过:"音查里班查里亲哥儿俩哟,快快走啊快快走,沿着黑龙江两岸走。哥俩在黑龙江上游,捉到了一只猎鹰。"然后重点叙述了喂鹰和放鹰的经过,旨在为后文描写猎主失鹰时的焦急心情和寻鹰这一情节做铺垫:"带回家去精心喂养,和它建立起朋友般的感情。夏天的三个月里,我们用田鼠肉喂养我那只心爱的鹰。秋天的三个月里,我用狗肉喂养我那心爱的鹰。冬天的三个月里,我用谷糠为它拌食。我骑着马儿去放鹰,走到荒草甸子,鹰站在我肩头上。草棵里窜出一只兔,蹦蹦跳跳跑过去。哗啦一声鹰飞起,'噢'的一声追过去。我跑着跳着跟了过去,一直追到杏树岗。沿途查巡仔细望,追寻猎鹰我来到黄沙岗。跑东跑西左右看,追寻猎鹰我来到河滩。高声呼叫我心爱的鹰,追到崖边不见影。"②通过捕鹰、喂鹰、放鹰、失鹰、寻鹰等一系列情节重点突出地表现了鹰与猎人之间唇齿相依、须臾不可分离的伙伴关系。

达斡尔族谚语有"受驯的猎鹰成为猎人的臂膀",说的就是猎鹰的作用。"放鹰捉住野兔野鸡,放排买回布匹油盐",有了猎鹰的帮助,狩

---

① [清]黄维翰,《黑水先民传》,吉林文史出版社,1987年,自叙,第2页。
② 谷文双,《达斡尔族民间文学与狩猎亥会济》,《民族文学》,1998年第3期。

猎成功的概率大大增加，正是因为如此，猎鹰在猎人心中地位极高。丢了猎鹰对于猎人而言是一件极其受挫的事情，因此在达斡尔族谚语中有"丢老婆子伤心，丢猎鹰更伤心"和"丢猎鹰，越找不到越要耐心"的说法。

鹰是猛禽，性情凶顽，所以捕获、训练成为人所利用的猎鹰也是很不容易的事情。捕获山鹰的方式有两种，一种是用"图如萨勒"（达斡尔语 tursal）的网具支在高岩上或屯外高树上，另一种是将"约格登"（达斡尔语 rogden）的网具支在岩顶上，山鹰为食用网中的鸽子等诱饵而被捕。鹰逮到手，立刻给它戴上一顶皮帽子，嘴露在外头，眼睛蒙在帽子里。捕获山鹰之后，一般十来天不给它喂一点肉食，而要把它像婴孩一样绑在悬梁摇篮里摇几天。[①]

把一只山鹰训练成为一只猎鹰，需要几个月之久。且训练的过程是非常辛苦的。一头好的猎鹰，需要驯鹰人倾其心血、精心喂养和悉心关照。为了使猎鹰对猎物有足够的兴趣，猎手们总是让它处于半饥饿的状态。在饲养猎鹰时，也很注意，不让它过于肥胖。如果猎鹰吃饱或者吃肥了，体重增加，有时候围不住猎物，它很容易丧失信心不干了。[②]达斡尔族谚语云："放过猎鹰的人，深知驯鹰的重要。"谚语中就有对驯鹰过程的记录：

    山鹰的本能，鹰主的本领。
    山鹰的本领，调教人的技能。
    猎鹰调驯得越精，狩猎的能力越大。
    抓到了山鹰不会调驯，等于没有抓到它。
    放猎鹰是累人，但高兴的也是它。
    训练出来的骏马，调教出来的猎鹰。

---

① 吴依桑，《达斡尔族的鹰猎》，《内蒙古社会科学》，1988 年第 4 期。
② 同上。

经过严格的训练，猎鹰的耐力就会增强，力气就会很大。达斡尔族谚语有"猎鹰的翅膀，猎马的耐力""猎鹰的力气在于爪，人的力量在于志"，说的就是猎鹰这个特征。此外，谚语也记录了猎鹰时候的注意事项：

　　放猎鹰，猎物越多越要冷静。

　　狩猎人不忘擦净枪膛，放鹰人不忘清理鹰胃。

在达斡尔人看来，捕鹰、驯鹰和鹰猎，既是生产活动，又是富有趣味的娱乐活动，因此后来演变成为一些人的消遣行为。[①] 近代以来，由于环境的历史变迁，达斡尔人中从事狩猎业的人越来越少，而把鹰猎作为一种业余活动或文化消遣的人越来越多。[②]

鹰是智慧、机敏、勇敢、正直的化身，是鄂温克族人信赖的伙伴，鄂温克族有这样的谚语：

　　别拿乌鸦吓唬雄鹰。

　　有本领的老鹰，总藏着爪子。

　　鸟笼里飞不出雄鹰，不进山打不到野兽。

鹰是力量的象征，乌鸦是不足以与其相媲美的。尽管鹰本领很大，但它却很谦虚，不随意显摆。真正的雄鹰是经过大自然残酷的考验的。这也在激励着达斡尔族、鄂温克族、鄂伦春族人民要像鹰一样，坚强勇敢。

第二节　其他生产行业类谚语

除狩猎活动之外，农副业等其他生产行业在达斡尔族、鄂温克族、鄂伦春族的生产生活中也占据重要地位。渔业、放排业和农业是达斡尔族、鄂温克族、鄂伦春族不可或缺的生产方式。对三个民族人民来说，

[①] 丁石庆，《达斡尔族早期狩猎文化的母语重建》，《满语研究》，2004 年第 1 期。
[②] 丁石庆，《达斡尔族狩猎文化之成因分析》，《北方文物》，2006 年第 2 期。

渔业是狩猎经济的重要补充，因此，他们创造出一定数量的有关渔民生活、鱼类资源、捕鱼工具以及鱼类生存环境方面的谚语。放排业也是以达斡尔族为代表的达斡尔族、鄂温克族、鄂伦春族重要的生产方式，放排谚语体现着三个民族人民的勇气和智慧。三个民族人民根据其所居住的地理环境，从事相应的农耕活动，一大批反映农民、农具、籽种、耕作经验以及经济作物的谚语随之产生。

一、渔业类

渔业活动常与狩猎行为相结合。受地理环境因素影响，达斡尔族、鄂温克族、鄂伦春族主要以从事狩猎为主，只是在其间隙会进行捕鱼活动，将其作为狩猎业的补充，形成"渔猎兼营"模式，所以独立的捕鱼产业尚未形成。

达斡尔族捕鱼业相对发达。"17 世纪中叶前达斡尔人定居在黑龙江北岸时，黑龙江及其北岸支流石勒喀河、精奇里江、牛满江纵横交错的水系，为达斡尔人的渔业生产提供了丰富的天然资源。"[①] 迁居嫩江流域后，黑龙江中游南岸、嫩江及支流成为达斡尔人的天然渔场。与此相应，产生了一些渔业谚语，如达斡尔族谚语：

棒打狍子瓢舀鱼，野鸡飞到饭锅里。

鱼叉叉出深水鱼，盅酒勾出心里的话。

达斡尔族生活的地区夏天鱼多。《黑龙江外记》有这样的记载：

鱼价素贱，夏日尤甚……故五月间户皆市鱼，剖而绳属之，晾屋上，谓之晾鱼胚子，终岁用之不竭。渔网极大，得鱼多，非数十人曳之难出水……

《黑龙江外记》中特别强调：

棒打狍子瓢舀鱼，野鸡飞到饭锅里。余尝见野鸡盛时，往往飞集门窗，一握而得，则此言不诬……

---

① 满都尔图主编，《达斡尔族百科辞典》，内蒙古文化出版社，2007 年，第 303 页。

"棒打狍子瓢舀鱼,野鸡飞到饭锅里",这句谚语形容野生资源丰富,狍子用木棒就能猎到,野生的鱼都不用网,用瓢就能捞到,野鸡非常多,有时都飞进人家屋里的饭锅里。当然这是夸张的说法,这种夸张的手法说明了当地物产的丰饶。作为狩猎经济的补充,渔业在达斡尔族生活中发挥着重要的作用。实际上,这句谚语已不仅是达斡尔族的了,东北地区特别是兴安岭地区都有这种说法。

鄂温克族自古生存于大兴安岭之中,此地河流数不胜数,为猎民提供了多种多样的鱼类资源。鄂温克人有着漫长的渔猎生产历史,有着多样的捕鱼技术:在鱼交尾时期,鱼成百成千集中成堆,用弓箭或叉捕之;黑夜在河岸上用火把引来各种鱼,用网或叉捕之;利用鱼"春上秋下"的洄游规律,在小河中建筑"鱼晾子"……① 他们的渔业谚语便是对此种渔业生产传统的保留,如鄂温克族谚语"深水里有大鱼,深山里有奇兽"。

鄂伦春族的居住区也是河流众多。"在大兴安岭的东西两侧河流也非常多,大兴安岭东麓的嫩江流域有绰尔河、诺敏河、奎勒河、甘河、多布库尔河;大兴安岭西麓有根河、海拉尔河"②。这里江河纵横交错,密如蛛网,渔业资源丰富。由于长期人迹罕至,鄂伦春人生存主要依靠捕食大马哈鱼、哲罗鱼、细鳞鱼、鲫鱼、鲇鱼等多种鱼类,特别是大马哈鱼,每年秋天趁它洄游到各个小河之时,鄂伦春人便会对其进行大量捕捞。鄂伦春族谚语"千斤的鱼在深水,咬汛的鱼在浅滩",就传承

渔网,近现代,内蒙古博物院藏 (孔群 摄)

---

① 孔繁志,《敖鲁古雅的的鄂温克人》,天津古籍出版社,1994年,第71页。
② 赵复兴,《鄂伦春族游猎文化》,内蒙古人民出版社,1991年,第97页。

了渔业活动的生产经验。

依托于得天独厚的地理环境，达斡尔族、鄂温克族、鄂伦春族在狩猎生产之余还发展了捕鱼业，创造了丰富的渔业谚语，此类谚语共分为渔民谚语、鱼类谚语、渔具谚语和环境谚语四类。

（一）渔民类

渔民是以打鱼为业的人，他们的工作环境十分艰苦，经历风吹日晒，冒着酷暑严寒。"受苦受难的人，顶风冒雪叉鱼忙；荣华富贵的人，为了开心冰上逛"，渔民们冒着风霜严寒，在冰封的湖里寻找鱼儿的踪迹，而那些富贵之人，却在冰上滑冰享乐。达斡尔族的这句谚语表明渔民们辛劳困苦的生活状况。达斡尔族、鄂温克族、鄂伦春族为了更好地生存，于狩猎之余从事渔业活动，以满足生活需要。捕捞鱼类耗费心力、辛劳异常，需要付出极大的恒心和耐力。达斡尔族有谚语：

桦树皮捞鱼囤，近现代，内蒙古博物院藏（孔群 摄）

深水里的鲤鱼，恒心的渔翁能捕获；聪明人的智慧，勤学的人儿能获得。

急躁人钓不着大鱼。

怕老虎成不了好猎手，怕风浪当不了好渔民。

猎人不走现成的道，渔民不怕风浪高。

猎手不怕虎豹豺狼，渔民不怕惊涛骇浪。

鄂温克族谚语"打鱼的人，知道哪儿鱼儿多；游牧的人，知道哪儿收草好"，表明了渔业也是鄂温克族的一种生产方式。除达斡尔族外，生活在三江流域的赫哲族人们也用简洁、贴切的谚语向后世传授渔业生产经验，告诫渔民要辛勤劳动、不畏艰难：

浅水浅滩捞小鱼，大江大河网大鱼。

江里有金也有银，就看你手勤不勤。

江里的金鲤银鲑捕不完，林里的木耳蘑菇采不完。

神枪手不说自己枪法准，神叉手不说自己鱼叉灵。

不下水成不了神叉手，不上山成不了好猎手。

河沟里练不出神叉手，瓦盆里栽不出成材树。

(二) 鱼类

鱼类是最古老的脊椎动物。它们几乎栖居于地球上所有的水生环境，它们不仅存在于淡水的湖泊、河流，在大海和大洋中也到处可以见到它们的身影。因此，对于生活在河流附近的人来说，鱼是一种很好的食物。在汉族中就有很多关于鱼的谚语，如"虎不怕山高，鱼不怕水深""放长线，钓大鱼""鱼生长，春天靠水，秋天靠嘴"等。

大兴安岭地区鱼类资源丰富，为达斡尔族、鄂温克族、鄂伦春族捕鱼业的繁盛奠定了坚实的基础。这里盛产的鱼类，有清代进贡朝廷的鳇鱼，有远近闻名的大马哈鱼，有被誉为"三花五罗"的鳊花、鳌花、哲罗、雅罗、法罗等珍贵鱼种。在达斡尔族、鄂温克族、鄂伦春族的谚语中，与鱼相关的描述比比皆是，例如达斡尔族谚语：

鱼离水难生存，虎离山易遭殃。

鱼不怕水深，民不畏奸凶。

鄂温克族和鄂伦春族谚语有：

天上飞龙肉，水里鳌鱼肉。

不到深水捉不到哲罗鱼，不上高山打不到梅花鹿。

达斡尔族、鄂温克族、鄂伦春族部分渔业生产谚语具有指导意义，向世人传达了一定的方法和规律。在达斡尔族、鄂温克族、鄂伦春族谚语中，鱼类多起到教育世人的作用。捕鱼多用诱饵，由于鱼儿贪图诱饵，故大多葬送在

铁鱼叉和鱼囤，近现代，达斡尔博物馆藏（孔群 摄）

人类手中，所以诱饵被达斡尔族、鄂温克族、鄂伦春族人民看作同钱财等一切利益驱动的万恶之源，有达斡尔族谚语对此进行记录：

深渊之鱼，死于香饵。

贪嘴的鱼儿易上钩。

人为财死，鱼为饵亡。

达斡尔族谚语中也有一些是强调要遵循有一定的方法和规律，不能盲目捕捞鱼类的，例如：

放长线，钓鳇鱼。

大鱼要用长线，远路要用快马。

（三）渔具类

勤劳智慧的达斡尔族、鄂温克族、鄂伦春族人民在长期生产生活实践中总结出丰富的捕鱼经验，创造了多样的渔猎工具。除了最原始的摸鱼之法外，鱼叉、渔网、鱼罩等捕鱼工具也相继发明。达斡尔族、鄂温克族、鄂伦春族的一些谚语便保留着有关其所用渔具的描述。

鱼叉是主要渔具之一，用鱼叉叉鱼是达斡尔族、鄂温克族、鄂伦春族常见的捕鱼方式，因此在达斡尔族谚语中有"深水鱼被鱼叉叉出来，轻浮话从酒盅出来"的说法。鄂伦春人使用的鱼叉有两齿、三齿和四齿三种，齿上带倒钩。据说这种鱼叉早期是骨质的，镶在一丈多长的木桶上。另一种叫推叉，推叉的形状似鱼钩，但比鱼钩大得多。尖端有倒钩，尾端有孔，穿有绳。把推叉头拴在一丈多长的木杆头上，叉住鱼以后，叉头从竿顶端脱落，但竿头和叉尾间拴有绳，鱼是跑不掉的。鱼叉在达斡尔族早期渔业生产中被广泛使用。达斡尔族、鄂温克族、鄂伦春族的人们利用鱼叉，发明了多种捕鱼方式：一种是看到鱼后，瞄准往水里扔叉，鱼叉柄末端拴有长绳，叉到鱼后，先拉绳，把绳拉完后，抓住木柄把鱼拖上岸来。另一种是不放开鱼叉柄，这是在距鱼较近的情况下捕鱼的方式。人在岸边等着鱼游来，在浅水地方可以看到鱼，把鱼叉压在水面下，待鱼靠近河岸浅滩时，看准推叉，一

下即可叉住。在水深的地方看不到鱼，就看水的波纹，看有波纹，就把叉压到水面以下，当波纹距叉1米左右时，猛劲一叉就可叉住。鱼在夜间很老实，可用点燃的火把照明，用叉从岸上叉；也可以站在水里顶水来叉，还可以乘船叉。达斡尔族谚语如："坑里的鱼在鱼叉上，轻薄的心在酒桌上。"

达斡尔族谚语"不撒大网焉得大鱼"，介绍了达斡尔族人民别样的捕鱼方式——网捕，这种捕捞方式也是鄂温克族和鄂伦春族人民习用的方式。网捕是一种古老的捕鱼方法。袖网即是达斡尔族、鄂温克族、鄂伦春族人民使用的一种网具，是一种季节性很强的小型捕捞工具。这种网具用洋线或麻线编织而成，网口较大，顶部较小，呈圆锥体型。当江河涨水时，鱼随水流游进两岸的坑洼地带或干河汊子。落水时，鱼又随水流从入口处游出。在水的流出口，可以下袖网堵鱼。使用袖网，只能捕获到各种小杂鱼，一天最多能捕鱼10斤左右，而且只能在落水时使用3至5天。达斡尔族的部分谚语反映出以渔网为捕鱼工具的生产情况，如：

贝尔湖 (孔群 摄)

打鱼靠网,打狼靠棒。

靠近猎场顶风走,打鱼收网逆水拖。

网打的鱼只够吃一口,河里打鱼只够一咽。

呼伦湖捕鱼 (历史图片)

"夏天捕鱼柳编罩子和撒网,冬天捕鱼凿冰叉鱼下大网",是达斡尔族的一则谚语。除了渔网,鱼罩也是达斡尔族、鄂温克族、鄂伦春族人民常使用的一种渔具。鱼

海拉尔河捕鱼 (历史图片)

罩,达斡尔语称作"达若勒",用手指粗细的柳条编成,高约两尺左右,下口大,上口小,无底,呈下粗上细的圆筒形状。在夏季,人们成群结队地跑到河套或河滩用鱼罩捕鱼。在鱼汛期,人们在夜间奔赴河滩或漫水的野甸子罩鱼,可以捕获咬汛的鲤鱼和其他大鱼。

无论是相对古老的木棒、鱼钩、弓箭,还是现代化的枪支、渔船,都在达斡尔族、鄂温克族、鄂伦春族的捕鱼过程中发挥着举足轻重的作用。这些工具同鱼叉、渔网、鱼罩等一样,极大地促进了达斡尔族、鄂温克族、鄂伦春族的渔业生产,改善了这三个民族人民的生活状况。

(四)渔业环境类

达斡尔族、鄂温克族和鄂伦春族生活的地方依山傍水,河流纵横,这些河流是鱼生存的摇篮,达斡尔谚语有:

鱼不怕水深,虎不怕林深。
高山没有不长草的,大海没有不产鱼的。
水藻好的河鱼儿多,脾气好的人儿朋友多。
离开河边,休想打鱼;离开山林,休想打柴。
近水者捕鱼,近山者伐木。
嫩江诺敏河,我们航行无数趟;冬春打鱼放木排,还没误耕田。

这些谚语都指出了鱼生活在水中这一事实。同样,鄂温克族和鄂伦

春族谚语中也有类似的表述：

　　深水里有大鱼，深山里有奇兽。

　　鱼的品种不同，喜居地也会有差异，如鄂伦春族谚语就记录了不同鱼类的生活环境，如：

　　鱼儿离水活不成，猎人离山活不成。

　　要食飞龙去大兴安岭，要食鲤鱼去达尔滨湖。

　　哲罗鱼喜欢在深水里，打猎人喜欢在深山里。

　　山丁子枝头上果多，"尖多因"清水里鱼儿多。

二、放排业类

　　排木，或称木排，达斡尔语称为"苏瓦勒"。放排业是达斡尔族独具特色的产业。达斡尔人放排，一种是在早春季节出发，一年内争取放排两次；另一种则是春耕后出发，一年只放排一次。出发时，达斡尔人乘坐马拉大轮车，带上几个月的粮食，从陆地逆嫩江、诺敏河等江河赴上游头数百里的林区。达斡尔人放木排由来已久。早在17世纪时，达斡尔人修筑沿黑龙江北岸的城堡时，在外兴安岭山区砍伐所需的木材，将其编成木排后顺江河流送到目的地。迁居嫩江流域后，在修筑墨尔根、齐齐哈尔城时，达斡尔人采伐大兴安岭的木材，编成木排顺嫩江及其支流流送到施工现场。迁居嫩江中游地区后，达斡尔族殷实人家修建住宅时，所用的主料松木便是从大兴安岭腹地松林区编木排流送而出的。"自20世纪初，随着达斡尔族地区嫩江、讷河、拉哈等城镇的兴起和齐齐哈尔城的繁荣，木材需求量大增，布特哈地区达斡尔人的排木业进入鼎盛期"[①]。

　　放排工作需要团队协作，有谚语"团结协作是放排人的命根子，舵手是放排人的主心骨"。放排人员六人、八人不等，组成一组，并推举一名头领。"其条件是富有放排经验，熟悉放排河流的水道，水性好，

[①] 满都尔图主编，《达斡尔族百科辞典》，内蒙古文化出版社，2007年，第309页。

放排过程中遇到急流险情，能指挥放排组紧急处置，办事公正无私。头领的职责是选定采伐场，组织协同伐木，指导编排，主持产品分配，遇有艰难险阻时，指挥组员越过险境。成熟正直的放排人，常被其组众推为头领"①。有达斡尔族谚语与其相呼应：

能辨认水性的人，才能当放排人的好舵手。

看清风向掌好舵。

采木做排不要腐烂材，放排掌舵不要懒奸人。

其他人员要选勤于劳动，有力气、水性好的壮汉。在到达采伐地后，搭起撮罗子式帐篷宿营，然后开始紧张的采伐工作。伐木时，要选准用于房柱、梁、檩、柁的木料。采伐后要打枝去杈，把木料装在两个串在一起的大轮车上，用马拉到河流岸边。再把木料两端凿出眼孔，用黑桦或松木杆将木料串成木排。一个木排串十几根木头，最多的达40根。木排扎好后，只等雨季江河水涨放排。放排是非常艰苦、冒险的劳动。"在山谷河流中，水急浪大，又有明石暗礁，随时都有翻排的危险。放排人站在浪花飞溅的木排上撑篙摇橹，在同险滩激浪的搏斗中前进。有时木排流入江河支汊，难以向前漂流，就只好拆排放单根，或下水拉木排"②。达斡尔族谚语中提到放排的辛劳艰苦：

出去放排，胆战心惊；为了糊口，死活扔在一旁。

放排人，漂流在急流上；放排人，思想一点也疏忽不得。

别叫好马去狩猎场，别叫好儿去放木排。

放排人，往往与家人是生离死别的心情。

怕死别去放木排，放排就得不怕死。

没放过排的人，不知放排的艰辛。

深知放排的艰辛，应知赚钱的不易。

放鹰捉住野兔野鸡，放排买回布匹油盐。

---

① 满都尔图主编，《达斡尔族百科辞典》，内蒙古文化出版社，2007年，第311页。
② 孔庆臻等主编，内蒙古自治区文史研究馆编，《朔漠前尘》，上海书店出版社，1994年，第5页。

三、农业类

据考古学资料记载,在距今已有一万年的新石器时代,母系氏族制度已有很大发展,人口显著增加,分布区域逐渐扩大,仅依靠采集和渔猎已不能满足人类的生活供应。妇女在长期的采集实践中,通过反复观察,逐渐认识到某些植物的生长规律,并进行试种,从而掌握了人工栽种技术,农业由此产生。达斡尔族、鄂温克族、鄂伦春族的人民根据各自分布地区的地理环境,从事着适宜的农耕活动。

达斡尔族是分布在黑龙江北岸诸多民族中唯一从事定居农业的民族,至今已有七八个世纪的历史。农业区鄂温克人居住在嫩江中游两岸,土地肥沃,水源充足,是发展农业的好地方。清朝后期汉族农民大批迁入嫩江地区后,他们在汉族农民的影响下,生产工具和耕作技术有了很大改进,并住上了草房和砖瓦房。鄂伦春人从事农业的历史颇短,加之居住地区酷寒,无霜期短,农作物的种类较少。达斡尔族、鄂温克族、鄂伦春族的谚语中有诸多反映农民生活、农耕用具和耕作方式的内容。这些谚语从侧面体现了达斡尔族、鄂温克族、鄂伦春族的农业生产和农民生活状况。

(一)农民类

农民,指长时期从事农业生产的人。语出《穀梁传·成公元年》:"古者有四民。有士民,有农民,有工民,有商民。即士农工商四民。"随着人口数量的增加,单纯的狩猎或者捕鱼已经不能满足人们对食物的需求,这个时候粮食等农作物的种植就发挥了极其重要的作用。农业的发展能够解决人的粮食问题,随着农业的产生与推广,农民也就此出现。农民是非常辛苦的,他们要做松土、播种、浇水、施肥等一系列工作,还要经受风吹日晒,所以汉族谚语中反映农民劳作辛苦的,如"春分虫蚁满地走,农民田间汗流流"。随着农业的发展,农民也在不断地总结经验,改进种植的方式方法,以此来获得一个好的收成,所以汉族谚语中出现大量总结农业生产经验的谚语,如"庄稼长得好,全靠播种早""天旱播种宜深,逢春播种宜浅""麦子一熟不等人,耽误收割减收成"等。在鄂温克族谚语中也有如"人靠吃饭养,田靠施肥"的说法,说明了施肥对于耕作的重要性。

达斡尔族、鄂温克族、鄂伦春族的谚语中,也有内容与农民相关的,这些谚语或反映农民辛勤劳作、困顿艰苦的生存状况,或赞颂了农民勤劳的品格。

达斡尔族农民耕地 (历史图片)

在1949年之前,达斡尔族、鄂温克族、鄂伦春族地区的农业关系主要是雇佣关系,以土地占用为基础的地主阶级主要通过出租土地与雇用长工两种形式来剥削压榨农民。在这样的情况下,农民们饥饿不堪,衣不蔽体,过着艰苦的生活。达斡尔族有谚语如:

祖祖辈辈给地主扛大活,交不完的地租还不完的债。

穷苦人春秋忙种地,稷子米流进白音仓。

漫天星星无边际,辈辈穷人背饥荒。

穷人春秋忙种地,稷谷流进巴彦仓。

渔船漂漂撒网忙,为给白音尝鲜汤;辛勤耕耘得收成,白音进院收租粮。

达斡尔族、鄂温克族、鄂伦春族聚居地区气候寒冷，农业发展缓慢，缺乏防灾抗灾能力，鉴于种种艰难的情况，只有通过勤劳的耕耘才能弥补技术的不足。很多谚语都在说明农民勤劳的重要性，如鄂伦春族谚语"草绿靠雨水，家旺靠劳动"，就是在强调劳动的重要性。

达斡尔语中反映农民艰苦生活状况的谚语有：

让庄稼和杂草一起长，这玷辱你农民的名字。

深犁深耙的田地，杂草无处生。

不经苦和累，哪得丰收年。

人要勤劳，地也不懒。

人哄地一天，地哄人一年。

农业是人类生存之本，农民一年到头辛勤劳作，受到达斡尔族人民的爱戴与尊敬，在达斡尔族谚语中，便有很多是赞美农民的内容：

农民的田，百姓的粮。

没有农民，哪有人间。

老农会观天，老农会种田。

如果没有种地人，谁来养活世间人。

黄豆稷米农夫种，黄烟茄秧农妇栽。

农夫一双手，荒地出新苗。

农户一年忙到头，农户一年不知闲。

为了获得丰收，不能吝惜汗水。

（二）农具类

农具，指农业生产使用的工具，多指非机械化的，也称农用工具、农业生产工具。农具是农民在从事农业生产过程中用来改变劳动对象的器具。从农业生产的过程来看，农具大致包括耕地整地的工具（犁、耙、耱、耖等）、播种工具（耧车、瓠种器、秧马等）、灌溉工具（桔槔、辘轳、人力翻车、筒车等）、除草工具（铁锄、耘锄等）、收获工具（掐刀、镰刀、短镢、稻桶、簸箕等）和运输工具（担、筐、驮具等）。

这些农具在农业生产中发挥了很大的作用，在谚语中也经常出现相关描述，如"衣服不洗要脏，种田不犁要荒""锄不用会生锈，人不学习会落后""旱地不锄杂草多，水地不耘成熟迟""麦收一盘耙，秋收一张锄""锄头响，庄稼长""起早摸黑在田里，放落镰刀吃饭米"等。

达斡尔族、鄂温克族、鄂伦春族用于农业的生产工具种类不多。木犁、铁齿耙、锄头、镰刀、镐头、木滚、石滚、爬犁和大轱辘车等是比较原始的工具。牛马等牲畜也是农民们耕地的好帮手。

犁、镰刀、铁锹、锄头等是达斡尔族、鄂温克族、鄂伦春族耕种的重要工具，达斡尔族的农具谚语有：

> 翻地没有犁杖不行，家里没有男人不行。
> 没有铁锹挖孔难，没有志气进取难。
> 一锹挖不成井，一天建不起尼尔基城。
> 铁钎尖能破冰，犁铧尖能翻地。
> 破土者犁铧尖，败家者女人嘴。
> 破冰没有冰镩不行，家里没有女儿不行。

这些谚语都反映了农具的重要性。

鄂温克族谚语中也有类似的表达：

> 常用的锄不生锈，滚动的石头不长苔。
> 放下镢头没饭吃。
> 开地种粮的人，不能缺少犁耙；收割粮田的人，不能缺少镰刀。

除了上述工具，牲畜是达斡尔族、鄂温克族、鄂伦春族耕种所需的必要之物，其中牛在耕种中扮演着非常重要的角色，达斡尔族、鄂温克族、鄂伦春族人民也积累了非常多有关耕牛的谚语，如达斡尔谚语强调了牛在耕作活动中的重要性：

> 农夫缺牛缺粪种不了地。
> 牛马是牧民的福，书籍是文人的福。
> 没有合力拉套的牛，地耕得不快；没有团结的领导班子，工作

进展不快。

一头牛不能开荒,六头牛才能耪地。

牛是耕作活动中不可或缺的生产工具,是牧民的"福气",在开荒等耕作活动中,牛的重要性更为突出。因而牧民也非常强调对牛的饲养,达斡尔族谚语"要让牛马多出力,不可吝惜草和料",说的就是这个道理。"抓狮子要用智谋,使牲畜要讲方法",则在强调对牲畜要讲求方法。

达斡尔族有一谚语"勤夫爱农具,懒汉讲吃喝",农具在农耕活动中扮演着非常重要的角色,勤劳的农民自会爱护农具,使用农具来产出更多粮食,提高生活水平。

(三)籽种类

达斡尔族有"宁吃耕牛,不吃种子"的谚语,其对农作物籽种的重视程度可见一斑。人们在扬场时就要挑选籽种,并经几次扇车后留出优质籽种,避免出现稗子。此后对种子进行妥善保存。鄂温克族谚语"宁肯挨饿,也要留下好种子",体现了农民对种子的珍惜,除此之外,达斡尔族有很多表现种子的重要性的谚语,如:

一粒稷子一粒金。

一粒五谷一粒金。

没有好籽种,长不出好苗。

田地是农夫的命根,种子是种地的起头。

种子耕牛要齐全,不然到时困难多。

另外,达斡尔族谚语中也有农民对种子重视的谚语:

大田五谷杂粮,那是一粒一滴汗。

籽种入地发嫩芽,是天的力量。

小芽日渐成新芽,是地的好处。

与其吃掉种子,不如吃掉耕牛。

燕麦荞麦稷谷豆,五谷杂粮勤耕耘。

（四）耕作经验类

达斡尔族、鄂温克族、鄂伦春族的部分农业谚语保留了人们世代累积的耕作经验，传承着先人的伟大智慧，对后世具有重要的启发和指导意义，达斡尔族谚语"种地打场平凡事，蕴含三纲大道理"，说的就是这个道理。受汉族的影响，达斡尔族、鄂温克族、鄂伦春族在进行农业活动时，会根据观察节气变化来确定耕作收获，预测来年收成。由此产生大量有关农时的谚语，比如鄂温克族谚语"清明时节天变暖，稻田长势会喜人"，达斡尔族谚语"随着季节种田，随着节气收获""春天种了秋天收，今天储备明年用"，说明农作物种植要与农时相适应，不可违背农时的，表达了相同意思的谚语还有：

误了农时，粮食要落空。

种庄稼不赶时候，一年白搭了工夫。

不仅如此，谚语还记录了不同季节的耕作习惯，如：

春风送暖准备种大豆，种子耕牛。

春天深翻土，秋天多打谷。

忙的是春天，收到是秋天。

春季里好时光，冰雪化播种忙。

一年四季春天第一，一生之计勤快第一。

过去种地，只靠春天种，秋天收回来；现在种地，春种秋收靠科学的管理。

春天是播种的季节，也是最忙碌的时期，一年之计在于春，反映春耕的谚语有：

过了清明要种田，过了芒种不可种。

五月端阳花儿艳丽，耕耘正赶好的时光。

夏天是除草的最佳时期，谚语这样描述：

夏日热难当，杂草都铲光；秋后打粮归白音，长工不得一点糠。

夏天铲地一身汗，冬天打场刺骨寒。

暑天锄禾汗淋淋，秋天收获喜盈盈。

秋天则是收获的季节，也需要耕作人付出艰辛的劳动：

大秋时节坐一坐，来年春天要挨饿。

端午时节配上香艾，柳蒿嫩芽晒满前院。

仲秋八月谷穗香，白天黑夜抢收忙。

农活十月未干完，张网罗雀没闲心。

达斡尔族有谚语"种锄铲耥各农活，包括五行学说义"，说明农业生产不仅需要做到不违农时，还需要农民掌握除草、施肥（粪）、铲耥等多种方法，如此才会获得丰收。说明种植方法、传授种植经验的谚语还有：

干了的粪不要再泡。

夏锄斩草就要除根，去草留苗实在不易。

要勤念书，要深耕田。

地垄笔直，像义理入心脾。

锄草选种，像修身学礼仪。

锄地辛勤，像智者常养性。

温床育苗，像守信稳如磐。

农业要丰收，施肥是关键。

丰产不丰收，耕地白搭工。

种田是一项复杂辛苦的劳动，达斡尔族谚语有"稷子米好吃，田地难种"，若想获得丰收，不仅要依靠人力，也要运用和发展科学技术。一些达斡尔族谚语便体现了科技的重要性：

不能靠天吃饭，应该科学种田。

种田靠田，种田靠技艺。

生产想发展，靠科学技术。

实现机械化，农业才能现代化。

农业要发展，科技是根本。

没有科学技术，就没有农业大发展。

种地靠老天，不如靠科技。

四、手工业——桦树皮工艺类

手工业是指使用简单工具，依靠手工劳动，从事小规模生产的工业。它最初与农业融为一体，属于农民副业性质的家庭手工业。农民把自己生产的农副产品作为原料进行加工，或者制造某些劳动工具和日用器皿。发展手工业对生产日用消费品，创作艺术珍品，满足人民的物质、文化生活需要，增加就业机会，促进国民经济发展起着重要的作用。桦树皮工艺品，是用桦树皮的表皮制作而成的，是我国北方特有的民族工艺品，它美观实用、制作简单，突显了北方狩猎民族的特点，是我国多元文化的见证。

达斡尔族、鄂温克族、鄂伦春族人民生活于大小兴安岭，那里桦树遍地丛生。桦树是一种在中国境内几乎都有分布的树种，而以东北、西北及西南高山地区为最多。其中白桦分布最广，此外有红桦、硕桦和黑桦。桦树木材较坚硬，富有弹性，结构均匀，可做细木工家具及农具用材。桦树树皮可制工艺品。

白桦树的树皮有独特的美，有鄂温克族谚语"驯鹿的美在于鹿角，鲜花的美在于艳丽；白桦的美在于树皮，草原的美在于绿色"为证。因此，棵棵白桦树、张张桦树皮经过人们灵巧的双手，变成了各式的桦皮器皿、桦皮船等生产生活用具和工艺品，形成了达斡尔族、鄂温克族、鄂伦春族典雅古朴的桦皮文化。

无论男女老少，达斡尔族、鄂温克族、鄂伦春族的人们都是制作桦皮制品的能工巧匠。他们人人都能利用桦皮与马尾或狍、鹿、犴筋捻成的线缝制各种所需的用品，并在上面雕绘各种花纹图案。大型用品有衣箱、水桶、篓子；中型用品有盆、帽盒、针线盒、采集贮存野果用的小桶；小型用品有碗、烟盒、药盒等。达斡尔族谚语"勿以窗户衡量天宽，勿以桦皮桶计量海水"，说明了桦树皮的功用之一。

鄂伦春族谚语有"桦皮船离不开撑竿，办事人离不开智慧"，这句谚语里出现了独具民族特色的词语"桦皮船"。

呼伦贝尔嫩江河流 （孔群 摄）

桦皮船是达斡尔族、鄂温克族、鄂伦春族人民一种特殊的原始水上交通工具，在鄂温克语中被称为"佳乌"。桦皮船是采用纯天然材质的桦树皮纯手工制作而成的，一般由船、船桨、小鱼篓三部分组成，船体长约两丈，两端尖翘，船体轻便，一人即能搬运使用。船体用樟木、柳木做骨架，外用松脂将桦树皮粘在骨架上，用桦皮做船底和船帮，外涂以松脂，以防漏水。桦皮船是靠人力划桨来推进的，一只桦皮船可使用2—3年。更特别的是，桦皮船全船不用一根铁钉，而是用松木削成钉，以加固各个部位。划行时声音极小，划着它出猎，有利于接近猎物，捕获野兽。

桦皮船在达斡尔族、鄂温克族、鄂伦春族文化中有着独特地位，其制作工艺堪称我国民族工艺一绝。

第三节　日常生活类谚语

日常生活的概念涵盖范围非常广泛，主要指生活起居的衣食住行。达斡尔族、鄂温克族、鄂伦春族的日常生活，从衣到食，从住到行，鲜明地体现了其民族特点，同时也具有丰富的内涵，因此达斡尔族、鄂温克族、鄂伦春族关于日常生活的谚语在整个达斡尔族、鄂温克族、鄂伦春族谚语中占据着重要地位。

一、衣类

衣即衣服，泛指身上穿的各种衣裳服装，是人用来防寒保暖、护身的介质。上下古今，东南西北，衣饰都是人类物质与精神文化的重要表现。从原始社会的穿树叶、穿兽皮到现代社会令人眼花缭乱的各种穿着，衣饰有着悠久的历史。对人类来说，衣饰，特别是服装的首要功能是蔽体御寒。它可以保护人体，减轻一些危险品对人体的伤害，或者起到保暖的作用；又可以装饰人体，使人看起来更加光鲜亮丽。因此服饰对人来说既有实用价值，又有美化价值。汉族谚语"人要衣裳马要鞍""人靠衣装，佛靠金装"，就反映了这种价值观。

"中国地大物博，民族众多，由于不同的社会历史条件与不同的自然生态环境，形成了不同地域、不同民族特色的衣饰文化"[①]。古代中国中原民族的服饰在商、周时期则是褒衣博带、宽袍大袖。长袖是汉唐服饰，故汉族有"长袖善舞"的成语。北方

彩绘桦树皮包，近现代，内蒙古博物院藏　（孔群　摄）

[①] 陈伟明、许艳青，《生态、社会与衣饰文化——以明清少数民族为典型》，《贵州民族研究》，2003 年第 1 期。

草原民族的服饰，为适应骑马驰骋、战斗劳作的需要，窄袖短衣，轻捷便利，为此，赵武灵王实行了服饰的革新，叫作"胡服骑射"。南方的少数民族的衣饰一般都很短小，多着裙装，注重头饰，这主要是受到南方生态地理环境影响，短装、裙装在日常生产生活中更加方便。

达斡尔族、鄂温克族、鄂伦春族有其独特的服饰文化，由此也产生了许多别具一格的服饰谚语。

狍头皮帽，近现代，鄂伦春博物馆藏 （孔群 摄）

达斡尔族男子头戴皮帽，身穿长袍，下着皮裤，脚蹬皮靴。帽子多用狍、狼或狐狸的头皮做成，毛朝外，双耳、犄角挺立，形象逼真。出猎时，既防寒又护身。达斡尔族谚语"到寒冬，才知道皮袄的重要；到饥渴，才知道水饭的丰美"和"饿了肥肉是宝贝，冷了皮衣是宝贝"，说明动物皮做的皮袄在严寒冬季有非常重要的保暖作用。达斡尔族男子穿的靴子多选用狍、犴、牛等皮制成。除皮质服装外，达斡尔族还穿布制的袍子和裤子。冬天穿棉袍，天冷时外套犴背心，达斡尔族谚语"山雀没叫走出村，身披麻袋能挡风；月爬东山才回转，北风刮骨透心寒"，正是体现了达斡尔族人民寒冬时节衣着的特点。春秋穿夹袍，夏季穿单袍。妇女早期着皮衣，清朝以后以布衣为主。服装的颜色多为蓝、黑、灰色，老年妇女还喜欢在长袍外套上坎肩。

鄂温克族谚语"白天当衣穿，晚上当被盖"，说明动物皮毛制作的衣服厚重而宽大，白天可以穿在身上；大兴安岭一带昼夜温差大，晚上气候寒冷，所以厚重的皮袄在晚上还可以当被子盖。皮袄在达斡尔族、鄂温克族、鄂伦春族的生活中不仅作为衣服，还可以发挥被子的功效，也从侧面反映出皮袄在他们的生活中扮演着重要的角色。

受特定的山林居住环境、高寒气候条件的影响，加之所从事的狩猎经济活动，鄂伦春族的服饰也因此具有独特的样式、花色和质地，有着浓烈的生活气息和本民族风格。鄂伦春族谚语"漂亮的猎袍是一针一线绣出来的",就提到了达斡尔族、鄂温克族、鄂伦春族特有的一种服饰——猎袍。鄂伦春族由于受到兴安岭自然环境的影响、狩猎经济条件的制约和生活习俗的特点,在服饰方面有显著的特色。主要表现为狍皮文化,头戴狍头皮帽,身穿狍皮衣裤,脚穿狍腿皮靴,这种穿着体现出鄂伦春族人民对狍皮的充分利用,也可以看出鄂伦春族狩猎经济的特点。

鄂伦春语有"绸缎虽好不耐穿,棉衣皮袍才结实"的谚语,说明鄂伦春族选择用狍皮做衣服的原因。鄂伦春人冬季的衣服是用皮厚毛长的狍皮制作的,夏季的衣服是用皮薄毛短的红杠子皮制作的。男人的皮袍叫"尼罗苏恩",分为两种:一种是长皮袍,没过脚面;另一种是短皮袍,只到膝盖以下。长短皮袍均带大襟,为了美观和耐用,袍边和袖口均镶有狍皮边;为了骑马方便,除了左右开衩之外,前后也开衩。长皮袍是为冬季出猎在途中穿的,短皮袍是为狩猎方便而制作的。到猎场后,出猎时都是换上短皮袍。夏季出猎时穿短皮袍,一般是用掉毛的皮制作的,样式和皮袍基本相似,只是前后襟短而不开衩。青年人穿的皮袍一般都染成黄颜色,染料是用腐朽的柞木熬水,将黄水揉在皮板上。女皮袍样式同男士,但都是长袍,妇女的皮袍前后襟不开衩,脖领周围都绣有花纹,皮袍纽扣是用一小段犴骨制作的,将其磨成长圆形,中间刻口,钉在袍上。女皮袍也多染成黄色,制作精美

狍皮女袍,近现代,内蒙古博物院藏 (孔群 摄)

的皮袍，多出自姑娘或年轻媳妇之手，老妇和幼女的皮袍只镶边不绣花，也不着色，不论男女，穿长皮袍均扎腰带，腰带是用鹿、狍皮制作的。

鄂伦春族妇女　（顾德清 摄）

　　谚语反映了服饰文化的变迁历史。清末以后，随着与外界其他民族交往的增加，一些上层人士开始穿着布匹或绸缎服装，因此有达斡尔族谚语中有"十指用金子装饰，身子用绸缎打扮"的说法。而经济困难的猎民仍然停留在毛皮裹身的阶段。鄂伦春族谚语"买布料要看它的面，说媳妇要看她的娘"，说明衣服的质地面料随着时间的推移逐渐也有了变化。受满汉民族影响，鄂伦春人也有了小褂（汗达哈），在春夏秋季穿的长袍（单长袍称"查母喀"，夹长袍称"希古依安"），外面还要套上一件坎肩（德何哩）或马褂（乌拉布）。达斡尔族、鄂温克族、鄂伦春族人民除了注重衣服的保暖之外，也逐渐开始有了外形、装饰上的要求。因此有了鄂温克族谚语"服装好只会引人注目，本领好才会受人欢迎"和达斡尔族谚语"拉草，垛高才好；穿戴，贴身才美"。

　　人体的装饰物品除衣服外，还有鞋和靴子。达斡尔族谚语"吝惜鞋子的，双脚会受罪"和鄂伦春族谚语"靴子缝错，可以拆了再缝；嘴巴咧偏，可没法求医"，都提到了鞋。达斡尔族、鄂温克族、鄂伦春族服饰中的鞋靴也很有民族特色。驯鹿鄂温克族男女都穿驼鹿腿皮靴子，有带毛和不带毛之分。冬季穿带毛的驼鹿腿皮靴子"和木楚高"，夏季穿不带毛的驼鹿腿皮靴子。这种靴子暖和、结实、耐磨，且穿上后轻巧无声，走到野兽跟前都不会被发现，很适合山林中的狩猎生活。驯鹿鄂温克族的妇女喜欢穿软皮靴，在靴子的脚面和靴勒正面，多以对称的鹿角纹做装饰图案，以蓝红两色补饰纹样为主，以其他颜色为衬，色彩对比强烈，主纹突出而又清晰明快。

而"鄂伦春人穿的鞋男女都适用。皮靴（奇克密）是用狍腿皮做勒，用狍脖皮或野猪皮做底的单层靴子，勒高约二十五厘米，冬季穿用需要套穿狍皮袜子（道吐恩），穿着走路时轻松舒适。这种皮靴在雪地行走与积雪摩擦后发出的声音很小，不易被野兽发现，适于狩猎作业。春秋季穿着奇克密，需要撤掉狍皮袜子改换轨靴草（冬季也有人絮草，只是比春秋要多絮些）。'翁得'是用鹿或犴腿皮做勒，用野猪或犴皮做底的单层软底皮靴，为冬季主要鞋履，高勒，不灌雪，需要套穿狍皮袜子，适用于上山狩猎。鄂伦春人夏季的靴子称'奥路奇'，勒是由多层布纳成的，靴底以野猪或熊皮做面料，不穿毛皮袜子，为了穿着走路不硌脚，可在靴内放些少量的轨鞭草，雨天时也可当雨鞋穿用"①。

二、食类

"民以食为天"是中华民族心中根深蒂固的观念。中华民族对于美食的关切使得人们不断地去追求"食之精""食之美"。看似平淡的一日三餐，实则蕴含着国人生活的智慧。人们从历史的发展中总结出了一套独特的饮食观念，形成了独具中国特色的饮食思想，这些饮食思想体现了中国人的民族性。饮食谚语忠实地记录了寻常百姓的饮食习惯和健康

---

① 宝力格主编，《草原文化研究资料选编》（第7辑），内蒙古教育出版社，2012年，第174页。

习惯，"好汉饿不得三日""人是铁，饭是钢，一顿不吃饿得慌"，反映出饮食在人们日常生活中的重要地位。当然，不仅要吃得饱，还要吃得好。人们在"吃"上也有颇多的讲究。其一，要讲求健康。"鱼吃跳，猪吃叫"是在强调食材要新鲜。其二，要有良好的就餐氛围。"宁吃开心粥，不吃皱眉饭"，则在告诉人们吃饭时要保持良好的心情。"菜没盐无味，话没理无力"，反映了人们喜盐的饮食习惯，"上车饺子下车面"，则道出了饮食的风俗。

饮食因民族和地域的不同而存在差异。这种差异在谚语中最突出的表现就是不同民族的谚语所用的"食材"不同。"开门七件事，柴米油盐酱醋茶"，是汉族谚语中最广为人知的一条。"柴米油盐酱醋茶"也是汉族饮食谚语中常被提到的食材。"留得青山在，不愁没柴烧""巧妇难为无米之炊""吃了猪油蒙了心""食有千般味，盐是第一位""打翻了醋瓶""清晨一杯茶，饿死卖药家"，可谓是"吃出来的智慧"，是民族智慧的结晶。"豆腐"也是汉族谚语中常出现的食材，"刀子嘴，豆腐心"，精练生动地描绘了"嘴硬心软"的性格特征；"豆腐掉进灰窝里"，则描绘了"打不得，骂不得"的处境。这些饮食谚语通俗易懂、便于记忆，颇有生趣。

达斡尔族、鄂温克族和鄂伦春族饮食谚语也反映了民族的饮食特色。达斡尔族的主食有米、面。米食有稷子米和燕麦米饭，面食以荞面为主。副食有蔬菜、苏子、肉、牛奶等。达斡尔族在冬春季节吃肉类较多。其肉食包括狍子、野猪、沙鸡、野鸡等野生兽禽以及鱼和猪、羊、牛、鸡肉等。

驯鹿鄂温克人常用的美食则是在大兴安岭中生存的马鹿、驼鹿、狍子、野猪、

回旋纹桦树皮篓，近现代，内蒙古博物院藏（孔群 摄）

熊、灰鼠、飞龙、棒鸡以及水中的鱼。这与鄂温克人的居住环境和生产生活方式是分不开的，故而他们有着风味独特的美味佳肴。

鄂伦春族主要以兽肉及鱼肉为主食，小米、野菜和野果作为副食辅之。鄂伦春族的饮食构成有肉类、鱼类、粮食类、油类、野菜类、野果类、调料、酒类和烟类等。

综合起来看，达斡尔族、鄂温克族和鄂伦春族的饮食谚语主要有以下几类。

（一）肉和肉干类

狍子肉是达斡尔族、鄂温克族、鄂伦春族的主要肉食品，从达斡尔族谚语"吃过狍子胆后，更知道猎获的喜悦""稷子米是别人的黄，狍子肉是别人的香"中就可以看出。他们将狍肺、狍里脊、狍头肉煮熟切丝，将狍脑壳砸开用脑浆拌三丝，再加些野葱和食盐，味道鲜美，把狍子肉当作招待贵客的佳品。鄂伦春人的食品主要是野兽肉，其中最多的是狍子肉，其次是鹿肉、犴肉、熊肉和野猪肉等。此外，各种小动物和飞禽也是他们的食物来源。鄂伦春人对野兽肉的食用方法有很多。一是烧肉，切一块肉，扔在火炭上，边烧边翻，烧的外焦里嫩即可食用。这是一种最原始的吃法。二是烤肉，把一根长木棍两头削尖，一头叉肉，一头叉在篝火旁，同样烧的外焦里嫩就可以食用了。三是煮肉，主要是狍、鹿、犴的胸腔、头、蹄、内脏等，把它们切成大块放在锅里煮，煮得鲜嫩时捞出蘸盐水吃。从鄂伦春族谚语"肉干好吃，不煮不晒做不出；智谋管用，不学不算等于无""肉干虽硬，越嚼味越浓；学识虽难，越品心越明"中可以看出，晒熟肉干也是达斡尔族、鄂温克族、鄂伦春族食物的一大特色。他们把狍、鹿、犴肉切成小块，加入食盐和花

刻画彩绘桦树皮盒，近现代，鄂伦春博物馆藏
（孔群 摄）

椒藤，用水煮，放在蒿帘上熏制，干后储备。除了晒熟肉干，他们还晒生肉干，把狍、鹿、犴肉切成细条，撒盐腌渍，挂在木架上，用烟熏烤，烤成半熟后储备。在鄂温克族的饮食中，骨头也别有一番滋味。有谚语"晚到的客连骨头都啃"为证。把动物腿骨煮熟或烤熟，用猎刀将骨头砸开吸食骨髓，也有生吃骨髓的，它有强壮身体之功效。达斡尔族谚语"享了福的人吃了鹿肠还说苦"，这里的鹿肠就是灌血肠，猎到野兽后，开腔时把血倒在桦皮盆里，沉淀后，用血清灌肠。可见血肠也是他们日常饮食中的一员。

鄂温克族谚语"不会宰羊的人，别想吃羊肉"和达斡尔族谚语"羊肉趁热好吃""山羊肉是熟的好"，告诉我们羊肉也是达斡尔族、鄂温克族、鄂伦春族的日常肉食。牧区的鄂温克族人民大多养羊，成群的羊靠着天然草场长大，也为鄂温克族人民提供了衣食。

达斡尔族、鄂温克族、鄂伦春族作为游猎民族，肉食是他们主要的食物，因此他们的语言文化中也多有用肉劝诫教育世人的，有达斡尔族谚语：

屁股上的肉虽然臭，却不能切了扔掉。

想吃肥猪肉，必先付出代价。

一块臭肉糟蹋一锅汤，好吵架的泼妇破坏整个家。

还有鄂温克族和鄂伦春族谚语：

切的肉厚的好，说的话真的好。

臭肉扔进吊锅子，煮熟了更难闻。

（二）鱼肉类

由于从事捕鱼活动，鱼肉也是达斡尔族、鄂温克族、鄂伦春族的食物之一，因此也有与鱼肉相关的谚语出现，在达斡尔族谚语中有"在河边吃鲜鱼香，在牧区吃羊肉美""要食飞龙去大兴安岭，要食鲤鱼去达尔滨湖""鱼还没捉到，不要忙烧锅"等说法，鄂伦春族也有"鱼煮熟了好吃，艺学透了管用"的说法。

达斡尔族烹鱼的方法主要有两种：一是经油煎后炖，二是在清水中直接炖。齐齐哈尔地区的达斡尔人将鱼同"昆米乐"（柳蒿芽）一起炖菜，别有风味。瑷珲地区的达斡尔族有做鱼酱、焙干鱼和做鱼肉馅饺子的烹饪方法。鄂伦春族鱼的吃法比较简单，主要是烤、炖或者烧汤。也可以晾晒成鱼干贮藏，把去鳞净膛的鱼沿脊骨破开，用盐腌过后挂起来用火熏烤。可以看出，鄂伦春族所制的鱼食可分为两大类：一类是充当午餐与晚餐主食的煮鱼；另一类是在从事渔业活动中随身携带的烤鱼。

（三）奶制品类

奶食品在达斡尔族、鄂温克族、鄂伦春族饮食中有着重要的地位。达斡尔族有谚语"即使夜幕罩大地，牛奶也是白色的""无论夜有多么黢黑，夺走不了奶子的白"，鄂温克族有谚语"有了奶牛就会弄到奶桶"，鄂伦春族有谚语"一见奶食就喊饿，看到皮袍就说冷"。可见牛奶在达斡尔族、鄂温克族和鄂伦春族的饮食中有着重要地位，是他们最常吃的副食。除用于煮面食和烧开后泡米饭外，鲜牛奶也可加入豆角炖菜中，用于调味。

牛奶也会被用来制成其他奶制品，比如奶茶、奶酒、奶皮和酸牛奶。在牧区生活的达斡尔人每天奶茶不断。早餐即称为是"喝茶"。熬奶茶是一项需要耐心的工作，因此有鄂温克族谚语"只要功夫到，奶茶自然熟"。达斡尔人用奶油炒樱子米（其他米也可以），当稍有煳味时，将其放入煮牛奶的锅里，熬开后便为米奶茶，有时特别为远方而来的客人提供。鄂温克族谚语"远方的客人来到家，献上奶茶表心意"，正说明这种情况。

达斡尔族谚语"现酿奶酒，客也走了；现搭帐篷，天也亮了"，说明奶酒也是达斡尔族、鄂温克族、鄂伦春族独具特色的一种饮品。据《达斡尔族社会历史调查》载，在海拉尔地区，达斡尔族过去"养三头以上乳牛的人家几乎都做奶酒"。《中华全国风俗志》（1921）中记录有谚语："达呼尔以牛马乳造酒，谓之阿尔古，汉名奶子酒。"

从达斡尔族谚语"黑水上面出奶皮子""白水上面收奶皮子"中可以看出,奶皮子也会在达斡尔族的饮食中出现。

达斡尔人还会把牛奶装入坛子中放在热炕上,将其制成酸牛奶。根据牛奶酸度的不同,有"额腾·苏""朱松·苏"或"齐嘎"等不同的名称和吃法。

(四)蔬菜类

我国疆域辽阔,地跨热、温、寒三带,兼有山地、平原、高原气候,地势、土壤条件复杂,蔬菜资源丰富。我国是世界上栽培蔬菜最早的国家之一,许多蔬菜起源于我国。汉族就有许多关于蔬菜培植的谚语,如"春天多种菜,能吃也能卖""有菜五分粮,不怕饿断肠""八月半,种早蒜;八月中,种大葱"等。蔬菜在中国饮食文化中占据着重要的位置,食用的历史非常悠久。《本草纲目》指出:"凡草木可茹者谓之菜,韭、薤、葵、葱、藿,五菜也。"现在所云的"五菜"并不限于上述五种,多泛指各种蔬菜。蔬菜含有丰富的营养,可以补充人体所需要的膳食维生素,所以谚语有"三天不吃青,两眼冒金星""多吃蔬菜少吃肉,滋养身体能长寿""断得四季荤,断不得四季青""蔬菜是个宝,赛过灵芝草"等,来强调"多吃素"的养生经验。

达斡尔族谚语中也有很多关于蔬菜的,如:

看着菜吃饭,看着被子蹬腿。

有菜也吃饭,无菜也进食。

达斡尔人喜吃野菜,其中令达斡尔人引以为民族风味的是"昆米乐",亦称"昆毕",当地汉语称为柳蒿芽。昆米乐长在河边柳树丛间,有败火、解毒、清胃之功用。且昆米乐萌芽早,每年端午节前采集,色翠绿,味微苦。新鲜时做汤,亦可晒干后慢慢食用。用昆米乐和各种野兽的骨头肉、肥肠及新鲜血烩炖成汤菜,清香可口。达斡尔谚语中就有很多有关昆米乐的谚语,如:

人若上火不吃药,却吃昆米乐。

> 吃完昆米乐，才知肚子撑。
>
> 吃过昆米乐，总想再吃它。
>
> 没吃过昆米乐的人，不知好菜是它。
>
> 一旦吃到昆米乐，总想吃到它。
>
> 怀念故乡，更想昆米乐。
>
> 菜园里长的菜好吃，野外长的柳蒿芽味更美。
>
> 油多了柳蒿芽菜香，肥施了禾苗才壮。

"昆米乐"即柳蒿菜，是菊科蒿属植物，广泛分布于我国东北地区，盛产于内蒙古呼伦贝尔草原、嫩江西岸。植物学上叫柳叶蒿，属多年生草本植物，植株高一般在30—70厘米之间。达斡尔语称"昆米乐"，是达斡尔人从小酷爱食用的野菜。

达斡尔族谚语说"中药苦，能治百病；柳蒿芽苦，解毒清热"，鄂温克族谚语说"柳蒿芽是春末夏初香，韭菜花是夏末秋初香"。

柳蒿芽最好的吃法是猪肉炖柳蒿芽。炖得好，稍微有点苦涩，更有凉爽感觉和清香的味道。另外，也可晾干后保存到冬季或第二年初春吃。王忠范先生在《惹人喜欢的柳蒿芽》的散文里这样深情地说：

> 很早以前，这里的达斡尔人不管穷富，家家都吃被他们称为"冲必勒"的柳蒿芽。嘉庆年间的达斡尔族杰出诗人敖拉·昌兴，晚年归隐山林，溪上搭桥，林间觅径，常与人结伴去采柳蒿芽。他曾吟道："大地遍布金色光，积雪消融柳蒿香。高山峻岭雀栗飞，剪春闹春笑声扬。"清代官员郎坦来北疆竖立界碑途经嫩江时，吃了一顿柳蒿芽，竟兴奋地晃着红顶子吟诗一首："山间春菜绿，何处不生香。最是登盘日，欢心野味长。"凡能入诗的山野菜，必是不俗了。

进入现代社会，物质生活丰富了，野生的柳蒿芽自然成为饮食时尚，人们更加喜爱这样的绿色食品了。从春到夏，这里的大人小孩身穿五颜六色的衣服，戴着草帽、花巾，总是三五结伙，背筐挎篮去江边、山野采摘柳蒿芽。柳蒿芽生生不息，一年可采摘几次，

像韭菜一茬一茬，绿意无穷。密林中，绿茵间，小河旁，人影闪动，欢声笑语，别有山情野趣，更具诗意。柳蒿芽忽疏忽密，傲然挺立，勃勃生长。其枝茎柔嫩，或微红或染紫或透青，煞是好看；其叶子小巧稠密，水灵灵地鲜活，脆生生地嫩绿，抓一把满手飘香。大家割茎、剪叶、削尖，忙忙火火，却很开心。有的唠家常，有的讲笑话，有的对歌，欢声笑语流来淌去。

达斡尔族采柳蒿芽（郭伟忠 摄）

山里人说，食用柳蒿芽对肝脾胃肠都有好处，还能豁疾、理气、活血、去火呢。

如今，乡间办喜事的大席，城里宾馆、饭店的餐桌上，大多都有柳蒿芽这道菜。既新鲜，又多味，确是山野珍馐了。

这几段文字，情深意切，充分反映了达斡尔人对柳蒿芽的喜爱之情。达斡尔族谚语说"没有水的地方柳蒿芽不长，没有河的地方达斡尔人不安家"。每年春天柳蒿芽先于其他蔬菜而长，远看很像艾蒿，但柳蒿芽表皮光滑明净，翠绿水灵。它过了端午节长高，枝干开始梗硬，就过了采期。达斡尔人掌握它的生长规律，每年春末夏初，由老妇人事先同村里人约定统一时间，带领姑娘、媳妇装上麻袋、大小柳条筐，三五结伙赶着大轱辘车到野外摘采。达斡尔族谚语"不去野外采不到昆米乐，不经苦练学不会打跑列"，说的就是这种采摘活动。

柳蒿芽还是达斡尔族人走亲访友最好的伴手礼：

杏树根烟袋锅装莫力达瓦烟,勒勒车上装满柳蒿芽。

来客敬烟,莫过于莫力达瓦烟;亲友送礼,莫过于柳蒿芽干菜。

柳蒿芽在当地也称艾蒿,有药用杀菌功能。它的茎、叶都含有挥发性芳香油,它所产生的奇特芳香,可驱蚊蝇、虫蚁,净化空气。"端午时节配上香艾,柳蒿嫩芽晒满前院""艾蒿气味刺鼻熏蚊蝇,库木勒苦涩清香败身火",便是对其药用价值的记述。艾蒿分布较广,生于低海拔至中海拔地区的荒地、路旁河边及山坡等地,也常见于森林草原及草原地区,例如:"艾蒿长在旱地叶发白,库木勒长河边叶嫩绿。"

除昆米乐之外,达斡尔人还常采集野韭菜花,经碾成末后拌盐做成"索日斯""野韭菜花末",也采集木耳、蘑菇晒干存放,多为炒吃。山葱是达斡尔族采集的野菜之一,主要用作炖菜,或者做馅和炒菜,因此有谚语"在度过饥年的时候山葱烩菜也有滋味",另外还有谚语"大葱辣,胸口难受;生活苦,心里难过"。

(五)面食类

面条是中国的传统美食,发展至今,已不仅是北方的主食,而且成为全中国乃至世界的热门美食。面条,这种以面粉制成的大众化食品,最早的历史可以追溯到东汉,距今已有两千多年的历史。面条,在东汉时期称为"煮饼、水溲饼",南北朝时期称为"水引、馎饦",而唐代以"冷淘"称之,明代则称为"温淘"。①

面条是中国饮食文化中不可缺少的一类,在谚语中也多有有关面条的表述,如"一样面,百样做"说的就是面条丰富的吃法;"初一的饺子,初二的面,初三的圆子团团转"说的是正月里的饮食习俗;"吃面多喝汤,免得开药方"说的则是面汤于养生保健的重要性。

达斡尔族也食用面食,且以荞面为主。关于荞面,达斡尔族有一句有趣的谚语:"过去,做荞面条用牛胛骨的窟窿漏下;现在,用电动床

---

① 王芗编,《面》,饮食天地出版社,1984年,第15页。

子做成。"荞面所制的面食多种多样。比如:"拉日斯·布达"为短面条;"班拉申·布达",即手指压面条,呈柳叶状;"贺日克勒森·布达"是刀削面;"贺日格·布达",原意为拇指面,是用一只手的拇指在另一只手掌上搓成的薄卷片;"达勒·布达"为饸饹面,是节日饮食,也用于招待贵客;"绰茂·乌图莫"是小盅状馍;"撒日坡·乌图莫",原意为筷子饼,在笼屉中蒸熟。

敖鲁古雅乡鄂温克人油炸面果子 (孔群 摄)

此外,达斡尔族人民还利用荞面烙苏子馅饼、肉菜馅饼和蒸饺子,达斡尔族有谚语"自个儿的苏子饼也比别人的蛋糕香",这足以说明达斡尔族对苏子饼的热爱。达斡尔族人民经常挂在嘴边的谚语是:"与其在异国吃披萨饼,不如在故乡啃窝窝头。"充分体现了达斡尔族人民对于面食的喜爱,尤其是对于本民族食物的热爱。

(六)米类

米的历史非常悠久。中国长江以南广大地区,远在四五千年或六七千年以前,就已普遍种植水稻。商、周之时,稻的种植更加普遍,黄河流域亦有地区种稻。在三千多年前殷墟遗存的甲骨文中,发现有"稻"、"秜"(籼)、"秔"(粳)等的原体字。《诗经·豳风·七月》中有"十月获稻"之句,《诗经·小雅·白华》中有"滮池北流,浸彼稻田"之句。当时,稻又有异名叫稌,《诗经·周颂·丰年》中有"丰年多黍多稌"之句。古代学者认为,稌就是糯稻。春秋战国之时,稻谷品种多了起来,如《管子·地员》篇中,记载了十个水稻品名。秦汉之时，稻谷又有发展。《氾胜之书》中有"三月种秔稻，四月种秫稻"的记载，而在长沙马王堆汉墓出土的种谷中，有籼稻、粳稻、黏稻、糯稻等品种，且有短粒、长粒等类型。魏晋南北朝之时，稻的品种更多。仅《齐民要术》一书中，就记有三十六个品种。唐、五代时，水稻生产又有新的发展。仅唐诗中记载的水稻品种就有十多种，而岭南地区"收稻再度"（《唐大和上东征传》），证明广东已有双季稻。宋代及其后，水稻的栽培技术和品种有更多的发展。如占城稻继传入福建后，又传入江、淮。"苏湖熟，天下足""湖广熟，天下足"的民谚也已出现，说明苏湖地区（苏州、湖州）、湖广地区（湖北、湖南）的稻米产量已在全国占有举足轻重的地位。明代宋应星在《天工开物·乃粒》中说："凡稻种最多。不粘者，禾曰秔，米曰粳；粘者，禾曰稌，米曰糯……凡稻谷形，有长芒、短芒、长粒、尖粒、圆、顶、扁面不一。其中米色有雪白、牙黄、大赤、半紫、杂黑不一。"概言之，这一时期中国水稻在品种上可谓籼、粳、糯分明，早、中、晚齐全，具体品种更是不胜枚举。有关水稻栽培及品种的著作亦已出现，如宋代曾安止的《禾谱》、明代黄省曾的《稻品》等。清末至今，中国的水稻种植和品种更是有长足的发展。如今，在稻谷生产、稻米加工发展的同时，中国的米、米粉食品也随之发展。米按照种类可以大致分为"饭""粥""粽""糕""元宵""团""米线、米粉""锅巴""米酒"等几类。①

米是中华民族的饮食中不可或缺的食材。"鱼怕塘干，人怕断粮；有米有面，半个神仙""吃鱼没吃着，倒惹一身腥；偷鸡没偷着，倒蚀一把米"等，都是汉族常用的表达。米也是其他少数民族常食用的食物，因此在少数民族谚语中也有很多有关"米"的谚语。如拉祜族谚语"谷中有米，话中有理"，蒙古族谚语"家有几担米，邻居心有底，朋友不可疏，近邻要往来"，哈尼族谚语"秕谷无米，空话无理"，壮族谚语

---

① 邱庞同，《饮食杂俎》，山东画报出版社，2008年，第74页。

"无米不成饭,无花不结果",维吾尔族谚语"人多出理,谷多出米;积沙成山,聚众成仙",侗族谚语"煮饭不下米,空费柴和水;讲话不讲理,白费口舌力"。这些谚语都是用米这一常见的食材,来比喻生活中的道理。

在达斡尔族谚语中也有关于米的表达,如:

穷人家无隔日米,白音稷米堆满仓。

稷子米饭人爱吃,新媳妇人爱看。

巴彦一顿饭,乞丐一年粮。

历史上,达斡尔族的米食多为稷子米,达斡尔语称之为"忙格勒莫"。燕麦米饭是用经蒸沸炕干后磨出的燕麦米做的饭,也是达斡尔族食用的米食,达斡尔语称其为"夸林颇·布达"。荞麦米饭,是用经蒸沸炕干后磨出的荞麦米做的饭,达斡尔语称为"阿勒莫·布达",分为饭和粥两种。达斡尔族也用玉米碴子掺豆子做粥,或用小米做干饭和粥,拌酸鲜牛奶或搭配其他汤、菜食用。

(七)酒类

中国是历史悠久的文明古国,酿酒的历史同样也很久远。大量的考古资料表明,酒的出现可以追溯到新石器时代中期以前。中华民族对"酒"有着独特的感情。孔融在《与曹丞相论酒禁书》中提到了"天垂酒星之耀",李白有诗"天若不爱酒,酒星不在天",宋代窦苹《酒谱》这部书中提到酒是"酒星之作也"。古人将酒的发明权归于酒星,认为酒是天生之物,也足见他们对酒的重视。① 在漫长的餐桌文化中,酒独占一席之位。名士醉酒,酒酣胸胆,往往会创作出佳篇。谚语有"酒

酿酒器,近现代,鄂伦春博物馆藏 (孔群 摄)

---

① 黄玉将,《酒文化》,中国经济出版社,2013年,第3页。

过三巡，菜过五味"，说的是酒独有的交际功能。"酒逢知己千杯少"，遇到知己，必然要推杯换盏，开怀畅饮。饮酒时要常伴"下酒菜"，如谚语"吃酒不吃菜，必定醉得快"，说的就是饮酒的习惯。

达斡尔族、鄂温克族、鄂伦春族嗜酒，也有丰富的饮酒礼仪。鄂温克族谚语"尊敬你的人，把甜蜜的酒献给你"，说明了酒在社交中的重要作用。传统的酒精饮料是鄂伦春族妇女采集野生果浆自酿而成的。大小兴安岭遍生这种浆果，可即食，亦可酿酒。这种都柿酒酒精含量很低，老少皆宜，酸甜可口。酒往往被装进"壶"和"皮口袋"里，达斡尔族谚语"热壶里斟出来的酒是热的，真心里说出来的话是真的""装饭的罐子，装酒的皮口袋"，就介绍了酒的容器。17世纪中叶以后，俄国商人的烈性酒"伏特加"、汉族酿制的"烧锅白干"逐渐成了鄂伦春人的嗜饮品，不仅成年男子好饮酒，老年妇女也很善饮。因此谚语中有很多是描述酒的，如描写人喝酒后的反应"酒能叫人脸红，金能使人心变黑"，描述酒的质地"清湛的酒使人醉倒，纸做的钱使人心迷"，还有描述酒的口感，如"酒进肚就像蜂蜜一样甜，酒出口有如雄狮一般猛"。还有的则用来描写饮酒之人的特点，如"好串门的人游手好闲，好饮酒的人爱捻胡须"。

酒喝多了，人容易意识混乱，酿成大祸，不仅伤身损财，还会惹是生非，达斡尔谚语中就有相应的描述，如：

酒壶能使家财空。

喝酒适度养身益精，喝酒过量惹是生非。

喝酒不贪杯，是治病一药方；猛喝拼命干，是害人毒药汤。

喝酒少量舒筋活血，喝酒过度伤身丧德。

无休止地贪杯，会丢掉性命。

酒鬼毁坏身体，色鬼丢尽面皮。

这些谚语是在说贪杯的坏处，实际也是在劝诫世人要适量饮酒，尤其是壮年人，要拒绝酗酒：

再壮的汉子，也经不住一碗酒灌。

身旁离不开酒壶，一生过得糊里糊涂。

好色是青年的不幸，酗酒是壮年的绝症。

达斡尔族谚语有云"少时戒酒，老来戒烟"，酒虽好，但一旦贪杯，则会毁坏一生。

三、住类

人类的居住形式是人类物质文化的反映。从原始时代的穴居野卧到今天的高楼大厦，无不反映出人类的居住在不断满足文化发展的进程。无论建筑如何变化发展，最终的目的都是满足人们居住舒适的要求。谚语中就有很多涉及居住环境的，如"有福住的朝南屋""向阳院子先得暖"是在强调居住地的采光，"住得宽敞，出气舒畅"则在强调房屋的通风效果，"前栽槐，福就来"是人们对居住生态环境的要求。

由于地理和生活环境的差异，我国各民族居住习惯各不相同，民族各有特色。生活在草原的蒙古族，就住在蒙古包中。蒙古族谚语中，有很多有关蒙古包的谚语，如：

不到蒙古包前不下马。

生在蒙古包，死在山巅上。

生在蒙古包里，死在沙场之上。

没有收拾的帐房不要住，没有根据的话不要传。

蒙古包，近代，内蒙古博物院藏 （孔群 摄）

鄂温克族猎民居住的撮罗子 （呼伦贝尔市政协提供）

  蒙古包是蒙古民族特有的传统民居，古代称为"穹庐"或"毡帐"，是历史上"逐水草而居"的游牧生活方式的产物。蒙古包呈圆形尖顶，包身用若干个称作"哈那"的木条围成，通常用羊毛毡一层或二层覆盖，似草原上撒落的莲花。包顶中间装有圆形天窗通烟、通气、采光。包壁安有木框门，向南或向东南开。包内中央设有炉灶或火塘，冬暖夏凉。蒙古包具有阻风力小、易于拆装、便于搬迁等特点。蒙古族对蒙古包有很深的感情。民歌里说："蒙古包哪怕有窟窿，也是自己的好；母亲哪怕有缺点，也是自己的亲。"意为蒙古包即使再破旧也比没有强，母亲即使再严厉也是自己最亲的人。

  同为游猎民族的鄂温克族和鄂伦春族在日常生活中并没有固定的住所，而是搭建一种"移动住宅"实现安家，这种"移动住宅"被称为"撮罗子"或"斜仁柱"。而达斡尔族、鄂温克族、鄂伦春族谚语中关于撮罗子和斜仁柱的谚语也体现着游猎民族独特的居住文化。

  鄂伦春族有谚语："秃山长出小幼树，是雨水和太阳给的；斜仁柱里出猎手，是父母双亲教的。"这一句谚语表明斜仁柱是鄂伦春族居住的建筑形式之一。谚语中提到的斜仁柱,有着独特的文化内涵。

在鄂伦春语中,"斜仁"是指树干、木杆等,"柱"为"房屋"的音译,由此看出,"斜仁柱"是一种木结构的房屋建筑形式。斜仁柱的建筑主体大致可以分为三个组成部分:用木杆搭成的圆锥形房架、覆盖在房屋上的各种遮盖物和悬挂在出入口的门帘子。建造斜仁柱通常也分三个步骤:搭盖房架、苫盖覆盖物和搭门。斜仁柱内的铺位有席地铺和木架铺两种,铺位非常讲究。对着门的铺位是正铺,鄂伦春人称之为"玛路"。该铺的上方悬挂着桦树皮盒,里边装着"博如坎""神偶",是供神之处。在正铺里侧可以放桦皮箱和皮口袋等,但里边只能存放老年男人和小孩的衣装和用具。正铺两侧的铺位被称为"奥路"。右侧的奥路是老年夫妇的席位,左侧的奥路是年轻夫妇的席位,在铺内侧靠斜仁的地方存放着他们的衣物和用具。

达斡尔族、鄂温克族、鄂伦春族谚语中关于撮罗子的描述也有不少,比如达斡尔族谚语"过去森林撮罗子里住着鄂温克、鄂伦春人,现在定居住上了红砖青瓦房",鄂温克族谚语"鄂温克人的根子在撮罗子里"和鄂伦春族谚语"撮罗子(木杆搭起的包)里烧火,屋顶上出烟才好;游猎人若遇难,枪口上出气最好"。

"斜仁柱""撮罗子"之所以成为达斡尔族、鄂温克族、鄂伦春族主要的居住建筑,主要是为了适应中国东北地区寒冷的气候。而这些谚语的存在与流传,使得我们能够更好、更清晰地认识到达斡尔族、鄂温克族、鄂伦春族的民居与习俗。

鄂温克苇莲包,近现代,鄂温克博物馆藏 (孔群 摄)

四、行类

"行"作为"衣食住行"的一环,是人们生活中必不可少的。汉族有很多关于出行的谚语。"居家要俭,行旅要慎",提醒人们在出行要注意安全。"出门问路,上路看天",告诫人们要看好天气出门。"不知地理,寸步难行",则在强调地理知识对出行的重要性。"山出车,泽出舟",在出行时人们往往会选择不同的交通方式。

生活在草原的游牧民族是最早的马的主人,也是骑马技术最早的发明者。因此,草原民族被称之为"马背民族"。马具有灵活、快速、耐力强等优点,可以骑,可以驮物,可以拉车,以马作为主要的交通工具,不仅大大减少了人步行负重的劳累,加快了行进的速度,而且大大扩展了人的行动范围。在人类发明汽车、火车之前,在漫长的历史年代里马匹始终是陆上交通的主要工具之一。在蒙古高原中部、西南部戈壁地区和沙漠地区,则是以骆驼作为主要交通工具,并称之为"沙漠之舟"。

马也是达斡尔族、鄂温克族和鄂伦春族人的主要交通工具。达斡尔族、鄂温克族和鄂伦春族有很多描写马的谚语。

达斡尔族关于马的谚语有:

奔跑如飞的是骏马,尾巴肥大的是绵羊。

巴彦越富越抠搜,矬马越肥越不走。

别叫好马去狩猎场,别叫好儿去放木排。

别骑他人的马,勿拉他人的弓。

大鱼要用长线,远路要用快马。

好汉一句,好马一鞭。

蛟龙离开水难飞腾,猎人没有马难逞能。

大轱辘车,近现代,达斡尔博物馆藏 (孔群 摄)

骏马跑千里路，也要始于足下。

鄂温克族关于马的谚语有：

粗心大意的人，连自己的马鞍也找不到。

马不驯服不好骑，人不教育要变坏。

山路知马力，苦难见人心。

谁勇敢，谁就能骑上烈马。

一马不能备两个鞍子，一女不嫁两个汉子。

鄂伦春族关于马的谚语有：

给老实马戴上笼头，给烈性马架上羁绊。

好马不在鞍，能人不在捧；好马飞跑一鞭之劝，好汉说话脱口就算。

好马登程到千里，好汉立志达目的。

好马是猎人的腿，好琴是猎人的嘴。

好马是调驯出来的，英雄是磨炼出来的。

马懒惰路途远又远，人懒惰日子难上难。

马是猎人驰行的双翅，歌是猎人生活的伴侣。

骑快马的，觉不出路远；朋友多的，觉不出困难。

骑马上坡容易下坡难，学箭射出容易瞄准难。

骑马要端正，办事要公平。

雄健的骏马能过无边的荒原，骁勇的骑手能越嶙峋的险山。

随着社会经济的发展和生态环境的改变，达斡尔族、鄂温克族、鄂伦春族除了依靠打猎生存，也逐渐开始重视发展农业。在农业发展的过程中，物品尤其是食品运输成了限制农业发展的大问题。特别是对鄂伦春族来说，他们居住生活的大小兴安岭地区，既有遮天蔽日的原始森林，又有无数的草甸子和河流，在这种特殊的生活环境复杂的交通环境中，大轮车应运而生。

大轮车是达斡尔族、鄂温克族、鄂伦春族人民所造的交通运输工具,俗称"大轱辘车""磊磊车""夺磊寿磊车""勒勒车"等。与一般的工具车不同,大轮车的车轮不是完全的圆形,车辕也并非十分笔直的。大轮车的轴毂都是用桦木做成的,车身重量较轻,可以轻松地在泥草之间通行,也可以载重物运送到远方,载重量在千斤左右。大轮车是达斡尔族、鄂温克族、鄂伦春族重要的交通运输工具,为其生产生活带来了巨大的便利,所以出现了达斡尔族谚语"杏树根烟袋锅装莫力达瓦烟,勒勒车上装满柳蒿芽"。

达斡尔族、鄂温克族、鄂伦春族的车也有不同种类,能够从不同方面帮助三个民族的人民。《黑龙江日报》曾刊登《达斡尔人传统交通工具》一文,文中提出,达斡尔人制作的大轮车可分为三种:第一种是上述的普通车,达斡尔语称"杭盖特日格";第二种是苇厢车,达斡尔语称为"卡日奇木勒特日格",即在普通车厢的基础上,后面加配横撑而后三面配夹苇子,以挡风雪;第三种是篷车,达斡尔语称为"木拉日特日格"。在苇厢上面用粗柳条弯作半圆形棚顶,上面包盖桦树皮或苇席,以遮阳光和雨水,后两种车都是在第一种车的基础上改进而成的,给人以别致风雅、朴实亲切的乡土之感。过去达斡尔族乡村姑娘出嫁时大都乘坐篷车,而送亲的男女宾客则坐苇厢车。此外,达斡尔族进山放排木的人们,为了把采伐的又长又粗的原木运集到江河边,还创造了一种特殊的没有车厢的长辕车。

由于达斡尔人制作的大轮车在技艺上独具一格,东北地区的汉族称之为"草上飞",蒙古族则称作"达斡尔车",这一点在谚语中也有所佐证:

达斡尔人制作大轮车,换回马匹和粮食。

达斡尔人住在山区农牧区,达斡尔人巧手会造大轮车。

这种大轮车是由车轮、车轴、

大轱辘车,近现代,鄂伦春博物馆藏 (孔群 摄)

车头构成，主要原料是干透的桦木和柞木。达斡尔族谚语有"破轮子响声大，懒汉的唉声多"。轮子是车的重要部分，所以达斡尔族、鄂温克族、鄂伦春族人民会认为破轮子如同懒汉一样，既不能更好地帮助人们减轻负担，也可能对大家产生不好的影响。

过去，达斡尔人多居住在山区，便于就地取材，因而能制造车辆且技术高超的木匠很多。制造车的木匠多，所以达斡尔族、鄂温克族、鄂伦春族的车也越来越多，人们学习赶车的技术，车夫这一概念出现在达斡尔族、鄂温克族、鄂伦春族的视野中。达斡尔族、鄂温克族、鄂伦春族谚语中也有表达出对车夫态度和认识的，比如达斡尔族谚语"女人喜欢的达斡尔达日得，车夫喜欢的达斡尔特日格"和鄂温克族谚语"只要赶车人不瞎，瞎牛也能驾车"。

纵使条件再艰苦，只要赶车的人能力卓越，就能够充分发挥自身的优势，哪怕拉车的是瞎牛，车夫也能驾车。达斡尔族、鄂温克族、鄂伦春族中出现车夫后，由于车夫帮助达斡尔族、鄂温克族、鄂伦春族更好地使用车，车夫的重要作用得到人们的认可，人们对车夫的关注度也更高，所以谚语中也会出现车夫喜欢特日格的表述。

第四节　文体娱乐类谚语

文体娱乐是一种文化中必不可少的成分。它是一个民族精神生活的概括和体现。它既可以是个人精神生活的体现，也可以是群体性的娱乐活动。达斡尔族、鄂温克族、鄂伦春族是能歌善舞的民族，所以衍生出很多歌舞谚语，还有可以反映出人们精神文化生活的诗词谚语。除此之外，曲棍球也是受达斡尔族欢迎的群体性体育活动，关于曲棍球的谚语也有很多。

一、歌舞类

歌舞是综合音乐、舞蹈、诗歌等艺术手段，边歌边舞的艺术形式。

歌舞既能抒情又能叙事，声情并茂，通俗易懂，能表达比较细致复杂的思想感情和广泛的生活内容，具有较强的艺术表现力。达斡尔族、鄂温克族、鄂伦春族有许多表现他们歌舞活动的谚语。

我国北方的古老民族之一的达斡尔族，是一个能歌善舞的民族，有达斡尔族谚语"盆子里长的是牡丹，好歌善舞是达斡尔人"为证。达斡尔族民歌产生在劳动人民的劳动过程中，并随着语言的发展而不断丰富完善，最终形成了如今的民歌形式。达斡尔族谚语中也有描述达斡尔族民歌的"蒙古族人唱歌'啊嚹咿'，长调悠扬；达斡尔人唱歌'讷由耶'，衬词优美"。达斡尔族民歌根据不同的体裁特征可以划分为扎恩德勒、哈库麦歌曲、乌春、雅德根依若四种形式。

谚语"没人愿意在雷声下跳鲁日格勒"，向我们介绍了另一种达斡尔族的舞蹈——鲁日格勒。从谚语中我们也可以看到，鲁日格勒一般不会在打雷时候跳。"鲁日格勒"是一种多为妇女表演的自娱性舞蹈，它起源于民族先人在深山密林中围着篝火生息劳作的早期狩猎时代，与狩猎文化有着密切的关系。据史料记载，古代达斡尔人在春意微透的夜里聚集在村头的草坪上，围绕熊熊燃烧的篝火手舞足蹈，你呼我唤，于劳动之余以舞蹈形式抒发心声，调整精神，消除疲劳。鲁日格勒歌舞也是从平缓渐趋奔放，最后终止于高潮。第一阶段，歌舞以歌为主，舞蹈为辅，贯穿着不同的民歌演唱，歌唱形式以对答、对唱为主。第二阶段，舞蹈渐居中心，音乐节奏快而跳跃，情绪也逐渐高涨，在舞蹈形式上多是二人对舞，其他人在一边助兴，舞蹈进入高潮时，便有第三人、第四人或更多的人参加，形成多人齐舞，舞蹈中有采集、提水、捕鱼、飞翔、禽兽斗闹的内容及舞蹈形象。有学者指出，"狩猎、渔业，是达斡尔人最古老的生产活动，是达斡尔族早期经济结构中的重要组成部分。早期的音乐文化必然伴随并且反映着这种原始渔猎生活。据统计'鲁日格勒'百分之五十以上的歌词内容是与鱼、鸟和兽类有关"[①]。"鲁日格

[①] 吴鹏飞，《达斡尔族鲁日格勒音乐结构及文化阐释》，《中国音乐学》，1993年第2期。

勒"体现出了达斡尔人长期的狩猎经济生产过程，以及鲜明的以狩猎采集为主业的时代特征。它不仅表现出达斡尔民族豪放热情、剽悍勇敢的精神气质，也表现出他们积极热情、勤劳团结的品质和共创美好未来的愿望。

鄂伦春族也是个能歌善舞的民族，在日常生活中，特别是在节日、婚礼中，无论男女老少都喜欢唱歌。他们称民歌为"扎恩达勒"，也有的地方叫"坚达温"。

通过谚语"天空有晴有阴，山歌有喜有悲""烈酒醉死人，悲歌摧残身"，我们可以知道，鄂伦春民歌范围广泛，不仅是用于歌颂赞美，也有很多悲伤的曲调。鄂伦春族民歌多是反映社会生活和狩猎生产的，内容有歌唱兴安岭优美的自然环境、怀念家乡和亲人、赞美劳动、憧憬幸福生活以及反映包办婚姻、与猛兽和恶势力做斗争的。

歌词内容都是歌唱者根据固定的曲调，即兴演绎创作的，见到什么就唱什么，想到什么就唱什么。歌唱的形式也各种各样，有独唱、合唱、男女对唱等，非常灵活。往往是边朗诵，边歌唱，边舞蹈，即诗、歌、舞三位一体，难解难分。不管是否真的有词，总会复沓喊出"介微"等虚词。这些虚词不一定有什么实际的意义，但是都可以抒发歌唱者的情感，音韵节奏也显得雄健有力。鄂伦春族有谚语"光喝凉水不解饿，光哼调子不算歌"，从这里我们也可以了解到，鄂伦春族的民歌一般都有歌词，内容充实，并非仅仅只有曲调。

鄂伦春族民歌的曲调比较丰富，虽然大多数曲调都是固定的，但不同的地区也会有不同的唱法和演绎的方式。曲调的结构一般都是单乐段形式的分节歌，也有用短句构成的，反复起承唱述。曲调辽阔、高亢，节奏较为自由，唱者常用很多延长音和装饰音，显得异常优美而抒情；另一些曲调的节奏则整齐而鲜明。演唱者声音高亢、响亮而又圆润，唱歌时滑音和颤音结合使用，使歌声传递很远。

鄂伦春人的乐器，一种是口琴，演奏时左手握口琴尾端，然后放在唇齿之间,右手弹拨钢片,震动后发出鸣声。这种乐器只能演奏一般乐曲,是一种较为原始的乐器雏形。一般人都能演奏,但曲调性不强,变化不多。早期青年男女恋爱时,多演奏口琴,用以互相吸引,有时一边演奏,一边用手来招呼对方。另一种是手鼓,它是用松树条圈成一个圆圈,在木圈上钻4个对称的孔眼,将4条皮绳一头拴在孔眼上,一头拴在一个铜环上,用狍皮做鼓面,用皮条编鼓槌。同时,左手握鼓背面铜环,右手持鼓槌敲击,这种鼓主要是萨满用来跳神的。有鄂伦春族谚语"皮鼓敲久了会打漏,大话说多了会出丑""皮鼓不敲不响,道理不摆不明"为证。

  鄂伦春族也是一个善于舞蹈的民族,舞蹈是同民歌紧密结合的,一般都是载歌载舞,舞姿都很古朴,内容都同狩猎和采集相联系。舞蹈大体可以分为四类:一是模仿飞禽走兽动作和吼声而创作的舞蹈。如"黑熊搏斗舞"或"野猪搏斗舞",模仿黑熊或野猪斗架的动作,并发出怒吼声。这种舞蹈一般由3个人跳,部分男女老少都可以,这类舞蹈是鄂伦春人民在长期观察野兽动作的基础上创造出来的。二是表现劳动生活的舞蹈,有"红普嫩"和"依哈嫩"。"红普嫩"是采红果舞。舞姿是两个女人面对面转圈,一个往前走,一个往后退,转一圈,拍一下手,把摘红果的姿势活灵活现地展现出来。"依哈嫩"是两人手拉手转圈,转两圈翻个身。两人手拉手表示抬着野兽,转圈是表示马不老实,翻身则表示猎物已经驮在马背上了。用这样的几个简单动作,把猎人猎到野兽的喜悦心情生动细腻地表现出来。三是娱乐性的舞蹈。如"鲁力该嫩"是大闹一场的意思,舞姿是几个人或十几个人手拉手,围一个圆圈,由一个人领唱,众人合唱。舞蹈动作由慢

木库莲(口弦琴),近现代,内蒙古博物院藏(孔群 摄)

到快,越跳越热烈,中途可以随时退出或加入。四是仪式性和宗教性的舞蹈。"依和纳仁舞"是在三年举行一次的氏族大会上跳的仪式性的舞蹈,不分男女和社会地位,全氏族的人都可以跳。宗教性的舞蹈,主要就是萨满跳神,这种舞蹈比较严肃,参观跳神的人,不能说笑,都要严肃对待。而鄂温克族的歌舞与鄂伦春族相似,从鄂温克族谚语"唱什么样的曲子,就得跳什么样的舞"中也可以窥见,鄂温克族也是一个能歌善舞的民族,这里就不做赘述。

二、诗歌类

达斡尔族有谚语"诗词离不开音乐,作战离不开武器",从谚语中我们了解到,达斡尔族、鄂温克族、鄂伦春族也是有自己独特的诗歌与文学的。诗歌被达斡尔族人民看作镜子,因此有谚语:

诗文乃是世人的明鉴。

诗歌、故事,对世人是一面镜子。

在达斡尔族诗歌里,可以看到他们从自然中获得启悟、从日常境界中体味哲理、省思历史等内容。诗人在自然中体悟人生,在生活中品味哲理,反思历史,诗歌成为达斡尔民族名副其实的明镜。

鄂伦春族的史诗,是以"摩苏昆"的形式保存下来的。摩苏昆的意思是说着唱,它的语源也有诗、歌、舞一体的原始艺术的含义。鄂伦春族将叙事诗叫"坚珠恩",如《双飞鸟的传说》《鹿的传说》《诺努兰》《阿尔旦滚滚蝶》等,都属于叙事诗。这些叙事诗的内容大体是:表现忠贞的爱情、颂扬女主人公的反抗精神、表现孤儿和寡妇的苦难生活。目前还没有整篇的叙事诗。

三、体育活动类

体育活动产生于劳动,体育活动可以帮助人们锻炼身体,增强体质,使人变得健康,这样就可以更好地劳动了。可以说,劳动是体育活动产生的原因以及最终目的。谚语"运动劲出来,歇着病出来""跳绳踢毽,病少一半",就说明运动对健康有益,应多多运动,锻炼身体。

我国具有悠久的历史，在古代就已经产生了很多种体育活动，比如蹴鞠（中国古代的足球运动）、角力（中国古代的摔跤运动）、射箭等。达斡尔族、鄂温克族和鄂伦春族也会在生产活动之余，开展一些体育活动，既能休闲娱乐，也能增强体质，达到锻炼身体的目的。

（一）曲棍球类

达斡尔语有这样的谚语："比智慧下鹿棋，比骁勇赛曲棍球。"谚语里所说的曲棍球是达斡尔族历史悠久的深受人们喜爱的传统体育项目。

曲棍球，达斡尔语称"跑列"，把打曲棍球的曲棍称为"波依阔"。达斡尔族民间曲棍球的球棍，一般柄长约1米，多用下端弯曲的细柞木制成。球用杏树根或毛毡做成，大小与网球相似。原始的打法无射门之说，双方各画一界线，打过界线就算胜利了。正式比赛，需在相距50米远的场地两端各设营门，球击入营门才算获胜。莫力达瓦达斡尔族自治旗是中国现代曲棍球运动的发源地。1976年，莫力达瓦达斡尔族自治旗组建了全国第一支曲棍球队，填补了我国体育运动项目的一项空白，自治旗也因此被国家体委命名为"曲棍球之乡"。多年来，旗曲棍球队多次荣获全国冠军，百余名队员入选国家队，还为四川、甘肃、宁夏、天津等省、市、自治区培养和输送了数十名教练员，为国家的曲棍球运动做出了巨大贡献。

达斡尔族对曲棍球这项运动情有独钟，经常会举办曲棍球比赛。"达斡尔小伙子爱玩曲棍球，达斡尔姑娘爱玩小萨克"，不仅身强力壮的年轻人喜欢曲棍球，两鬓斑白的老人也喜欢。这项运动受欢迎的程度由此也可窥见一二。每逢年节或喜庆的日子，达斡尔族同胞都要举行"贝阔"比赛。他们喜欢在夜间进行火球比赛。火球用桦树上的白菌疙瘩制作，球体抠空后浸进松明等易燃物，或用毛毡球浸沾油等易燃物。开球时将球点燃，使其借助风力燃成小火球。随着双方队员的激烈拼搏，火球在夜空中穿梭往返，画出一道道绚丽的弧线，颇为壮观。

曲棍球与达斡尔族人民的生活密切相关。在过去，女子出嫁时都要带上一根精美的球杆，以示对心上人的赞美和期望。在达斡尔族语言中，一些生动比喻也与曲棍球有关，如"帽子怎么能像曲棍球一样到处乱扔"。对于不成材的木料和不求上进的人，达斡尔人则比喻为："真是块歪木，只配做曲棍球球棍。"

作为一项不可缺少的生活内容，曲棍球在塑造达斡尔人民的民族性格方面有着独特的作用：曲棍球讲究团队配合，故而有利于维系达斡尔民族团结；以游戏传递友情，因此玩曲棍球是沟通族人情感的有效形式；特别是，曲棍球运动极易彰显人的个性气质，不仅可以传递人的情绪意态，还能磨炼人的意志品质。因此，曲棍球不仅丰富了人们生活，而且促使达斡尔族形成了彪悍、勇猛、作战顽强的性格特质。

曲棍球棒和球，近现代，内蒙古博物院藏（孔群 摄）

（二）其他体育活动类

达斡尔族、鄂温克族和鄂伦春族的主要生产方式就是狩猎，他们总是与各种禽兽打交道，为了在与猛兽的战斗中取得胜利，他们需要不断锻炼自己，使自己变得更加勇敢、强悍，同时要不断地练习狩猎技术，进而提高狩猎的成功率。为了适应这样的生活环境和生产生活方式，各种体育活动也就应运而生了。

射箭运动源于达斡尔族、鄂温克族和鄂伦春族的狩猎时期，从生产活动中演变成民间体育竞技项目。他们的弓箭用松木做弓背，用狍皮做弓弦，用桦木做箭杆，故达斡尔族谚语有"弓用皮绳子做弓弦，箭用桦木削成杆"的说法。达斡尔族的射箭运动一般分为少年男子射踝骨（萨克哈日博贝）和成年男子射箭比赛两种。少年男子射箭比赛时在数十步之外进行射击，中者为胜。成年男子射箭比赛以射靶（通库哈日博贝）中的为准。靶直径约60厘米，靶上有红白两色的五道圆形靶环。比赛时把靶固定在木架上，射程30—50米。达斡尔人很重视射箭比赛，因此比赛时，每个莫昆都要举行隆重仪式，杀牲共食。比赛结束后可以得到莫昆长老赠送的肉食作为奖励。但是比赛失败者，要支付杀牲的费用，作为惩罚。射箭也是鄂伦春族喜爱的一项运动。在传说中，他们的英雄喜勒特狠和祖先毛考代汗、根特木尔都是弯弓射箭的能手。从前鄂伦春人选举首领，也将是否善于射箭作为重要条件。

马是达斡尔族、鄂温克族和鄂伦春族狩猎的好帮手，也是他们生活中的好伙伴，崇尚良马已经成为一种社会风气。如果哪家有一匹久经赛场并且保持着不败纪录的快马，或者是骑上稳如坐毯的"走马"，那将会是主人最大的骄傲。达斡尔族会在春节或者公祭敖包等重大集会场合进行赛马的活动。一般分为 3 公里、5 公里的短程速度赛和 10 公里、20 公里的越野耐力赛。比赛的第一名可获得一匹良马，第二、第三名会获得绸缎、衣服等物质奖励。由于鄂伦春族在 17 世纪以前以饲养驯鹿为主，之后才开始饲养马匹，所以赛马在鄂伦春族可能是一种晚起的运动。但赛马在鄂伦春族中同样是一种非常普及的体育活动，每当春节、氏族集会或举行婚礼时，人们都会赛马。在鄂伦春族谚语中就有与赛马有关的谚语，如"赛马顶数骏马快，比武顶数壮士勇""打猎一次的收获，别认为可够吃一冬；赛马一次的领先，别以为可炫耀一生"。

摔跤这项体育运动在我国古代就已经出现了，当时被称为"角力"，从某种意义上说，这是人类最原始、最早的一项体育活动。摔跤这项体育活动在民间普遍流行，在蒙古族等一些北方少数民族中十分盛行。摔跤也是达斡尔族比较普及的体育运动，称为"巴日尔其贝"，优秀的摔跤手被称为"布库"。达斡尔族谚语"莫与愣头青摔跤，莫与糊涂人辩论"就提到了这一运动。达斡尔族人摔跤没有专门的服装，腰间系宽布带，双方通过握住对方的腰带发力的方式来使对方摔倒。青少年摔跤是团体式的，将参赛选手分为势均力敌的两队，先由两队排头交手，败者下场，胜者和败者队伍中的下一名选手继续比赛，以此类推，直到其中一队全部选手被淘汰，比赛结束。成人摔跤多为淘汰赛，比赛中一人被淘汰后，在场围观者中的任何一人都可以继续挑战，与多人较量后不败者为最终优胜者。鄂伦春人一向以身体素质好而自豪，猎人们也乐于进行力量的较量，因此，摔跤受到猎人们的普遍喜爱。鄂伦春语称摔跤为"娟滴任"，常胜者会得到人们的赞赏和姑娘的青睐。

第五节 风俗类谚语

风俗是历代相沿积久而成的生活习惯和生活模式。东汉班固在《汉书·地理志》中说："凡民函五常之性，而其刚柔缓急，音声不同，系水土之风气，故谓之风；好恶取舍，动静亡常，随君上之情欲，故谓之俗。"其大意就是说，由自然条件不同而形成的习尚叫作"风"，由社会环境不同而形成的习尚叫作"俗"。俗文化是沟通民众物质生活和精神生活，反映民间社区和集体的人群意愿，并主要通过人作为载体进行世代相沿和传承的生生不息的文化现象。[①] 作为一个特定区域特定人群沿革下来的风气，风俗最能体现一个民族的特色。纵观达斡尔族、鄂温克族、鄂伦春族的风俗谚语，无论关乎春节（鄂温克语、达斡尔语均称其为"阿涅"），抑或是婚俗，都极富地域特点和民族特色。

一、春节类

达斡尔族有谚语"春始是正月，耗费千万钱"。春节是中华民族的盛大节日，为中华子民共同享用。受中原地区政治、经济和文化因素影响，达斡尔族、鄂温克族、鄂伦春族在社会发展中逐渐接受并认同了春节这一传统节日，春节由此成为达斡尔族、鄂温克族、鄂伦春族最为重视的节日，形成丰富多彩且具有民族特色的春节习俗。

---

① 仲富兰，《风俗与信仰》，复旦大学出版社，2012年，第8页。

谚语"隆冬腊月北风紧刮，置办年货四处奔波"，说明达斡尔人为了庆祝这一本民族最隆重的节日，会早早地开始置办年货，准备过年。达斡尔族有谚语"腊月初八神佛生辰，腊八粥拉里饭喷香"。每年过完腊八后，人们就开始忙着准备过年。母亲们要给子女赶制过年穿的新鞋新衣，还要赶制"西日格勒""瓦特"等点心，包饺子、蒸黏豆包和酸甜野果馅的馒头，炒炖各种宴菜，做好后冻起来保存，以便节日期间吃现成的食物；父亲们则要进城办年货，此外还要承担套磨磨面、屠宰年猪的工作。有谚语为证：

绣花荷包，近现代，达斡尔博物馆藏（孔群 摄）

  腊月三十贴上红对联，七彩年画贴满墙面。
  新桃换旧符迎阿聂，乡亲和邻里拜年勤。
  新桃旧符万户迎春，不如早种福德田。

除夕，达斡尔语称"布图"。在这一天，人民要放鞭炮庆祝，因此有达斡尔族谚语"旧年变新年，爆竹响中天"。各家男人还要在大门外正前方村路中间，用干燥的牛马粪堆起两大垛烟火堆，在太阳偏西时点燃。达斡尔族有谚语"除夕堆起牛粪放烟火，表示吉祥和兴旺"，人们赶在日落前梳洗穿戴好，举行祭火仪式，每家各拿一些年三十的丰盛饭菜，带上酒壶来到烟火堆旁，由长老向烟火堆焚香敬酒，再将各种美味佳肴抛向火堆，祷告新的一年里人畜安康，生活兴旺发达，还有缅怀祖先之意。回来后，全家人在吉祥和谐的氛围中围绕炕桌，开始吃除夕晚餐，达斡尔族谚语中有所提及，"过阿聂，四世同堂庆，煮酒熬年夜"。除夕餐后，长老代表家族祭神。待回屋坐定后，全家人要向长老敬酒、叩头辞旧岁、祝寿，有达斡尔族谚语"阿聂佳节祭天地，磕头向长辈"

为证。

二、婚俗类

达斡尔族、鄂温克族、鄂伦春族有着丰富多彩的婚俗谚语。达斡尔族谚语"不买近处马，不娶近亲女"，就说明他们已经意识到血缘关系的远近对子女健康的直接影响，所以在婚姻缔结过程中，尽量避免直接与表亲——即亲兄弟或亲姐妹的子女缔结婚姻关系。

达斡尔族、鄂温克族、鄂伦春族人们认为，外人终归是外人，即使他们自从嫁入婆家便帮忙干活，但仍然是自己家族的血脉最为牢靠。新过门的媳妇，不如自家一个在摇篮里未能行走的女婴。所以才会有达斡尔族谚语"过门的媳妇，不如摇篮的姑娘"。

在达斡尔族、鄂温克族、鄂伦春族的观念中，他们认为娶亲的女子，彩礼可以不必太重，这也在日常生活中形成了广为流传的谚语，如达斡尔族谚语"只要新媳妇好，不带嫁妆也美满"。

将姑娘嫁给亲戚家做媳妇，可以不受气或少受气，有鄂伦春族谚语"愿把姑娘嫁给舅家人"。

达斡尔族、鄂温克族、鄂伦春族施行一夫一妻制。同时也对女性的婚姻状况有一定的约束，可以看到在达斡尔族谚语中有"勿娶离婚之女，不吃剩下之饭"，在鄂伦春族谚语中有"不能娶被遗弃的女人，不能吃剩下的饭"。

达斡尔族、鄂温克族、鄂伦春族的婚姻大都以父母包办为主，比较盛行定娃娃亲和指腹为婚，有达斡尔族谚语如：

婚姻由父母做主。

姻缘由媒妁撮合，世交由代表办成。

达斡尔族、鄂温克族、鄂伦春族中父母对子女的婚姻有一定的约束，但同时对家长也有一定的要求。达斡尔族谚语"女婿面前说谎话，会失去做丈人的尊严"，就是说长辈在晚辈面前，尤其是岳父在女婿面前，要严守长辈的尊严，不做与身份相悖的事，这样才能更好地管理晚辈，也能树立家长的威严。

在选择婚姻对象时，达斡尔族、鄂温克族、鄂伦春族对双方样貌要求不高，更注重缔结婚约双方的心灵和品德的高尚，也很注重双方间的感情，达斡尔族、鄂温克族、鄂伦春族谚语中也有关于男女婚俗的详细表述。比如达斡尔族谚语：

  看上的人，虽说相貌迷人，而心美更可贵。

  只重美貌相爱的人，一旦美貌失去感情也淡薄。

  心灵的美，比脸容的美更重要。

  以双方的忠诚，获得对方的钟爱，才是相爱。

  夫妻不真心相爱，成婚也是无用的。

  夫妻感情淡薄时，孩子的关联使感情不破裂。

鄂温克族谚语中也有相关的表述：

  无情意的男人，姑娘不愿嫁。

  不长草的地方，黄鹂鸟不落；没情意的男人，姑娘不愿嫁。

达斡尔族、鄂温克族、鄂伦春族在举行认亲仪式之后，就相当于正式订婚，双方不得无故毁约。在婚约缔结之后，女方即为男方家里的人，与娘家的关系就此斩断，完全遵从婆家意志和风俗。因此在鄂温克族谚语中有了"出嫁的姑娘，要遵从婆家的风俗""石头扔在哪里，就落在哪里；姑娘嫁到谁家，就死在谁家"的说法，在鄂伦春族谚语中有"嫁出的姑娘像剔骨的肉，婆家是切是扔，亲朋插不上手"的说法。

达斡尔族谚语"天亮啼鸣的是公鸡，闻声做饭的是媳妇""锅台上的媳妇，磨道上的驴"和鄂温克族谚语"出嫁的姑娘，过日子要勤劳节俭"，说明女子嫁到男子家中，不仅仅要遵从男子家的风俗，更要注意勤俭持家、任劳任怨，主动承担家中的各项事务。

达斡尔族、鄂温克族、鄂伦春族的男女结婚一个月后，小夫妻骑马要回娘家探亲，可以留住几天或几个月。达斡尔族谚语道："娘家的狗都是舅亲。"女方回家，不仅探望父母，还要拜访所有家属，好似娘家的一只狗都是亲戚，要按照小舅子的礼遇来对待，形容对女方家属的尊重。

刺绣枕顶，清末，呼伦贝尔民族博物院藏（孔群 摄）

右上图，枕头顶绣片，近现代，内蒙古博物院藏（孔群 摄）
右下图，绣花荷包，近现代，达斡尔博物馆藏（孔群 摄）

莫尔道嘎林场 （孔群 摄）

第五章 谚语与文化价值观

作为一种民间集体创造、广为流传、言简意赅并较为定型的语句，谚语是一个民族丰富智慧和普遍经验的规律性总结，是一种重要的文化传播的载体。这种极为深刻的话语具有神奇的效能，有人说它是一句话的艺术，一句话的哲学，一句话的科学。正像达斡尔族谚语所说的那样："清澈的水是泉水，好的语句是谚语。"

谚语的最基本的文化功能是承载功能，谚语中承载着深藏于不同民族文化血脉中的信条和镶嵌于民族文化之中的普遍价值观念和民族精神。"一个民族文化的核心是本族认同的文化价值观。价值观是一个社会或群体中的人们所共有的区分事物的好与坏、对与错、符合或违背人的愿望、可行与不可行的观念尺码。它是一个文化系统构成的基因。一种价值系统可以构成一个民族的'文化精神'"[①]。

谚语来自于一个民族久远的历史时代，是一个民族集体的意志和情感表达，是一个民族一代一代传承的文化符号。谚语的独特魅力在于它是民族文化的精髓，在表达民族文化的过程中，它"言简意赅、形象鲜明，从不同侧面反映本国及本民族的社会历史、风土人情，以及人民多方面的经验和智慧，是民族文化中绚丽多彩的瑰宝"[②]。"谚语作为俗文化的载体之一，其语言与表达方式具有鲜明的俗文化特点，其内容涵盖

---

① 徐万邦，《中国少数民族文化通论》，中央民族大学出版社，2006年，第43页。
② 潘文国、Stephan Roddy 编，《对外汉语教学的跨文化视角：旧金山对外汉语教学学术会议论文集》，华东师范大学出版社，2004年，第7页。

了社会生活的方方面面，是民间文化的实录。谚语不仅语言具有特色，意蕴丰富，而且源于生活又高于生活，即谚语总是以现实生活为出发点，从民间生活的方方面面以及劳动大众的行为特征中，捕捉、概括与提炼出特定地域人们的生活经验、社会心理和行为取向，在略显粗俗的语言描述中展示劳动大众的生活追求、生存智慧和审美趣味，并且从中反映出谚语与俗语所特有的寓地方语言特色、社会生活方式与文化心理积淀于一体的语言——文化载体的特色，易言之，谚语既是俗文化的有机组成部分，也是人们认识俗文化、了解民间文化心理的窗口"[1]。探讨谚语的文化功能、文化价值观、民族的文化精神和审美趣味、审美需求是谚语研究必须面对的重要任务。

达斡尔族、鄂温克族、鄂伦春族在长期的生产生活中，养成了自己的独特民族气质和民族精神，如崇尚自然、英雄精神、恪守信义、合作共享、自由畅怀、坚韧不拔、朴直公正、惩恶扬善、谦逊好学、重情重义。这些民族气质和民族精神凭借着谚语代代流传，成为达斡尔族、鄂温克族、鄂伦春族文化血脉中生生不息的精神养分。

第一节　崇尚自然类谚语

对于人类来说，人与自然的关系与生俱来、恒久永在。人与自然的关系是人类认识的起点，也是人类认识的永恒主题。对于以狩猎为主的达斡尔族、鄂温克族、鄂伦春族而言，自然是其赖以生存的环境基础。"崇尚自然，就是草原民族敬畏自然、珍爱生命、人与自然和谐共生的观念以及由此衍生的人与社会、人与人和睦相处思想的概括，体现了草原民族与自然环境兼容和谐、息息相通的密切联系"[2]。达斡尔族、鄂温克族、鄂伦春族在长期的生产生活实践中形成了爱护自然、善待自然、

---

[1] 吴子慧，《吴越文化视野中的绍兴方言研究》，浙江大学出版社，2007年，第243页。
[2] 哈萨、马永真，《草原文化》，中央广播电视大学出版社，2014年，第6页。

适度索取的生态理念。"以敬畏和爱慕的心情崇拜自然，将人与自然和谐相处当作行为准则和价值尺度"①，成为草原民族所坚持的亘古不变的真理。他们认为大自然是人类赖以生存的摇篮，这种质朴的自然观使达斡尔族、鄂温克族、鄂伦春族人民形成了强烈的归顺自然、顺应自然的价值观念。"这一理念主要包括：对大自然敬畏崇尚，尊重生命的生态意识；与大自然友好相处，和谐共生的亲情意识；对大自然知恩图报，适度索取的节制意识；对大自然爱护有加，担当责任的自律意识等，以及由此衍生的人与人、人与自然、人与社会关系的和谐意识"②。

崇尚自然，人与自然和谐共生的理念，在达斡尔族、鄂温克族、鄂伦春族谚语中扮演着重要的角色。崇尚自然作为一种朴素的价值取向，在谚语的海洋中呈现出蔚为大观的景象。崇尚自然的谚语又可以分为保护生态环境、节约资源、遵循规律三个方面。

一、保护生态类

生态，通常指生物的生活状态，既指生物在一定的自然环境下生存和发展的状态，也指生物的生理特性和生活习性。简单来说，生态就是指一切生物的生存状态，以及它们相互之间及与环境之间环环相扣的关系。在黑龙江与大小兴安岭交织错落构成的独特自然和人文生态环境中，达斡尔族、鄂温克族、鄂伦春族滋生了自己民族强大的文化根系，构成了具有强烈本土意识、底蕴深厚、独特悠长的生态文化。这种朴素的生态文化观念趋向于与他们的生存环境和谐共存，围绕人与自然两要素，强调人与自然的和谐共处。"这些生态文化粗犷中融着和谐，质朴中透着浪漫，其鲜明的历史文化印记，至今还散发着进步文明的光辉"③。

达斡尔族、鄂温克族、鄂伦春族热爱自然、保护自然，他们"具有

---

① 钱灵犀，《中华文化视野下的草原文化》，《陕西社会主义学院学报》，2006 年第 2 期。
② 格日乐主编，《蒙古学研究年鉴》（2008 卷），内蒙古社会科学院，2006 年，第 236 页。
③ 王为华，《走近中国少数民族丛书：鄂伦春族》，辽宁民族出版社，2012 年，第 103 页。

人类最原始、最朴素、也是最珍贵的生态环境意识"[①],这种生态环境意识在谚语中主要有两种表现,即保护山川和保护动植物的理念。

"人体三宝最为贵,日光、空气和清水"。(鄂伦春族)达斡尔族、鄂温克族、鄂伦春族都十分注重生活的环境状况,他们珍惜目之所及的一切,并怀着感恩之心对待自然万物。对于环境,他们保留着最朴素的"人薄土,土薄人"(达斡尔族)的思想价值观念。

嫩江河流 (孔群 摄)

达斡尔族、鄂温克族、鄂伦春族的生态文明观念是草原文化不可或缺的重要组成部分,草原文化蕴含和揭示了生态文明意义,"草原游牧民族崇尚自然、顺应自然,珍爱草原和生灵,重视对草原、森林、山川、河流的生态保护,对生态保护积累了丰富而宝贵的经验。比如,为了防止草场的超载使用,将可利用的草场划分为四季营盘,以减少对草原原生态的破坏。传统的游牧、轮牧、休牧,实际上都是对草原自然生

---

① 张丽君、杨思远主编,《新目标·新体制·新学科——西部地区全面建设小康社会与民族新学科发展理论研讨会论文集》(上),中央民族大学出版社,2004年,第451页。

态恢复的科学理念和做法"[①]。

达斡尔族、鄂温克族、鄂伦春族对自然生态的保护和合理利用的谚语有许多。如：

> 貂皮生产富不了，只要种地收成五倍。（达斡尔族）
>
> 娘养子，地养人。（鄂温克族）
>
> 牛羊不入山，树林长得欢。（鄂温克族）
>
> 游而不定居人遭罪，定而不游牲畜遭罪。（鄂温克族）
>
> 只有定居游牧相结合，才能人畜两旺。（鄂温克族）
>
> 宁肯挨饿，也要留下好种子。（鄂温克族）
>
> 倘若原野上倒垃圾，你的福气就会埋没在原野上；倘若地上乱扔东西，你的幸福就会埋没在土地上。（鄂温克族）
>
> 为了吃山丁子，不要折断山丁子树；为了倾倒垃圾，不要弄脏嫩绿草地。（鄂温克族）
>
> 森林草原是个宝，护林防火最重要。（鄂伦春族）
>
> 沙丘不嫌树木密，猎人不嫌野兽多。（鄂伦春族）
>
> 笔直的青松须防火烧，不屈的英雄须防软刀。（鄂伦春族）

达斡尔族、鄂温克族、鄂伦春族特别注重对于资源的节约与保护，他们对赖以生存的大自然存有无限敬重的基本理念，上述谚语正是这种淳朴的生态意识的概括反映。

动植物是达斡尔族、鄂温克族、鄂伦春族生存的生命线，他们尊重自然，把动植物当作敬奉的对象，同时不遗余力地进行动植物保护。这样的谚语有：

> 草绿靠雨水，家旺靠劳动。（鄂伦春族）
>
> 草甸再大怕荒火，野兽再凶怕猎手。（鄂伦春族）
>
> 水草茂盛鹿茸才丰富，风雨调顺猎户才平安。（鄂伦春族）

[①] 陈光林，《草原文化与民族文化大区建设》，内蒙古人民出版社，2010年，第291页。

> 没有草地不能放马,没有山林不能狩猎。(鄂伦春族)
> 要坐金钱山,铺好草木毡。(达斡尔族)
> 一年打二春,寸草贵如金。(达斡尔族)

达斡尔族、鄂温克族、鄂伦春族主要生活在"大兴安岭东麓的浅山区和嫩江平原。滔滔林海,翠翠原野,到处可见山区和平原的多姿风貌",他们"生息之地有着得天独厚的森林资源"。[①] 这种得天独厚的生活环境使得达斡尔族、鄂温克族、鄂伦春族人民形成了和谐质朴的生态观。由于达斡尔族、鄂温克族、鄂伦春族人民"世世代代与大自然打交道,吃的、穿的、用的都是来自大自然,所以他们从不随意乱砍滥伐,就像保护自己的眼睛一样保护着森林资源"。在他们的朴素生态观中,保护森林也特别重要。

"山林""森林"在鄂伦春族谚语中是两个高频词,他们把山林视为"命根":

> 太阳是大地的命根,山林是猎家的命根。
> 森林草原是个宝,护林防火最重要。
> 山林是猎人的母亲。
> 沙丘不嫌树木密,猎人不嫌野兽多。

达斡尔族关于保护山林的谚语有:

> 秋天树木干,家火野火同防。
> 有河才有船舰,有林才有飞禽。
> 树木长得再高,也离不开扎根的土地。
> 离开河边,休想打鱼;离开山林,休想打柴。

达斡尔族保护山林的谚语,不仅列举了森林和动物对于生态的重要性,还说明了其中的因果关系。

[①] 《达斡尔资料集》编辑委员会、全国少数民族古籍整理研究室编,《达斡尔资料集》(第七集),民族出版社,2007年,第665页。

鄂温克族谚语有"没有不落鸟的树"的说法，很直白地说明了生态好就会有鸟落的道理。

达斡尔族、鄂温克族、鄂伦春族注重环境保护还体现在狩猎活动中，猎手尊重自然规律，循四时而动。"打猎不打正在交配的野兽，烧火不烧炸迸火星的木柴"（鄂伦春族），达斡尔族、鄂温克族、鄂伦春族人民在长期的自然活动中形成了属于自己的生态观，保护动物是其中的重要组成部分。

二、节约资源类

达斡尔族、鄂温克族、鄂伦春族有许多提倡节约、反对浪费，永续利用自然资源价值观的谚语。

节约是中华民族的传统美德。节约即节省、节俭，意味着力求避开各种浪费，也是既不影响当代人的利益又不影响子孙后代利益的行为。中华多民族谚语中有着大量关于节俭的谚语，正如学者陈旭霞说的"谚语多为教人谦虚谨慎、诚实讲信、团结友爱、勤劳节俭的内容"[①]。提倡节约、反对浪费的价值观在各民族同胞的谚语中都是普遍存在的。在达斡尔族中，流传着"一天节约一根线，百天成绳把牛牵"的谚语，它告诉人们，在日常生活中节约的重要性，如果一天节约一根线，那么上百天后线就可以结成牵牛绳。可见，俭省是达斡尔族、鄂温克族、鄂伦春族的生活共识。

达斡尔族、鄂温克族的节约谚语强调资源有限，告诫人们要充分利用，不能浪费。例如：

  油瓶子的绳不断还得挂着。（达斡尔族）
  一日省一斤，百日省一袋。（达斡尔族）
  挥霍没有限度的话，胜过了水灾。（达斡尔族）
  白天当衣穿，晚上当被盖。（鄂温克族）

---

① 《中国少数民族》修订编辑委员会编，《中国少数民族》，民族出版社，2009年，第276页。

鄂伦春族的节约谚语中有一条十分特别，那就是"有肉大家吃，有皮匀着穿"。这条关于节约的谚语表达的理念除了节约，还反映了对于共同资源要合理分配，有肉大家一起吃，有兽皮大家一起穿的思想，内涵十分丰富，且形象生动。

面对资源日益紧缺的当代社会，俭约节省成为社会公认的价值追求，达斡尔族、鄂温克族、鄂伦春族谚语对于勤劳节俭的提倡又彰显了它丰富的精神内涵，力行节约对于构建和谐社会，实现可持续发展具有重要的意义。

三、遵循规律类

万事万物的发展都遵循着一定的规律，达斡尔族、鄂温克族、鄂伦春族有许多体现遵循自然规律价值观的谚语。如鄂伦春谚语"撵鹿时摸清规律，捕获时才能创造奇迹"所说，在生产活动中找到规律是非常重要的。"循四时而动"，正是达斡尔族、鄂温克族、鄂伦春族认识到自然规律之后的表现。人们在不断积累经验的过程中，对于自然的认识也在不断加深，认识的范围也在不断拓展，最终发现万物皆有自己的运动规律。

达斡尔族对自然有着深切的体悟，他们意识到了四季在轮回，山川河流在不断地变化。而相比于这些恒久存在的事物，人显得格外渺小，人的一生也显得尤为短暂。达斡尔族在这方面的谚语特别多，如：

> 乾坤施转，四季轮回；祸福相倚，也相违背。
> 四季轮回永远交替，光阴就像过隙的白驹。
> 青山永在，江河永流。
> 人生在世就像梦幻，祸福多少总是无常。
> 人生旅途路漫漫，悲欢离合安宁少。
> 时光悄然逝无声，虚度年华空无成。
> 一年只有一个阿聂，一生只有一回青春。
> 年头好，在于秋天；年纪好，在于青年。

正是意识到了生命的短暂，所以达斡尔族人民更加珍惜生命，珍惜时间：

一天当中没有两个早晨。

夏天是美好的季节，青年是美好的年华。

松柏常青枝叶茂盛，人生一世却有时限。

好看的花不经常开，好的时光不能长期在。

时间流逝如闪电。

在你睡觉的时候，光阴不睡觉。

天上的风不均匀，世上的人不永存。

光阴像闪电过去，此身岂能永存。

人生在世活一世，寿命难得百岁春。

你说尚早尚早，时间却已逝掉。

两千五百年前，孔子曾站在河边发出感叹："逝者如斯夫，不舍昼夜。"惜时便成为中华民族一个永久流行的信念，表现为只争朝夕。达斡尔族谚语"你说尚早尚早，时间却已逝掉"等精辟的谚语，也是在提醒人们要珍惜时间、爱惜时间。此外，达斡尔人常常将时间与金钱相比，来突出时间的重要性，如：

珍惜黄金，不如珍惜时间。

觉得钱重要，不如觉得时间重要。

对学知识的人来说，时间比什么都宝贵。

时间是金钱，时间是生命。

鄂伦春族人、鄂温克族人认为时间是一切的保障，时间的重要性是钱都无法相比的。没有时间，一切都不可能成功。没有时间，人就不可能学习，不可能生活，更不用说去追求财富以及美好的未来。浪费时间就是浪费生命，浪费人生。因此要抓紧时间，做自己要做的事情。在鄂伦春族、鄂温克族谚语中就有很多表达珍惜时间观念的谚语：

要说出来的话，不能咽进肚子里；要做出来的事，不能拖到黑

夜里。(鄂伦春族)

一个人不能永世长存,一个人只有一段青春。(鄂伦春族)

明天推明天,永远难实现。(鄂温克族)

谁晚到,谁就喝清汤。(鄂温克族)

第二节 英雄主义类谚语

英雄主义精神是在人类社会由野蛮向文明演进的过程中,逐渐形成的一种具有集体意识的精神价值观。它通过将社会群体中具有崇高、悲壮、不屈和进取品格的具体人物作为榜样,并以此号召、激励社会所有的人进行模仿,从而达到完成某一事业的最终目的。随着人类文明的不断进步,对于英雄主义的理解也从两个方面发展。一方面是代表全人类具有人道主义的精神价值观逐渐代替了过去狭隘的民族主义、国家主义和种族主义的价值观,英雄主义越来越具有全人类的广泛的精神意义。另一方面是代表各种文化和不同民族价值观的英雄主义在相互碰撞中,不断地彼此理解、相互学习,形成一种具有多元色彩和民族个性、并能相互尊重的英雄主义价值观。英雄主义和其他众多主义一样,多民族、多文化的价值观和人类趋向统一的英雄史观永远是一对矛盾。[①] 草原民族的英雄主义精神是远近闻名的,这中间少不了达斡尔族、鄂温克族、鄂伦春族的增光添彩。体现达斡尔族、鄂温克族、鄂伦春族英雄精神谚语主要集中在勇敢、实践和勤劳三个方面。

一、英勇果敢类

英雄主义精神首先具备的品质就是勇敢,而勇敢就是不怕危险和困难,有胆量,不退缩,敢作敢为。正所谓"赛马顶数骏马快,比武顶数壮士勇",达斡尔族、鄂温克族、鄂伦春族同胞生活在深山和草原上,

---

[①] 于树华主编,《七彩阅读(高中版)第三辑 精彩实用文·论述文阅读》,江苏科学技术出版社,2008年,第158—159页。

能勇敢地面对各种生存威胁。

放排是一种达斡尔族日常的生产活动，指的是通过水流运输木材的一种方式，即将木材用藤条、篾缆、钢索、铁链等索具编扎成排节，根据河流情况，或再将若干排节纵横连接成为木排，由水流自然操纵，使其在河流中顺水漂下，以进行木材运输。"放排不仅可以降低运输成本，而且可以保证木材完整性。真正的放排是在玩命，除了艰险还得掌握绝技。不下几年的苦功夫绝对不行"[①]。可以看出，放排这一生产活动要求人们必须有玩命的勇气和魄力。达斡尔族谚语有"出去放排，胆战心惊；为了糊口，死活扔在一旁"。"怕死别去放木排，放排就得不怕死"。谚语中所体现的生存的勇气就是一种民族的勇敢精神。

勇敢这一品质在鄂伦春族猎手们的身上也表现得尤为突出。请看鄂伦春族谚语：

> 不敢进深山，难成好猎手。
> 办事要靠智慧，狩猎要靠勇敢。
> 害怕黑夜穿密林，不算真正的猎人。
> 石头再大隔不断流水，森林再密挡不住猎骑。
> 直树长在山峰顶上，勇敢的猎人长在森林里。
> 雄健的骏马能过无边的荒原，骁勇的骑手能越嶙峋的险山。
> 勇敢的猎手可以从山头爬到云朵上，胆小鬼搭着梯子也爬不到帐篷顶。
> 再好的羽箭，也射不散空中的彩云；再冷的天气，也挡不住进山的猎人。

谚语将鄂伦春族猎人的勇敢、坚定、骁勇体现得淋漓尽致。同样，达斡尔族也常说"好马壮胆子，好枪猎物多""敢进深山的人，才能获得猎物"。而鄂温克族则为了给年轻猎人壮胆说"怕狼就别去森林""只

[①] 沈成嵩、王喜根，《农耕年华》，江苏人民出版社，2014年，第256页。

有登上没人走的路，才能打到更多的野物"。

这些谚语多以山林狩猎之事为话题，以"勇敢"作为定义"好猎手"的标准之一，在言传身教中将英雄主义精神代代传承下去。

除此之外，公牛和猎鹰也被公认为勇敢的动物，是勇气和力量的象征和化身。达斡尔族有"雄鹰展翅长空飞，不怕风雪和寒霜"的谚语，鄂温克族则说"奶牛的良心，公牛的胆子"。赞扬动物实际上就是在赞扬人的精神。

勇敢这一英雄主义精神并不是猎手独有的品质，达斡尔族、鄂温克族、鄂伦春族中的普通人也都是无惧艰险、崇尚勇敢的，如鄂伦春族有这样的谚语：

男人不怕山高，女人不怕活细。

赛马顶数骏马快，比武顶数壮士勇。

狡猾和贪婪是恶狼的本性，忠诚和勇敢是英雄的特征。

雄健的骏马能过无边的荒原，骁勇的骑手能越嶙峋的险山。

对于怕苦的人，杨树又滑又高；对于敢闯的人，高山又矮又小。

鄂温克族同胞则认为"怕则不做，做则不怕""世上人，什么都不怕""谁勇敢，谁就能骑上烈马"。

达斡尔族、鄂温克族、鄂伦春族的勇敢精神还常常和不怕鬼怪相关联，如达斡尔族谚语"人要胆子大，鬼怪都害怕""世界上人最大，超过人的没有，还怕鬼吗""越怕有鬼越有鬼，越怕有狼越有狼"，体现出来的就是无所畏惧，强调勇敢的人做事时应该是"要做就不要怕，要怕就别去干"，即"做则莫怕，怕则莫为"。谚语甚至给出了克服恐惧的法宝，即"智勇相结合，乃克敌之宝"，只有智勇双全得人才能达到"山再高，有毅力者也能攀上；水再深，勇敢者也能渡过"的境界。

勇敢是达斡尔人、鄂温克人、鄂伦春人的精神品质，相反，懦弱与胆怯的行为是令人不齿的卑下行为，会被族人嘲笑，如谚语：

胆小鬼的眼睛，盯的是逃路。（达斡尔族）

勇士与胆怯者，成不了连襟。（达斡尔族）

胆大的狗往前冲，胆小的人往后退。（鄂温克族）

勇士的意志比冰峰还坚，懦夫的脊骨比羊毛还软。（鄂温克族）

在与恶劣的自然环境不断抗争的过程中，达斡尔族、鄂温克族、鄂伦春族人民形成了英勇、果敢的性格，这种优秀的品质流淌在达斡尔族、鄂温克族、鄂伦春族人民的血液里，成了他们独特的精神力量。达斡尔族、鄂温克族、鄂伦春族人民也将自己对于族人的期待用谚语传递了下来。

二、实践躬行类

在英雄主义精神的信仰下，面对艰难困苦的勇敢斗志逐渐演化成这些民族同胞在实践中自强不息的奋斗精神，以及重视实践本领、高超技艺的学习观，正所谓"纸上得来终觉浅，绝知此事要躬行"。

达斡尔族、鄂温克族、鄂伦春族人都认为，只有劳动才能获得生活必备的生产生活资料，因而劳动实践是非常必要的活动。凡事只有亲力亲为才可以得出可靠的认识，得到切实的收获。鄂温克族就常说"光有理论，没有实践，就等于鸟没有翅膀""耳听不如眼视，安坐不如出行""常用的锄不生锈，滚动的石头不长苔"，实际反映出实践是幸福的源泉。鄂伦春族同胞也觉得"与其费口舌，不如快行动"，认为"好马是调驯出来的，英雄是磨炼出来的"。

达斡尔族有大量反映实践重要性的谚语：

不吃苦哪有甜。

不经战乱，不知惊慌。

干吵吵，不如去做做。

说得好听，不一定做得好。

爱讲空话的人，一无所有。

能吃苦的人才能成为人上人。

经过寒冬的人，方知皮袄的可贵。

走马是骑出来的，好汉是练出来的。

勤学苦练才会收获大；谦虚谨慎才会有进步。

在那儿空想，一场空；起来去实干，有前途。

真金是烈火里炼成的，将军是战场上打出来的。

达斡尔族同胞还认为实践能力也是考察一个人的标准，这样的谚语有：

路遥知马力，锻炼见真金。

勿信其空话连篇，要看其实际行动。

不能只听他说的，要观察他的实践。

走远路程方知马力，长久实践才知人心。

鄂伦春族人主要生活来源是打猎活动，很多技艺的学习经验、实践活动的感受都隐含在朗朗上口的谚语中。例如：

还没打着虎，先别说分虎皮。

猎刀不磨不快，猎人不学不灵。

翻过高山的人，才知路途艰难。

猎马好坏骑骑看，朋友好坏处处看。

不进深山不得宝，不钻书本不聪明。

闯过深山里的人，才知道深山里有宝。

不下河水不知深浅，不上高山不知近远。

只有登上没人走的路，才能打到更多的野物。

不经劳动分得的猎物，不如劳动挣来的牲畜。

直树长在山峰顶上，勇敢的猎人长在森林里。

不下深水捉不到哲罗鱼，不上高山打不到梅花鹿。

飞入云层，才知道翅膀硬；打来猛兽，才相信猎手行。

在飞翔中识别鸟，在奔驰中识别马。

会不会水，到大河急流里游一遭；是不是能人，要亲眼试探就能知道。

枪法好坏不在嘴边，同伙好坏不在脸面。

达斡尔族、鄂温克族也和鄂伦春族同胞一样，常说的一些反映实践经验的谚语也和打猎有关，如"还没抓到野鸡，怎么能谈拔毛""要学会打猎多进山，要学会技术多实践""不进山打不到野兽，不劳动什么也没有"等。

达斡尔族、鄂温克族、鄂伦春族人民除了打猎活动中积累的种种学习技艺经验外，在其大量的谚语中可以看出耕种采集、家庭生活实践活动对他们的影响。谚语对此也有生动的反映，如达斡尔族的类似谚语有：

看了发愁，但还得干。

说得再多，也装不满冲罗①。

金碗木瓢，能喝水的才有用。

饭豆煮长了才熟透，功夫多下了才学透。

不去野外采不到坤密勒②，不经苦练学不会打跑列③。

鄂伦春族人还常说"草绿靠雨水，家旺靠劳动""漂亮的猎袍是一针一线绣出来的""懒人得宝在梦中，好汉得宝在手中"等饱含经验的谚语。

三、吃苦耐劳类

劳动创造了人类，也创造了人类社会。达斡尔族、鄂温克族、鄂伦春族素来以勤勤恳恳、吃苦耐劳闻名。达斡尔族谚语"人动弹勤快，地动弹勤快""不经苦和累，哪得丰收年""勤学苦练才会收获大，谦虚谨慎才会有进步"，都是告诫人们要勤劳才能有收获。这样的谚语还有：

你眼馋的话，手就要勤快。

务农以勤为本，务农以技领先。

放猎鹰是累人，但高兴的也是它。

---

① 冲罗，桦树皮桶，由柳条等编织而成的盛东西工具，做工好的还可以盛水。
② 坤密勒，达斡尔语音译词，是一种类似于艾蒿、可以吃的野菜。
③ 打跑列，即打曲棍球。达斡尔族同胞极为喜爱和擅长的一种体育运动。

饭豆煮长了才熟透，功夫多下了才学透。

鄂温克族同胞对勤劳的赞美溢于言表。如：

不劳动就没有欢乐。

只要耕耘，就有收获。

与其靠金山，不如靠双手。

鄂伦春族同胞则对勤劳致富的感触更深刻，从谚语数量上就可以看出来。如：

如果吝啬箭头，怎能猎获走兽？

狩猎才能得到禽兽，勤劳才能有吃穿。

酣睡也别忘槽上的马，无事也别忘身旁的刀。

石头再大隔不断流水，森林再密挡不住猎骑。

只要心细拿狮子也不难，只要有志抓老虎不费力。

马勤快在腿上，狗勤快在嘴上，鸟勤快在翅上，人勤快在手上。

还有一部分达斡尔族谚语说"一年四季春天第一，一生之计勤快第一""春天深翻土，秋天多打谷""忙的是春天，收到是秋天""暑天锄禾汗淋淋，秋天收获喜盈盈""大秋时节坐一坐，来年春天要挨饿"。这些谚语都是通过展示春耕秋收的生活画面，告诉人们勤劳才能致富。

除了生产活动中要勤劳外,各族同胞都知道在学习上也要克己勤勉。如达斡尔族谚语有:

达斡尔孩子勤奋好学。

求得知识,勤奋努力才有收获。

知识似海怎么去学?全在勤奋,多多耐劳。

谦虚谨慎,经常请教;不要厌烦,多多辛劳。

不要怕自己记性不好,应该怕自己没有毅力。

勤奋好学的人,也是增长知识的人。读书好似爬麻绳,刻苦学习能成才。

深水里的鲤鱼,恒心的渔翁能捕获;聪明人的智慧,勤学的人儿能获得。

除了学习要勤勉,鄂伦春族认为掌握一门手工技艺也需要付出苦功,要有与时间赛跑的精神,这在谚语中也有所表现:

鱼煮熟了好吃,艺学透了管用。

孩子成不成器,就看他下不下苦功。

花艳要靠绿叶衬,人能要靠功夫深。

比武超过一千名,汗水洒下一万珠。

三河马 (郭伟忠 摄)

肉粥煮透味道鲜，猎手练熟功夫硬。
　　能打到千只小鸟，才能打到一只大熊。
　　骑马上坡容易下坡难，学箭射出容易瞄准难。
　　秋草撂荒了春天还会发芽，箭法生疏了必须从头学起。

达斡尔族同胞也用"勤奋的人，才能进步""枪法高是练成的，学问深是学成的""当你睡觉的时候，时光不会睡着""少年时候不争气，老了时候要叹气"等谚语，鼓励晚辈勤学苦练。不仅如此，达斡尔族同胞认为在居家生活中也要勤劳：

　　生活想致富，靠勤俭持家。
　　金碗木瓢，能喝水的才有用。
　　像蜜蜂一样勤劳，家庭生活将会变好。
　　劳动是幸福的源泉，知识是生活的灯塔。

除了正面歌颂勤劳外，达斡尔族、鄂温克族、鄂伦春族谚语中还有对懒惰进行批判的谚语。他们都把懒惰视为首恶，"可以嘴馋，不可懒惰""懒惰懒惰，挨冻受饿""懒一辈子到死不动，死了也只能臭块地""熊懒会长癞，人懒会生疮""总是闲着变懒虫，变懒了必会生病"，都在痛斥懒惰的弊端。这些民族谚语不仅犀利地指出懒惰所能造成的恶果，都对懒惰持批判态度，还从正面指出只有勤劳才能有所收获。

如果男人懒惰则更不可饶恕，因为男人通常是家里的顶梁柱，是全家生活的保障。很多鄂伦春族谚语都这样形容懒汉，厌恶懒惰。如：

　　懒惰懒惰，挨冻挨饿。
　　熊懒会长癞，人蠢会生疮。
　　干活懒惰的人，吃饭倒有劲。
　　懒汉吃饭时健康，干起活来就病倒。
　　马懒惰路途远又远，人懒惰日子难上难。
　　懒一辈子到死不动，死了也只能臭块地。
　　狩猎能将人变成勇士，懒惰能将人变成魔鬼。

达斡尔族谚语里直接表达着对懒汉的憎恨。如：

懒汉因咀嚼而噎死。

懒汉总说明天再干。

懒人的肚子不知道累。

馋人好喝汤，懒人好哼哼。

狗馋挨鞭多，人懒挨骂多。

破轮子响声大，懒汉的唉声多。

病人怕说死人，懒汉怕讲劳动。

苍蝇人人都躲，懒汉人人都厌恶。

草中坏的是蓬草，人中懒的是自私人。

懒人不缺找借口的事，青年不缺难逢的良机。

敖鲁古雅鄂温克人用驯鹿驮货（历史图片）

就像鄂温克族谚语说的"勤劳者汗水多，懒惰的人涎水多""劳动养人，懒惰毁人""勤劳，万物不缺；懒惰，一无所有""安逸喝清水，操劳喝蜜汁"一样，达斡尔族同胞还常常通过对比勤快和懒惰来讽刺懒惰的人，如：

  勤劳致富，懒汉贫穷。

  勤夫爱农具，懒汉讲吃喝。

  勤劳者嫌天短，懒惰者嫌夜短。

  懒惰人寻其枕头，勤劳人找其锄头。

  懒汉，越活越衰老；勤快人，越活越年轻。

此外，达斡尔族谚语里还有"贫家姑娘勤快的多，富家姑娘懒惰的多"和"懒惰之妇，以其孩子为借口"，来讽刺女人懒惰。

总之，应厌恶懒惰，积极提倡勤劳，只有勤劳付出，才能有所收获。自己的幸福是掌握在自己手里的，因而三个民族都鼓励同胞们要自强独立。达斡尔族说"不吃苦哪有甜""能吃苦的人才能成为人上人""去求白那查，不如求自个儿""你眼馋的话，手就要勤快"，鄂温克族说"要想取得，就得付出"，鄂伦春族也说"与其依赖别人，不如自己勤奋"，都表达出要吃苦耐劳和克己勤勉的精神。

第三节　恪守信义类谚语

  中华民族历史上就是一个以诚信为立国和做人之本的民族。汤因"信"而立商，文王、武王也因躬行诚信之德而使西周昌盛，正如《荀子·王霸》所言："汤武者，循其道，行其义，兴天下同利，除天下同害，天下归之。故厚德音以先之，明礼仪以道之，致忠信以爱之。"夏桀、商纣失去诚信而亡国历来是人们思考诚信问题时的教训。诚信，诚实不欺、真实无妄、真心实意、信守诺言。"诚"指真实的内心态度和品质，指"内诚于心"，体现一种自我的道德修养。而"信"则侧重于"外信于人"，体现一种外在的社会关系。"诚"是针对个人的道德要求，"信"则是社会化的道德践行。各民族谚语中都有类似的说法："金钱如粪土，道德值千金""诚实归入珍宝""五类家畜肥壮的好，人的品质忠厚的好""人丢了品德不如狗,狗掉了尾巴不如猴",从中可以看出各民族同胞在检验一个人品行时的主要尺度便是能否恪守"信义"。达斡尔族、鄂温克族、鄂伦春族同胞们都十分善用诚实笃信谚语、遵守信用谚语和注重声誉谚语,反映出大家的诚信观由来已久。

一、诚实笃信类

所谓诚笃,一是诚实厚道、为人诚笃,二是真挚深厚、感情诚笃。《大学》中说:"所谓诚其意者,毋自欺也。如恶恶臭,如好好色,此之谓自谦,故君子慎其独也。"达斡尔族、鄂温克族、鄂伦春族谚语多将诚笃和交友联系起来,多数谚语都善用对比手法,谴责撒谎的人,褒扬诚恳的人。鄂伦春族用"湛蓝的是天空,憨厚的是猎手""花香蜂蝶来,人实朋友来",褒扬那些诚实憨厚的人;鄂温克族以"品格性格是忠诚的好""勉强的和气,不如真诚的争吵""真诚的友谊比钱财可贵",劝诫人们诚笃对于友情的重要;达斡尔族有谚语"骗子的谎言,事实揭穿""与其说假话活着,不如说真话死去",表达了对于骗子和谎言的厌恶。鄂温克族和鄂伦春族谚语里就有很多劝诫人们要诚实的,如:

诚实重于珍宝。(鄂温克族)

心诚实的人,经得起谗言。(鄂温克族)

牛马肥壮的好,人诚实的好。(鄂温克族)

樟松笔直,朋友心实。(鄂伦春族)

火心要空,人心要实。(鄂伦春族)

篝火心要空,猎人心要实。(鄂伦春族)

羽毛好看美在外表,为人诚实美在心内。(鄂伦春族)

对于达斡尔族、鄂温克族、鄂伦春族人民而言,诚实的品质是非常珍贵的。他们对于谎言和骗子也是深恶痛绝的,鄂伦春族谚语中多有表述:

谎话听惯了,贼人上门了。

浓雾遮住眼睛的时候,会把山峰当作窝棚;谎话塞满肚子的时候，会把真金当作黄铜。

鄂温克族善用人体部位来借喻。如：

　　谎言腿不长。

　　眼见比耳闻的更可靠。

　　自己的眼睛不会说谎。

达斡尔族关于诚信与欺骗的谚语数量庞大，经典的例子有：

　　谎言虽然多，却都是假的。

　　羞耻找谎言，荣誉找诚实。

　　谎言像漂在嫩江上的浮木。

　　莫被尖刀吓倒，莫被谎言哄骗。

　　莫以雨水洗脸，莫以谎言骗人。

　　智者寡言却真，谎言虽多却假。

　　撒谎到不了中午，偷盗过不了半夜。

　　与其说假话活着，不如说真话死去。

　　拣来的糟绳不中用，乱传的谣言别当真。

　　谎话连篇的人不仅骗别人，后来以骗自己告终。

　　马鹿的吼声，猎人知道；骗子的谎言，事实揭穿。

这些谚语无一例外都揭示了一个浅显易懂的道理，即骗子的谎言往往站不住脚，总会被事实揭穿。除此之外，这些谚语还传达了两层含义：其一，警示人们要善于甄别真话假话，不要被骗子的谎言所哄骗，因为"爱发誓的人经常无信""爱说谎话的人，喜欢向上发誓""爱讲假话的人，心里总是不安"，如果总是沉浸在谎言里，容易迷失，因此要擦亮自己的眼睛，因为"自己的眼睛不会说谎"；其二，告诫人们不要说谎。用谚语说就是"谎言像漂在嫩江上的浮木"，谎言是没有任何根据的。"撒谎到不了中午，偷盗过不了半夜"，谎言总有被揭穿的一天。

各民族同胞也会把忠厚和诚信联系在一起。忠厚也被认为是一个人应当具备的优秀品质。一个诚实的人应该是忠诚和憨厚的，三个民族的谚语中也多有反映。鄂温克族直言不讳，说"品格性格是忠诚的好"。再有：

红色的狐狸值钱，忠诚的姑娘高尚。

高山离不开它的影子，猎人掩不住他的忠厚。

狡猾和贪婪是恶狼的本性，忠诚和勇敢是英雄的特征。

忠诚与奸诈永远不结伴。

要想团结人，待人要忠恳。

对忠厚老实人，要以诚相待。

如果能做到忠厚，哪还怕生和死。

只要忠诚而行，赶着牛车追上兔子。

人人注意忠厚，没有轻薄浮躁的风气。

你忠于别人，别人也忠于你，这才能成朋友。

大树直的话，有大用处；人要诚的话，有多朋友。

山的美丽在于森林和花朵，人的美丽在于忠诚和信赖。

忠诚这一美好品质，不仅仅是英雄、猎手和好姑娘必备的，也是整个民族同胞们的优良品质。一个忠诚厚道的人必然有很多朋友，也更容易团结别人；一个族群里人人都忠厚，就没有轻薄浮躁的风气，这个族群必然会兴旺。因此，这些民族谚语在日常交际中时刻警醒着人们要做一个忠厚老实的人。

除了性格上的诚实忠厚之外，诚实还表现在情感方面的真实，即能够真正为人着想、以诚待人，表现于具体的说话办事。说真话才能被人信服和喜爱，达斡尔族就会说"没油的灯白白费芯，千两金子难买真言""热壶里斟出来的酒是热的，真心里说出来的话是真的"，鄂温克族会说"切的肉厚的好，说的话真的好"，鄂伦春族则说"刀是钢的快，话是真的好"。

衷心的劝告虽然不悦耳，但却有利于身心，正如鄂伦春族谚语所言：

冬青虽涩能治病，言语虽硬能救人。

苦涩的熊胆利于肝脾，衷心的劝告利于身心。

好药发苦，对病有利；忠厚话不好听，对行动有利。

达斡尔族、鄂温克族、鄂伦春族人厌恶恶意中伤的行为。达斡尔族谚语"身体伤痛能治好，言语中伤治不了"，鄂伦春族谚语"响雷劈树树分叉，杂言伤人人分家"和"刀尖利可伤身，舌尖利可杀人"均为警示之语。

达斡尔族谚语也有很多反映这种观点的谚语，具体如下：

衣长缠腿，舌长绕脖。

麻绳再长，缚不住舌头。

话从嘴里出就是满天飞。

火炉口封不住，人的嘴堵不住。

背后说三道四的人，不知背后谁在说他。

跟着别人瞎嚷嚷的人，像是让人牵着的狗。

爱串门的人，没有好鞋掌；爱传话的人，没有好名声。

那些老说甜言蜜语的人也应该是为人所警觉的，鄂伦春族谚语有"在阿谀奉承的嘴里从来说不出好话"，鄂温克族谚语说"漂亮的话是杀人的软刀子"。达斡尔族谚语就有很多这方面的例子：

说得好听，不一定做得好。

嘴甜者的话，不可以全信。

甜言蜜语是看不见的刀子。

勿信其空话连篇，要看其实际行动。

软地使马栽跟头，甜言使人跌跟头。

地面软了马栽跟头，舌头甜了人栽跟头。

空心的草随着风晃头，甜言蜜语千万别上当。

甜言蜜语还容易让人迷失行动方向，是"杀人的软刀子"。说错话，则可能把事情搞砸，也会让自己遭受磨难。如下面这几句达斡尔族谚语：

遭难往往在于失言。

衣单会冻死，嘴尖要招祸。

猪头嘴巴坏篱笆，人的舌头坏事情。

恶毒的攻击使石头发麻，真诚的话语使冰雹融化。

蜂的尖嘴能拱倒篱笆墙，人的口舌能把事情破坏。

这些都提醒人们要注意自己的言行，说话一定要注意分寸。类似于达斡尔族同胞的"言多必失，少说为好"和"言多语失，食多伤胃"的谚语还有：

骟马可丢，口不可失。

秽语出笑话，弯木出花纹。

话多使人厌，屎多使狗饱。

少动脑筋的人，就会多动嘴巴。

重复话令人厌烦，捣乱者令人生气。

勿学轻浮的举止，勿说过头的言语。

有饼不能怀着吃，有话不能背着说。

总之，这些谚语都明白地揭示了不信奉诚笃、破坏诚信的行为的严重后果。各民族都应凭借这些谚语所说的，警示族人们不诚信的危害，从而教导族人们要做真诚的人，恪守诚信。

二、遵守信用类

恪守信义，还强调遵守信用。就像蒙古族谚语说的"好马飞跑一鞭之劝，好汉说话脱口就算"一样，达斡尔族、鄂温克族和鄂伦春族同胞也是如此表达对于信义的执念，强调了信义的重要性，即能够遵守互相之间或集体之间的约定、协议和诺言。诚实无欺，坚持到底，不轻易背叛、出卖、潜逃，有秩序、有规范、有礼仪，知廉耻荣辱，有所为，有所不为。《蒙古学研究年鉴》（2008卷）提到："信义是综合体现诚实厚道、讲求信誉、公平正直、慷慨仗义等品质的道德范畴，被人类共同奉为美德，尤其被草原民族推崇和恪守。恪守信义，就是草原

鄂温克人饲养驯鹿 （孔群 摄）

民族以诚配天、以义为本、大道诚信思想的概括。草原天高地远，民风淳朴，草原民族历来把崇信重义当作人生最重要的心灵约定，这是一种发自灵魂深处的维护社会联系、和谐的承诺和人格境界，也是对人际关系、人与天地、自然关系最为深层、真挚情感的表达。在这个意义上说，恪守信义体现了对客观事物本质、发展规律的理解和践行。草原民族的生活是以自由、松散、简约为特征的，越是这样，人们越是守望、恪守着人生的自律、自觉，视信义超过人的生命，视诚信贵于财富。草原民族被誉为是最守信义的民族，践行信义也是草原民族同其他民族交往、联系、合作的重要保证，也是草原民族受到其他民族信赖和尊重的根源。"[1] 信义，是草原民族蒙古族同胞最看重的品质，与蒙古族毗邻而居的达斡尔族、鄂温克族、鄂伦春族同胞们同样把信义看得极为重要。

鄂伦春族常说的两句谚语是"好汉不吃脱口的吐沫"和"好马飞跑一鞭之劝，好汉说话脱口就算"，达斡尔族也总说"吐出去的唾沫不能咽回，说出去的话难收回"，说出去的话已经难以收回，所以说话就要算话。可见，恪守诺言是达斡尔族、鄂温克族、鄂伦春族的信条，对于"盟约""誓约""答应的事"尤为重视，力求说到做到。达斡尔族认为

---

[1] 格日乐主编，《蒙古学研究年鉴》（2008卷），内蒙古社会科学院，2006年，第236页。

"答应的事是欠下的债",所以一定要"恪守许下的愿";他们也常说"宁可失掉骏马,不可失掉诺言""好汉宁死也要履行诺言"。鄂温克族则说"宁可失金,不可失信"。鄂伦春族甚至认为"宁断指头,不失诺言"。他们相信,"最值钱的是金子和银子,最珍贵的是真诚和信任""朋友靠真诚维护,信用靠行动维护",反之,失信于人是不可接受和容忍的。达斡尔谚语里就明确表示不诚信、失信之人是为世人所唾弃的。如:

好色的人,失去义气。

轻易誓约者,多是容易失信者。

金钱使人失掉义气,廉洁不会使人送命。

三、注重声誉类

"人类不仅有身体上的需要,还有精神上的需要。温饱、富贵,虽然都是人的需要,但如果所得到的仅仅只是这些,那么人的内心还是会感到不够满足。人在基本需求满足之后往往会有更高的要求,而名誉就是人更高层次的追求。'豹死留皮,人死留名',说的就是名誉的不朽。人既然有喜爱和看重名誉的心理,那么,不但在活的时候会像对待宝物一样地爱惜名誉,也会想着流传到死去以后。这是人和禽兽之所以不同的

鄂伦春族猎人 (呼伦贝尔市政协提供)

地方。名誉的可贵，就算把人人生前所享有的福利拿来比较，都不可能超过它，所以古往今来忠孝节义之人，常常有一死成名的，可见它的价值高到怎样的程度！"①鄂温克族说"人死留名，雁过留声，豹死留皮"，鄂伦春族说"虎死留张皮，人殁留世名"，这两条谚语分别用不同的事物做比喻，表达了他们对于声誉的看法。声誉是社会对特定的公民的品行、思想、道德、作用、才干等方面的社会评价，它集中体现了人格尊严。

达斡尔族强调"鹿死留骨，人死留名"，因此，达斡尔族注重名誉的谚语特别多，如：

人的面子如黄金。

名誉要宽过嫩江水。

人的名誉是第二条生命。

功劳和名誉俩，总在一起的孪兄弟。

骏马是勇士的翅膀，信誉是人们的腿儿。

声誉牵连着生命。

叫人羞死，不如打死。

鄂温克族注重声誉的谚语有：

好女人珍惜贞洁，好汉子珍惜名声。

为了大家的利益拼搏的人，除了人们的赞誉还得名声。

有名声的人，就会珍惜名声；有毛病的人，就会隐瞒毛病。

不珍惜名声的人，大家不会喜欢他。

不知道自己身上的缺点，会在大家面前威信扫地。

要想珍惜自己的名声，就应继续努力工作。

只有不断地奋斗，才能够扬名天下。

达斡尔族谚语中表达出，好的名声可以"闻名了全村，轰动了中国"，而坏的名声则会伴随人的一生。类似的谚语还有：

---

① 蔡元培编著，《中国人的修养》，中国工人出版社，2008年，第148页。

坏事长有木头腿。

恶疮易治，臭名难除。

再长的绳索，也系不住虚名。

好事如石不动，坏事如风自传。

天时好坏在一时，人的过错记一生。

天气的好坏是一时的，名声的好坏是长久的。

好名声要是传千里远，坏名声就得传万里远。

恶劣的天气，随时会风消云散；坏人的罪证，一世也不能磨灭。

声誉不仅是个人的事情，往往还与集体相联系。达斡尔族就常说"重集体荣誉受尊重，坏集体声誉受谴责"。正是因为声誉如此重要，所以谚语里有很多提醒人们要珍视声誉的。达斡尔族说"飞禽爱惜自己的羽毛，名人珍惜自己的声誉"，鄂伦春族说"射中靶心的人，对自身的声誉好；瞄准目标的人，对自己的前途好"，鄂温克族则说"与其富而耻辱，不如贫而享誉"，提醒人们不要毁坏别人的名声，远离那些不知羞耻的人。

鄂温克族这方面的谚语还有：

不知道羞耻的人，跟他谈什么道理。

宁可残废自己的手足，不可损毁朋友的名声。

总而言之，与虚伪、欺诈、背信弃义、见利忘义等概念相对应，"信义"体现出诚信、信誉、侠义和仗义等美德，是立身之本。在历史悠久的文明进程中，信义观在草原民族的精神文化领域被大力张扬、被民众矢志不渝地恪守和践行。

第四节 团结友爱类谚语

达斡尔族、鄂温克族、鄂伦春族同胞世代居于高纬度的深山密林、人迹罕至的峡谷之中，自然环境险恶，渔猎活动艰苦辛劳。受气候分布、地理环境等自然因素以及生产方式等社会因素影响，合作共享精神成为部落民族得以生存的可靠保障。在恶劣的生存环境下，民族同胞需要互相支持、互相配合、虚心诚恳，积极主动协同他人工作，形成了团结合作、资源共享的精神风尚。三个民族中广泛流传的关于团结互助和友爱真诚两类谚语就是最好的佐证。

一、团结互助类

团结，是由多种情感聚集在一起而产生的精神。"众人拾柴火焰高"，团结就是联合、配合、协作、统一、合作、互助。达斡尔族、鄂温克族、鄂伦春族在长期劳动生活中，对团结互助的合作精神有着深刻认识。反映在谚语中，则颇具民族特色，如鄂伦春族谚语"离群的鹿儿欢乐少，孤独的猎户处处难""好鄂伦春一人打猎少，众人围猎收获多"，说明团结互助才是猎户的生存之道，猎户在打猎过程中应团结互助、相互扶持；达斡尔族、鄂温克族、鄂伦春族人民从制作绳子、修建住所斜仁柱等日常事务中汲取经验，说明应该相互团结、共同努力的深刻哲理，因此有鄂伦春族谚语"一根马尾打不成绳，一根杆子搭不成斜仁柱"；达斡尔族谚语"团结协作是放排人的命根子，舵手是放排人的主心骨"，体现人们在放排时团结互协作的重要作用；达斡尔族还有谚语"只要大家一条心，可让黄土变成金"，则反映出达斡尔族、鄂温克族、鄂伦春族人民所公认的文化价值观念，告诉人们在生活和工作中应互相帮衬、相互扶持、团结友爱、互帮互助。

达斡尔族、鄂温克族、鄂伦春族的生产活动主要以渔猎、放排为主。其中，狩猎活动占据他们的生活重心，猎人在打猎之时，互帮互助、团结协作成为他们文化价值观的支柱精神。在早期"集体围猎"的狩猎方式中，由于当时社会生产力低下，人们征服自然的能力严重不足，若想仅凭一己之力在恶劣的自然环境中获取到食物以求生存，可能性微乎其微。因此，只有团结协作，依靠集体力量才能猎取到食物。故而人类早期的狩猎活动总是集体进行的、有组织的生产活动。"共同狩猎，共同消费"成为达斡尔族、鄂温克族、鄂伦春族谚语文化精神的源头。乌力楞的猎民不仅共同狩猎，而且直到近现代，他们还保留着平均分配的习惯："不仅是打了大的野兽，就是谁家打了一只野鸡，都要有几户分成几份。按乌力楞的户数，把鹿或狍肉切成若干块，分给各户。去打灰鼠、貂、猞猁、鹿的人，把猎品在市场上卖掉，换回来的日用品也是一个劳动力一份，孤儿、寡妇、老人各得半份。谁不愿意帮助缺劳力的人，会被认为是没有道德的人。"① 在危险的狩猎活动中，达斡尔族、鄂温克族、鄂伦春族的英雄们变为生死之交，他们结交诤友，勇敢善良，团结互助。如谚语：

歌子齐唱声势大，猎户齐心力量大。（鄂伦春族）

一个猎人打不来活鹿，四十个猎人能围住鹿群。（鄂伦春族）

有些谚语则强调合理分配获取猎物，对有难之家施行帮助：

猎物多时分给大伙儿，猎物少时大伙儿帮助。（达斡尔族）

猎物打多了，理应分给大伙儿；一家有难，理应十家帮助。（鄂温克族）

捕鱼放排活动亦是重要的生产生活方式之一，由于复杂困难，同胞们之间渐渐养成了互帮互助的合作精神。体现在谚语中就是：

水涨船高，人抬人高。（达斡尔族）

能辨认水性的人，才能当放排人的好舵手。（达斡尔族）

团结协作是放排人的命根子，舵手是放排人的主心骨。（达斡尔族）

由这些谚语可以看出，在日常的生活工作中，团结互助精神扮演着不可替代的角色，它促成渔猎民族大度宽容、友善互助等良好品德的形成，以及广收博纳的开放意识的觉醒。

作为一种普世的价值取向，团结协作、互帮互助成为民族同胞们实

---

① 宝力格主编，《草原文化研究资料选编》（第 7 辑），内蒙古教育出版社，2012 年，第 47—48 页。

践活动的道德标准，一些谚语便明确强调了团结的重要作用。像达斡尔族谚语"没有合力拉套的牛，地耕的不快；没有团结的领导班子，工作进展不快"。此外还有：

  人民重团结，国家才安定。
  齐心的人们，团结得又牢又固。
  各族人民团结紧，永远和党一条心。
  一把筷子折不断，民族团结攻不破。
  多股麻绳拉力强，团结一心力量大。
  跑远路的人喂好马，干大业的人团结人。
  内部要是不团结，就给敌人可乘的机会。
  猎狗害怕成群的兔子，敌人害怕团结的人民。

有些反映团结互助精神的谚语，虽未直接道出"团结"二字，但明确指出个体的智力能力有限，大家合作才能实现共赢。如：

  只要大家一条心，可让黄土变成金。（达斡尔族）
  一个人的智慧有限，两个人的智慧无限。（达斡尔族）
  一家遭难大伙儿忧愁，一个孤儿受大家照顾。（达斡尔族）
  一个人不敢涉过小河，三个人能渡过宽阔的江河。（达斡尔族）
  一脉山上的溪水，汇在一起便成河；往一个方向奔的人，并成一伙力最强。（鄂伦春族）
  一棵树再粗大也成不了林子，一个人再厉害也成不了家族。（鄂温克族）
  有了阳光的照射，根在土里的树才能茁壮成长；有了大家的关照，家境贫困的人才能过上好日子。（鄂温克族）

达斡尔族有些谚语表达了个体能力有限，人们只有齐心协力，才能对抗困难，如：

  独木不着火，一人不出活儿。
  独木燃不起火，单人成不了人。

孤独的黄鸭好哀鸣，独身的人好哼吟。

潮湿共寒，寒冷同当。

柴火多，火焰高；心要齐，山也倒。

篝火能把严寒驱散，齐心能把困难赶跑。

达斡尔族也有些谚语利用常见事物或自然现象，如柴、树、星等与人类形成前后对比，正面指出集体力量强大、智慧广博的重要性，如：

柴多篝火旺，人多力量大。

星多天空亮，人多智慧高。

柴多火焰高，人多力量大。

树大，枝叶繁茂；人多，力量强大。

皮画，近现代，鄂温克博物馆藏（孔群 摄）

此外，三个民族的同胞们还凭借其丰富联想和生活经验，通过参照木棍、筋绳等常见事物的状态与喜鹊、蚂蚁、老虎、牛、狼等动物的行为以及江河等自然现象，创造谚语，揭示团结互助精神的内涵。鄂温克族说"牛群的团结，能战胜群狼"，鄂伦春族和达斡尔族则说：

失群的孤雁难活，离山的老虎无威。（达斡尔族）

一根柴火不成火，一堆木头火势大。（达斡尔族）

一支木棍容易折，合股的筋绳拉不断。（鄂温克族）

合群喜鹊能抓鹿，齐心的蚂蚁能吃虎。（鄂温克族）

汹涌的江水成大河，合股的丝绳才有力量。（达斡尔族）

团结互助是达斡尔族、鄂温克族、鄂伦春族大力提倡的宝贵品质之一，而践行团结互助精神也绝非空口之说，也需要个人拥有气量、忠恳等优良品质，达斡尔族谚语"度量大，才能团结人"和"要想团结人，待人要忠恳"，讲的就是这个道理。

二、友爱真诚类

鄂伦春族有谚语："花香蜂蝶来，人实朋友来。"友情的奇特之处在于其超越血缘、地缘，超越骨肉血亲之爱，超越国别地域之爱，对所有人皆可平等奉献。达斡尔族、鄂温克族、鄂伦春族人民勤劳勇敢、朴实善良，乐于交友，长期延续着友爱真诚的优良品质，具有丰富的交友经验，一些与反映与人相处之道的谚语由此而生。

在交友过程中达斡尔族、鄂温克族、鄂伦春族注重朋友的性格品格，这是少数民族人民结交友人的重要评判标准。鄂温克族有谚语："如果不了解他，就看看他的朋友。"达斡尔族、鄂温克族、鄂伦春族人认为，一个人的品格可通过其同行的朋友得以反映，他们以狼、羊、狗、毛等动物比拟人类，创造出了含义深刻的与交友相关的谚语：

和狼同行的不会是绵羊。（鄂温克族）

跟狼同行，就得跟狼同嗥。（鄂温克族）

狗的朋友都是啃骨头的，猫的朋友都是捉耗子的。（鄂温克族）

朋友是不可缺少的亲密伙伴，交友的好处自不必多言。达斡尔族说"在家靠邻居，出门靠伙伴"，鄂温克族说"没有朋友，人间不亲"，鄂伦春族则形象表达为"骑快马的，觉不出路远；朋友多的，觉不出困难"。

三个民族的同胞们都认为，挚友间应该讲究意气相投，如：

脾气坏的人，不结良友。（达斡尔族）

猎刀用于打猎，刺话可伤感情。（达斡尔族）

脾气相投话多，猎人合手物多。（鄂伦春族）

鹿无头越跑越分散，人无主越过越孤单。（鄂伦春族）

水藻好的河鱼儿多，脾气好的人儿朋友多。（达斡尔族）

而在交友过程中，不仅要注意联络感情，还要注意方式方法。鄂温

克族表达得更多一些,如:

朋友不能在酒桌上交。

亲属不走动不亲,朋友不来往不近。

高挂的日头照人暖,同龄的朋友最亲近。

与其闻名,不如见面;与其见面,不如攀谈。

此外,一些谚语中还告诫世人,朋友与敌人相互对立,应该有分辨朋友与敌人能力。鄂伦春族同胞是这样做的,"对难友别吝惜腰包,对歹人别露出银角""朋友来了捧出酒肉,敌人来了举起刀枪",这与蒙古族同胞谚语"朋友来了有好酒,敌人来了有猎枪"是一个道理。达斡尔族同胞也有数量不少的类似谚语,如:

朋友来了举杯,敌人来了举棒。

十字路口遇见的人,不可深交。

野兽舔你的脸,并不是和你友好。

虚伪的朋友,比公开的敌人更坏。

不怕前面的利刃,就怕后面的拳头。

要听朋友的劝说,不听敌人的赞颂。

大河不能用斗量,看人不能看长相。

背叛共同初衷的男子,原来不是知心的朋友。

丛生草木容易绊倒人,自私汉子容易委曲伙伴。

平安的时候对你亲,你受难的时候背弃你,这样的人不是好朋友。

体现真挚坦诚的品质是达斡尔族、鄂温克族、鄂伦春族团结互助谚语的一大特点。在与朋友的交往过程中,真诚是中华民族普遍倡导的可贵品质,真挚坦诚能使朋友间心灵共鸣、精神相通、思想交融。真诚待人之人,能给友人以安全感、愉悦感和信赖感。赫哲族的一些谚语便十分精练地道出该民族对真诚的追求。他们常说"骄傲的人找不到朋友,诚实的人到处有知音""山和山走不到一起,江和江能流到一块"和

"说谎的人找不到知心朋友，漏口袋装不满东西"。达斡尔族、鄂温克族、鄂伦春族同胞们同样认为，在结交朋友中，真诚待人是衡量一个人是否可结为至交的重要品质，如达斡尔族说"待人接物，要靠真诚的心""交朋友别交贼心人，交朋友要交诚实

柳芭创作鹿皮画，近代，莫力达瓦旗博物馆藏 （孔群 摄）

人"，鄂温克族说"水草美鸟儿多，人心诚朋友多"，鄂伦春族也说"放马要选丰茂的青草地，交友要找情真的老实人"，都道出了要真诚对待友情。而且，友情弥足珍贵，真诚的友情比金钱更为难得。达斡尔族同胞有非常多的谚语反映了友情的可贵，如：

真诚的友谊比钱财可贵。

诚挚的友谊拿钱财换不来。

信用好的朋友要比金银重要。

志同道合世上少有，知己朋友更是难寻。

千两金子容易得到，知心的人不易碰见。

人有缘分千里相逢，人无缘分对面不相识。

朋友从远方来要敬重，传说从远方来不可信。

骑快马，觉不出路远；有朋友，危难时相助。

鄂伦春族谚语有"实心儿的木头煮不烂，患难的朋友打不散"，鄂温克族同胞也像鄂伦春族同胞一样，认为真正的友情经得住时间、困难与金钱的考验，如：

朋友好坏变着看。

朋友老的好，房子新的好。

在奋战中识骏马，在患难中识真友。

马匹好坏骑着看，朋友好坏交着瞧。

在平静的生活中，很难交上真朋友。

对钱财看得越重，对友情就越淡漠。

桦树皮画，近现代，内蒙古博物院藏（孔群 摄）

达斡尔族历来觉得"物以新为好，友以旧为好"，如：

金钱上的友谊，经不起考验。

知道天下事多的人，就有知心的人。

饭菜旧了不可口，朋友旧了见诚心。

路途远才知马的耐力，接触多才知人的心肠。

平坦的路，看不出马的本领；十天半月，难知朋友的好坏。

交友之道在于交心，一个好友应该具备良好的脾气秉性，不口出狂言，不自私自利，不见财忘友。鄂温克族常说的两句谚语"交友要交心"和"欠熟的肉对胃肠不利，欠虑的言语对朋友不利"，这是在提醒同胞们最重要的是要时刻保持温良谦让的态度。

鄂伦春族谚语也有这样的谚语，如：

处朋友要忠厚，爱朋友胜过生命。

贪吃的狗讨人嫌，小气的人交情断。

心上的花浇水才鲜艳，看上的人交心才情深。

达斡尔族同样的谚语有：

态度好，亲朋集。

人生难得性情融洽。

温良谦让是礼貌之本。

亲朋血肉相亲也相连。

富不忘掉朋友，贵不甩掉原配。

你给人一个方便，他给你十个方便。

冰上溢出的水无鱼，自私的人无友。

大家都能相敬如宾，人际关系变得亲切。

亲朋往来是人之常情，相互依赖不要相违背。

综上，达斡尔族、鄂温克族、鄂伦春族在交友时提倡肝胆相照、患难与共。谚语中凝结了他们对于识友交友的价值倾向，即以诚相待、信守诺言。团结友爱是现代社会中必不可少的宝贵精神财富，三个民族的同胞们都有进取意识，他们机智勇敢，善于团结合作，认为和睦相处、不可离间对于本族和社会的发展具有重大作用。为了集中力量实现共同理想或完成共同任务而联合，必须在各类社会活动中形成一股合力，这种力量推动达斡尔族、鄂温克族、鄂伦春族不断向前发展。

第五节 自由个性类谚语

追求个性和自由是人类的天性。人在注重集体讲求团结的基础上应该有"重个人""尊个性"的一面。现代社会的人往往呈现出支离破碎的面貌，人失去了归属感，成了异化的人。达斡尔族、鄂温克族、鄂伦春族谚语中有许多体现自己的自由、个性及意志的谚语，来强调向往个性自由的表达。

一、崇尚自由类

内蒙古地区草原辽阔无边,天空蔚蓝高远,大地碧绿壮阔,空气清新甘甜,山林广袤深秘,达斡尔族、鄂温克族、鄂伦春族世居在这样的自然环境里,形成了热爱自由的天性。

鄂伦春族常说"绳子绑不住舌头,笼子囚不住人心",达斡尔族则常说"飞翔天空的禽鸟天地宽,转绕油灯的飞蛾可怜",反映出他们崇尚自由、厌恶约束的性格。在出行和渔猎活动中,他们尽情释放自身热爱自由的本性。一些谚语即展现出远行者眼界开阔、行走自由的特点。达斡尔族说"走一步,说一步,哪里天黑哪里住",鄂温克族说"高飞的鸟见得多,远走的人懂得多""雄鹰飞不过去的山,莫日根敢登攀;野鹿能穿越的路,莫日根也能走",鄂伦春族说"对于怕苦的人,杨树又滑又高;对于敢闯的人,高山又矮又小"。鄂伦春族人们热爱自由的天性还体现在渔猎活动之中,如:

两座山峰会不到一起,两个猎人总会见面。

山里的猎人任去任来,家里的客人自由自在。

要食飞龙去大兴安岭,要食鲤鱼去达尔滨湖。

鸟尽管在空中欢唱,歌声总会传到林中;人尽管去远处狩猎,枪声总会传到家中。

"能者胸中能跑马",达斡尔族的这句谚语从另一方面印证了对于自由的理解:一个人若有足够能力,便可以无拘无束地一展宏图。

达斡尔刺绣坎肩和刺绣香囊,近现代,内蒙古博物院藏 (孔群 摄)

二、展现个性类

坚持自我是一种生活态度，个性是个人具有的心理特征，在心理学中指的是在一定的社会历史条件下的具体个人所具有的意识倾向性，以及经常出现的、比较稳定的心理特征的总和。[①] 个性还带有一定的创造性，包含有性格、气质、能力等各种方面。达斡尔族、鄂温克族、鄂伦春族自古以来过着自给自足、与天地斗争的生活，他们根据自身的切身体验，形成了良好的个性心理品质，骨子里存有一种固执的美，正如达斡尔族谚语所说"人对自己的命运自己掌握"。与之相关的谚语还有：

自己愿意咋的就咋的。

小鸟也有自己的叫法。

与其依赖别人，不如自己勤奋。

多靠自己摸索，才能找出自己的本色。

仅靠模仿别人，只能充当别人的影子。

踩着人家的脚印走路，虽容易，收获小；沿着自己的目标走路，虽艰难，收获大。

第六节 坚韧不拔类谚语

自立自强、刚健有为是中华民族的主流精神和民族性格之一，使中华民族得以生生不息，傲然屹立。自强不息的奋斗精神要求人们能够积极投身实践、奋发进取。纵观中华多民族谚语，汉族谚语有"人穷志不短，有志不在年高""无志山压头，有志能搬山""鸟无羽翼不能飞，人无志气难作为""不怕年老，就怕心老""永不停息的溪水流向大海，寸步不移的雪仍在原地""刀子不磨要生锈，人不学习要落后"等鼓励人们要有志气、自强不息的谚语。达斡尔族同胞常言道"老天没有绝人的道理""养活人的天，不能叫人死""路的尽头有人家，苦到尽头会好

[①] 吴振标，《个性与个性美》，浙江人民出版社，1986年，第2页。

转"等谚语。鄂温克族则经常勉励同胞们要奋斗，还要有足够的志气，所以谚语有"母亲的宝贝是儿子，好汉的宝贝是志气""笔杆子没有猎枪重，没有志气就拿不动"的说法。鄂伦春族同胞也常说"积雪再厚，山林终究会变碧绿；生活再苦，猎民终究会有转机""熬过严冬的猎人深知春天的温暖"。这些谚语都是鼓励人们要有志气去面对改造自然的各种困难。

达斡尔族、鄂温克族、鄂伦春族彰显自强不息的奋斗精神的谚语主要有以下三类。

一、信念意志类

"意志是为了实现某种预定目的，有意识地支配、调节自己的行为，克服各种困难的心理过程"[①]。在困境面前，坚强的意志和乐观的心态缺一不可。作为一种处世哲学，乐观是不论顺境、在残酷的事实都能从内心保持着积极向上的精神。坚强处世，乐观是必不可少的心理素质，对于达斡尔族、鄂温克族、鄂伦春族这样与大自然亲密接触生产生活的民族来说，艰难和困境无法避免，但是可以克服，乐观便成为一种优良品质。达斡尔族谚语中有如下表达：

失去生活的信心，等于断绝了生命。

年轻时候别骄傲，衰老时候别伤心。

谁都喜欢富裕，但穷的时候不要悲观。

赞美你，不要狂妄；批评你，不要灰心。

石头里面藏着玉石。遇难而死时，会有救命人。

看穷富，谁都喜欢富裕；但穷的时候，不要悲观。

鄂温克族也有类似的谚语，如：

越是艰难越炼好儿男，越是困苦越出英雄汉。

魔鬼不像所画的可怕，困难不像所想的艰难。

鄂伦春族的诸多谚语都教导人们要拥有坚定的信念，不畏艰难，才

---

① 刘本旺主编，《参政议政用语集》，群言出版社，2014年，第381页。

能获得成功。如：

> 男人不怕山高，女人不怕活细。
>
> 冰雹砸不死草根，灾难摧不垮人心。
>
> 狂风大雪能封山，却挡不住骑手登攀。
>
> 坚硬的石头烧不化，坚强的意志摧不垮。
>
> 洪水再大淹不没山峰，困难再大难不倒英雄。
>
> 直树长在山峰顶上，勇敢的猎人长在森林里。
>
> 困难面前别折腰，顺利面前别骄傲。
>
> 马陷前蹄可拔，人迷双眼可擦。
>
> 马蹄踏进塔头地，自会拔起前行；人身跌在半山腰，自该跃起攀登。
>
> 没有脊背的蛇，长得再粗也挺不起身架；没有耐性的人，教得再细也瞄不准箭靶。

二、毅力恒心类

坚持是人们为达到预定的目标自觉克服困难不断付出努力，毅力是一个人完成学习、工作、事业的持久力。当二者与人的期望、目标结合后，便会产生巨大作用。达斡尔语、鄂温克语、鄂伦春语中有许多表现崇尚毅力恒心的谚语。

鄂伦春族表现恒心毅力的谚语特别多，比如：

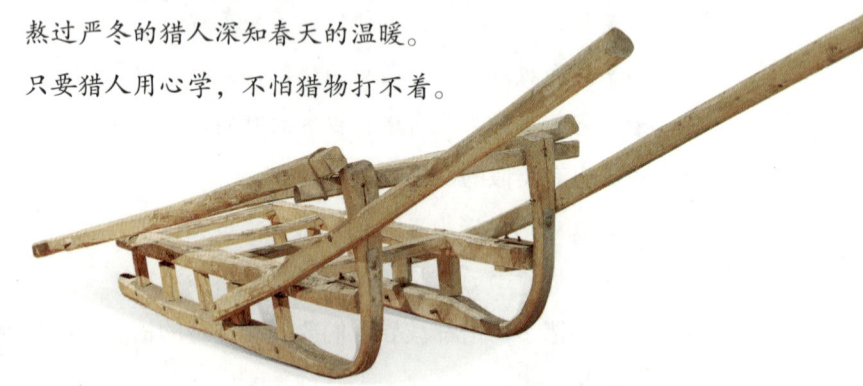

> 熬过严冬的猎人深知春天的温暖。
>
> 只要猎人用心学，不怕猎物打不着。

雪橇，近现代，呼伦贝尔民族博物院藏 （孔群 摄）

实蕊树越长越壮，有志者越练越棒。

林中的乌哩乌雷打不飞，山里的狩猎人苦吓不退。

黑夜蹲不起狍子的猎人，就打不着犴达罕。

风暴再狂，鹿群也不愿分散；阴云再厚，猎户也不愿离山。

积雪再厚，山林终究会变碧绿；生活再苦，猎民终究会有转机。

燕子窝是一口口垒起来的，狩猎经验是一点点攒起来的。

犴皮越熟越软乎，手茧越磨越硬实。

别因失手一次而砍掉手，别因失误一次而撞破头。

在长期的生产实践活动中，鄂伦春族人民认识到若想获得成功，需要顽强的毅力和不断坚持。谚语"只要猎人用心学，不怕猎物打不着"，表达的就是猎人要下定决心，苦练技术，就一定能掌握丰富的狩猎经验，获取猎物。达斡尔族也有类似的谚语：

有毅力的人，能使肥膘的马。

人有铁杆磨成针的精神，才能干成事业。

只要功夫到，奶茶自然熟。

纽扣错了，再扣一次不会错。

三、志气决心类

志气是力求上进的决心和勇气，是要求做成某件事的气概。志气是有理想、有信心的表现，是不甘落后，力求达到一定目的的决心和勇气。有志气的人，往往奋斗目标明确，意志坚定，不畏困难。

在表现志气和决心的谚语中，达斡尔族有一些直接表达个人应该有志气、决心、意志的，通常表述都直白易懂。如：

决心和信心是伴侣。

宁可骨折，意志不馁。

有志气的人能办大事。

人有了志气，就有了奔头。

要想干事业，没有志气不行。

人穷志不穷，有志气才能取胜。

事业心强的人，是有志气的人。

只要意志强，目的就可以达到。

见难退却的人，是没有志气的人。

没有志气的人，就是没有出息的人。

人要有不达目的不停步的决心，才能干成大事。

人有志气，乘风破浪不怕；人无志气，静水浅滩也怕。

要有铁棒磨成针的毅力，要有不达目的不罢休的决心。

鄂温克族谚语有：

母亲的宝贝是儿子，好汉的宝贝是志气。

笔杆子没有猎枪重，没有志气就拿不动。

母亲的宝贝是儿子，好汉的宝贝看重的是骨气。

鄂伦春族谚语有：

好马登程到千里，好汉立志达目的。

有志者自有千方百计，无志者竟有千难万难。

只要心细拿狮子也不难，只要有志抓老虎不费力。

无能的猎手，总怪猎枪不好；无志向的人，总是怨天尤人。

除此之外，达斡尔族、鄂温克族、鄂伦春族的许多谚语用山水、草木、动物、物件进行对比，侧面突出志气的重要。采用自然事物进行对比的谚语如：

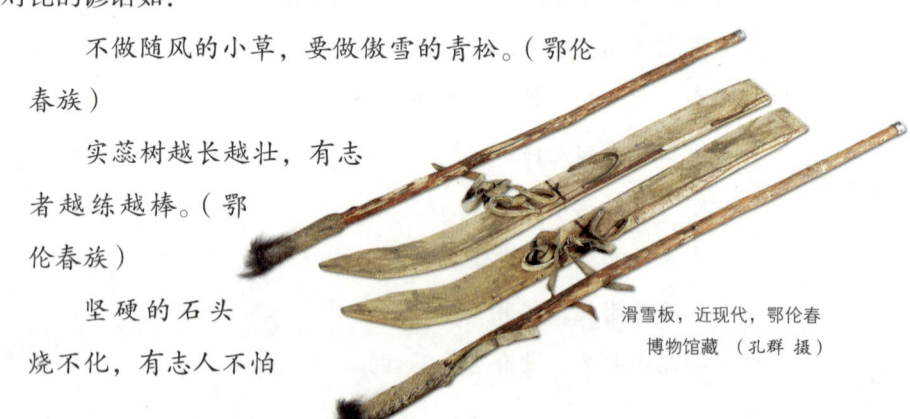

不做随风的小草，要做傲雪的青松。（鄂伦春族）

实蕊树越长越壮，有志者越练越棒。（鄂伦春族）

坚硬的石头烧不化，有志人不怕

滑雪板，近现代，鄂伦春博物馆藏 （孔群 摄）

路险。(鄂伦春族)

登上高山看得远,立了大志目标远。(达斡尔族)

无论兴安岭有多高,它还是在世人脚下。(达斡尔族)

山高不如男人的志气高,水深怎比女人的心情妙。(鄂伦春族)

这几条谚语是用傲雪的青松和巍峨的高山来类比人的意志之坚和志气之高。"不做随风的小草,要做傲雪的青松"和"实蕊树越长越壮,有志者越练越棒",是利用树木结实的特性比喻心智坚定。"坚硬的石头烧不化,有志人不怕路险",则是用石头来比喻坚强之人的性格。

借用马、老虎、鹰等动物以表达志气决心的谚语也不在少数,尤以达斡尔族谚语为代表:

好马在于缰,好汉在于志。

人穷的话志短,马瘦的话毛长。

虎凭威力,人凭志气。

虎老牙不掉,人老志更高。

雄鹰翱翔靠翅膀,虎凭威力人凭志。

猎鹰的力气在于爪,人的力量在于志。

还有采取铁锹、车轮等物件类比人类的志向的谚语,如:

没有铁锹挖孔难,没有志气进取难。

对车辆轮子重要,对奋斗志气重要。

从上述谚语可以看出,三个民族都是靠着自强不息的奋斗精神,奋发进取,战胜艰难险阻,完成了民族生产生活的多项奇迹。

第七节 朴直公正类谚语

传统的森林狩猎民族在狩猎、捕鱼、采集和畜养驯鹿的传统生产方式中与大自然亲密接触,在悠久的历史中与山林有着密切联系。大自然赋予他们雄浑刚劲、坚强伟岸性格的同时,又令他们浪漫多情、唯美张扬。他们率真坦诚、朴实执着，而又热情勇敢、正直善良。

鄂伦春族谚语云"骑马要端正，办事要公平"，意为在狩猎骑马的时候，姿势一定要端正，端正的姿态象征着正直的人格，在实际生活中做事情一定要讲求公平，只有不偏不倚才能使得事情得到完美的解决。公正无私、刚直坦率是达斡尔族、鄂温克族、鄂伦春族人民最鲜明的性格特征之一，在他们认识自然、征服自然并支配自然的进程中，正直善良成为达斡尔族、鄂温克族、鄂伦春族历史悠久、源远流长的法宝。朴直公正的谚语又可以分为正直、公平两类。

一、刚正不阿类

刚正不阿即公正刚直，坚持正道，不畏强势，敢作敢为。诚实与正直，是东西方文明重要的、共同的价值指引，是所有人间美德的基石。几千年来，人类不管冲突与斗争如何激烈，始终没有影响对诚实与正直品格的尊重与坚持。

达斡尔族流传着一句谚语"黄金不生锈，正直的男子不弯曲"，正直彰显着一个人的内心，是其高度的自重、追求名誉感与人格魅力的体现。

人一生要追求金钱、权力和美色等许多东西，可这些东西在百年之后都易腐朽，唯有正直可以流芳百世。在面对诱惑时，正直的人会听从内心原则的呼唤。在获取钱财时，正直的人有自己的价值判断与价值选择。达斡尔族、鄂温克族、鄂伦春族有许多反映钱财与正直关系的谚语。如：

> 不义之财，出则不义。（达斡尔族）
> 不敛无义之财，不举无义之旗。（达斡尔族）
> 爱挣不义之财的人，好时候不会长。（达斡尔族）
> 为财而生，不如为众而死。（达斡尔族）
> 金钱并非贵，正义才为重。（达斡尔族）
> 黄金不生锈，正直的男子不弯曲。（达斡尔族）
> 不正当的收入，不如正当的损失。（鄂温克族）

说话要说实话，花钱要花自己挣的钱。（鄂温克族）

不怕身无分文，但要品行端正。（鄂温克族）

在与人交往之中，有些人面对金钱的诱惑，也会迷失，达斡尔族谚语对此也有反映：

银子是白的，眼睛是红的，忠实人也会被金钱左右的。

老实厚道的人，也有被金钱引诱的时候。

银子是白的，眼睛是红的，忠实的人也难过金钱关。

诚实守信、廉洁自律是为官者应该对自身所进行的道德约束，正直、善良、有责任心应是为官者最突出的性格品质之一。领导官员应同情百姓，无论在哪儿做官，都能以"克己奉公"要求自己，以为民解忧为己任。达斡尔族人民厌恶为官不仁的行为，他们认为贪官总会有恶报，如谚语：

假如做官不清廉，身陷污坑如自毙。

职权就像脚绊，不正派就会倒下。

与其跪着求官做，不如站着当农民。

要想悠闲自在，就不要任公职。

正直的对立面就是虚伪、奸诈、阴险、卑鄙、龌龊。达斡尔族、鄂温克族、鄂伦春族人民相信诚实正直之人才可能讲信用、讲信誉、信守承诺，忠实于自己承担的义务与责任，诚实与正直之人才可能会从内心去尊重、了解、体谅、帮助、宽待别人。达斡尔族、鄂伦春族谚语强调为官要正直公正，为民谋福祉：

大家尊重公德，没有偏向庇护的利弊。

掌握实权的人，应当忠诚奉公。

骑马要端正，办事要公平。

二、公平无私类

公平即公正，不偏不倚。"公"为公正、合理，能够获得大家广泛的支持；"平"即平等、平均，是指所有的分配参与者的各项分配物平均。中华民族自古以来便讲求公正,《礼记·礼运》有云:"大道之行也,天下为公,选贤与能,讲信修睦。"《管子·形势解》亦有:"天公平而无私,故美恶莫不覆;地公平而无私,故小大莫不载;无弃之言,公平而无私,故贤不肖莫不用。"包括达斡尔族、鄂温克族、鄂伦春族在内的各少数民族同汉族人民一道,共同创造了公平正直的优秀文化传统。内蒙古达斡尔族、鄂温克族、鄂伦春族在谚语中也多次体现出生产活动中再次分配的公平,例如鄂温克族谚语"猎人们一齐打猎回来,猎物要平分",狩猎中团结协作、狩猎后公平分配都是他们强调的内容。

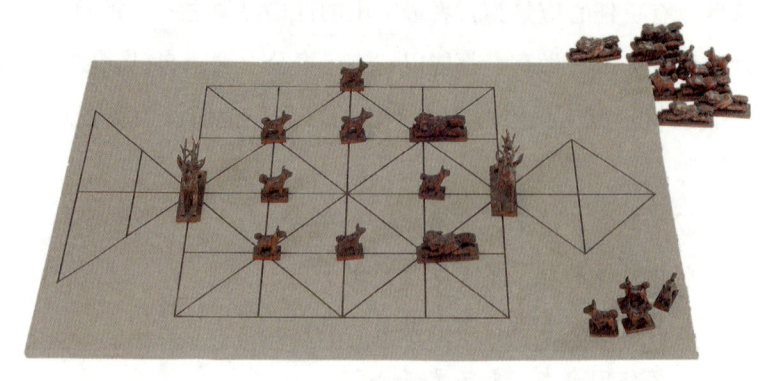

木雕围鹿棋,近现代,内蒙古博物院藏 (孔群 摄)

"骑马要端正,办事要公平"(鄂伦春族),公平是达斡尔族、鄂温克族、鄂伦春族办事的基本准则,是早期各氏族赖以生存、发展的基础。人们深知"潮湿共受,寒冷同挡"(鄂温克族),在分配猎获物的时候自然也会想到"有肉大家吃,有皮匀着穿"(鄂伦春族),并把它作为分配原则保存下来。每当他们狩猎完成后,便会进行公平的猎物分配。达斡尔族、鄂温克族、鄂伦春族讲求公平的谚语有:

  物虽少要分均。(达斡尔族)

  猎人们一齐打猎回来,猎物要平分。(鄂温克族)

  骑马要端正,办事要公平。(鄂伦春族)

达斡尔族、鄂温克族、鄂伦春族提倡办事公平,但公平总是相对的。他们承认有贫富差距，因而不断激励自己尽力去做一切事情，没有陷入自怨自艾的无底洞，而是勇敢无畏，不断以实际行动挑战未来。这也是达斡尔族、鄂温克族、鄂伦春族人民积极进取精神的体现。对于公平原则的遵循使得达斡尔族、鄂温克族、鄂伦春族人们的生活水平保持在一个较稳定的状态，同时也将公平允正的观念体现在日常心理情感中，如鄂伦春族谚语"好猎狗知道护主人，明白人不能护近亲""果树枝歪照样结果子，人心不正却难做好事"。

面对富人与穷苦大众的贫富差距，少数民族人民表达了他们对于某些唯利是图的财主的鄙夷。达斡尔族反映贫富差距的谚语比较多，如：

穷人春秋忙种地，稷谷流进巴彦仓。

给富人一匹马都不说好，给穷人一把米都挺高兴。

越富越自私。

海一样富的人，也有缺簸箕的时候。

富贵时别瞧不起穷人，贫穷时意志别衰退。

达斡尔族、鄂温克族、鄂伦春族的部分谚语集中展现了朴直公正的价值选择。在现代社会，公平义理与正直善良正是人们孜孜不倦追求的精神财富。鄂温克族谚语云"不怕身无分文，但要品行端正"，正是这种价值观的写照。

第八节　惩恶扬善类谚语

中华民族同胞的是非观历来都是善恶分明，甚至处处提倡惩恶扬善。这与根植于中国文化史上的侠义精神密不可分。自古游侠、门客、义士个个武艺高强，为人之所不敢为，把惩恶扬善作为行为准则。这样的行为准则通常表现在他们可以在惩恶扬善的过程中，舍生取义、知恩图报、一诺千金、疾恶如仇、顾全大局，为民族分忧解难。这些行为准则不仅在生活中给人们以踏实，更重要的是，惩恶扬善的价值观取向不仅仅是个人的，更是民族的和国家的，具有不可替代的凝聚作用，让中华民族同胞紧紧团结在一起。综观达斡尔族、鄂温克族、鄂伦春族同胞们从古到今流传下来的谚语可知，惩恶扬善的是非观具体反映在善良与邪恶的选择、知恩图报的行动两方面。

一、善恶分明类

善良的意思是心地纯洁，纯真温厚，没有恶意，和善，心地好。达斡尔族、鄂温克族有许多谚语告诫人们要追求良善，要广施善行，要规范约束自己的行为。如鄂温克族谚语说"宽容盗贼，就等于坑害好人""劝人的人是神，出坏的人是鬼""人怕蜜语甜言，鸟怕背后暗箭"和"别人跟前莫夸自己，背后莫议论他人"，鄂伦春族谚语则说"要防备路旁隐藏的蛇，要防备对美味垂涎的人"，达斡尔族人认为"不欺侮老实巴交的，不溜须当官有势的"。阐述恶行带来的后果，劝诫人们要心存善念，人或事物都有因果轮回报应，借以警醒世人的谚语有：

好心得好结果，坏心得坏结果。

好心人，以诚待人；坏心人，以疑看人。

清亮的水一眼能看透，混浊的心永远是糊涂。

乌鸦耳朵鸿雁眼睛，相对相称；好人心肠坏人肝胆，千差万别。

不要羡慕富人，更不能耻笑穷人。

鸟美在它的毛色，人美在他的内心。

不要叫借火者耻笑，不要对打水人鄙视。

见到口渴的给端来水，见到挨饿的给端米饭。

见到遇害的人要同情，见到害人的人要憎恨。

别耻笑他人的罪过，还得其身比下露水还快。

好人心存善良，坏人身挨木棒。

水与火绝不相容，好与坏定要分清。

人做好事是一生的荣誉，人干坏事背一辈子骂名。

将人与动物进行对比来表达或凸显恶行可耻的谚语，鄂温克族谚语里多一些，如：

  与其养坏人，不如养好狗。

  与坏人在一起，不如与善良的马共事。

  跟不善良的人在一起，不如跟善良的马共事。

  从马驹看出将来好与坏，从婴儿看出将来善与恶。

  狩猎能手靠眼睛，善良好人靠真情。

  品行不好的人，如同癞皮狗，人前摇动尾巴；没有品行的人，如同一条恶狗，人后乱吼乱叫。

善有善因，恶有恶果，这类谚语如：

  恶有恶报，善有善报。（达斡尔族）

  善恶之报，近在咫尺。（达斡尔族）

  行善者长寿，作恶者短命。（达斡尔族）

  心坏不得好死，心善必有好报。（达斡尔族）

  存善心，后果好；存恶意，没好报。（达斡尔族）

  从来都是做坏事有恶报，坏人从来没有好下场。（达斡尔族）

  明知有毒放嘴里，自食其果怨自己。（鄂温克族）

  明知毒蛇揣怀里，受其毒害怪自己。（鄂温克族）

这些善有善报、恶有恶报的告诫谚语，警示着一代又一代的人们，成为人们思想上的座右铭。

二、知恩报恩类

人们常说"鸦有反哺之义，羊知跪乳之恩"，知恩报恩是中国的传统美德，是个人的优秀品质，也是达斡尔族、鄂温克族、鄂伦春族同胞们所秉承的优良品德。

鄂温克族有关于报恩的谚语有：

  知恩报恩。

  人不知报恩，天报应。

  人不知恩，不如野兽。

狗达罕也知报答，耗子也知好歹。

吃稠李子时，别忘了树林；晒阳光的时候，别忘了太阳。

由这几句谚语可知，鄂温克族人的思想中浓缩了知恩图报的世界观。而且，鄂温克族同胞强调的是不仅知恩，还要报恩。这些民族也是中华传统美德知恩图报的践行者和维护者。

第九节　谦逊好学类谚语

达斡尔族、鄂温克族、鄂伦春族是文化素养深厚、注重素质教育的民族。狩猎生产和游猎生活方式使得他们在劳动实践中掌握劳动技能，在实践活动中形成了遇事谦虚恭谨、勤奋好学的优良品质。达斡尔族、鄂温克族、鄂伦春族素有重视教育、注重培养本民族知识分子和教育人才的优良传统。达斡尔族得益于该民族的一些上层有识之士和许多热心民族教育的知识分子的感召和不懈努力，形成了达斡尔族社会重视教育和人才培养的风气的氛围。

三个民族一直生活在多元文化的环境和氛围中，在不断的学习过程中，汲取其他民族优秀文化的养分，与本民族文化相融合，最终形成了独特的民族文化。如达斡尔族人民，他们"积极向外民族学习，汲取兄弟民族的优秀文化因子，整合各种文化的积极成分，从而形成了具有复合型特点的达斡尔族文化"[1]。而且他们主要通过口耳相传的形式，传授一些生产技能、生活经验及本民族传统意识。"狩猎生产和游猎生活方式本身不要求它的后备劳动力必须进学校学习"[2]。这使得讲求勤学、勤奋、孜孜不倦的内容主要通过朴实的生活语言——谚语反映了出来。经分析，谦逊好学的谚语具体包括谦逊、学习、真理、智慧四类主题。

---

[1] 丁石庆，《莫旗族语言使用现状与发展趋势》，商务印书馆，2009年，第1页。
[2] 王玉主编，《鄂伦春民族现代化研究》，民族出版社，1993年，第107页。

一、谦逊类

"满招损,谦受益"。谦逊就是谦虚,是一种不浮夸、低调的为人态度,在做事态度方面讲求不自满。达斡尔族、鄂温克族、鄂伦春族人民认为人一旦开始骄傲自大、自满自足,也就到了停止前进的时候了。"要修正自己的行为,保持谦逊的态度"(达斡尔族),谚语告诉人们无论何时都要保持谦虚谨慎的态度,不断完善自身,追求进步。

面对浩瀚的知识海洋,达斡尔族、鄂温克族、鄂伦春族人民讲求学习的态度要谦虚、谦逊。谦虚不仅是在学习上应该具有的端正心态,更是一个人应该具备的优秀品格。它使人聪慧、美丽,保持谦和的态度有助于发现自身的缺点并及时改正,也可以通过学习他人身上的优点来修正自身的行为,更是自身教养的一种体现。在这方面,鄂温克族谚语堪称经典:

谦虚使人变美。

温良谦让是礼貌之本。

深水不易识流速,聪明的人会谦虚。

宽广的河流平静,有教养的人谦虚。

骄傲使天使沦为魔鬼,谦逊使凡人变为天使。

骄傲的人总看别人的短处,虚心的人总学别人的长处。

达斡尔族、鄂温克族、鄂伦春族人民认为保持谦逊的态度,尊重礼节,才能提高自身的修养。懂礼知礼,谦虚有礼是少数民族人民提倡的优秀品质。他们提倡做事不鲁莽、不一意孤行,在日常工作、生活和学习中能够清醒地认识自己的优缺点,并且虚心接受他人意见。

二、励学类

达斡尔族、鄂温克族、鄂伦春族同胞都重视学习和教育。他们认为有一分耕耘就会带来一分收获,有了辛勤的劳动才会有成果,不劳而获的事情是不存在的。在有限的时光中,学习是贯穿人一生的伟大事业,只有勤奋学习,不断学习,最终才会成才。热爱学习是鄂伦春族、鄂温克族和达斡尔族人民最提倡的优秀品质之一。

一个人要想学习好，就要愿意学习、主动学习、勤奋学习，所以达斡尔族谚语强调：

肯学的人，才是求知的人。

活到老，就要学到老。

有严厉的老师，不用功也成不了好学生。

达斡尔孩子勤奋好学。

求得知识，勤奋努力才有收获。

谦虚谨慎，经常请教；不要厌烦，多多辛劳。

勤奋好学的人，也是增长知识的人。

读书好似爬麻绳，刻苦学习能成才。

深水里的鲤鱼，恒心的渔翁能捕获；聪明人的智慧，勤学的人儿能获得。

学习过程中要注意学习方法，要按照正确的步骤，符合客观情况及自身状态，才能实现高效学习，切不可"东施效颦"。达斡尔族常说"爬树人，要从底下开始；学习人，要从基础学起"，表明学习是一个积累的过程，要从基础学起，只有脚踏实地，才能真正学到知识，有所收获。

教育对于鄂温克族具有举足轻重的地位。鄂温克族认为"猎枪不擦生锈，人不学习落后""知识像骏马，骑上走千里""笔杆子没有猎枪重，没有志气就拿不动"，这些谚语强调的是在学习的过程中需要有持之以恒的毅力，坚持不懈的精神。

反映鄂温克族教育学习理念的谚语有：

不会教育娃娃，趁早不要生育。

马不驯服不好骑，人不教育要变坏。

弓不强，箭不好射；孩子不教，不成人才。

"十年树木，百年树人"。只有经过良好的教育，才能培养出品行高洁、积极向上的栋梁之材。达斡尔族、鄂温克族、鄂伦春族重视学校教育，重视教师的作用，因而有体现教师对教育的重要作用的谚语。如达斡尔族说"严厉的老师，出色的学生"，鄂伦春族也常说"驯马要有好儿男，教子要有好老师""有什么样的教师，就有什么样的学生"。

生产生活方式与教育之间也有着不可分割的联系，因此也有许多教育谚语是将教育与他们的生产生活联系在一起的。如达斡尔族谚语有下面几句：

没有教养的孩子，赛过牛的脖子。

说教不懂事的孩子，比劈柴还难。

柴火可以任意砍，教育人不可以任意打。

劈柴火可以任意劈，教育人可不能任意打。

在家庭教育方面，达斡尔族还非常注重父母的言传身教，如：

良母教善行，恶父教欺骗。

生子未必像父亲，生女未必像母亲。

要想知道他的儿子，必须先看他的父亲。

达斡尔族的教育文化中不能溺爱孩子，所以流传着"在你溺爱中长大的孩子，将使你胃肠裂""父亲娇惯的儿子呆板，母亲娇惯的姑娘放荡"的说法。

物质生活贫困常常让人失去了生活的信心，但是坚强不屈的民族性格却又让人鼓起了勇气。达斡尔族有"穷苦人家能教出好孩子""穷苦人家里可以出地位高的孩子"的谚语，这说明只要不惧怕贫穷，只要教育方法得当，寒门也能出人才。

第十节 真理智慧类谚语

追求真理与智慧是达斡尔族、鄂温克族、鄂伦春族的一种文化价值观。在长期依赖自然寻求生存的民族历史中，三个少数民族积累起对客观事物及其自然规律的探求与尊重，在朴素真理和丰富智慧的不断总结过程中，世代相承，持续发展。对真理与智慧的崇尚与维护，呈现在谚语中，口耳相传。

一、真理类

真理是人们在实践中总结出的智慧结晶，达斡尔族认为"真理就是要明辨是非"，最简单、最普通的真理也就是最深刻的真理，蕴含着事物的真谛，包蕴着深切的道理。谚语是一种简短的、众所周知的说法，它表达了一种普遍的真理或信念。这些谚语告诫人们要坚持真理，为真理而奋斗。

鄂温克族常说的关于真理的谚语有：

万物皆逝，真理永存。

言语不会腐烂，真理不会灭亡。

谁能维护真理，谁就是真英雄。

坏蛋见不得真理，蝙蝠见不得太阳。

手掌遮不住阳光，谎言掩不住真理。

达斡尔族同胞常说的有关真理的谚语有：

理亏者声高。

无理而辩，必失理。

正直的人不怕真理。

只要有理，总会得理。

没有理的人，叫喊得最响。

粗暴不讲理是一切争端的根源。

真金不怕火炼，真理不怕辩论。

为了真理不怕死，才是真正的英雄。

鄂伦春族强调知识的全面性，讽刺某些没有内涵却急于炫耀的人。如：

山岔雪层越厚，会使春水更流畅；心中泪水越满，会使眼睛更明亮。

人都有缺点，也会犯错误，这都属于正常现象，也是生活常理，对错误、失败、不完美的宽容，也是智慧的表现。

太阳也有斑点。（鄂温克族）

不犯错误的人，是什么事也不做的人。（鄂温克族）

四条腿的动物也跌跤，博学多才的人也有错。（鄂温克族）

清水是镜子，后悔是教训。（鄂伦春族）

猎狗有受伤的时候，猎人有失败的时候。（鄂伦春族）

马有失前蹄的时候，人有做错事的时候。（鄂伦春族）

与犯错相比，更重要的是知错就改，因此谚语也说：

前人掉进坑里，后人就会小心。（鄂温克族）

否认一次过失，等于重犯一次过失。（鄂温克族）

永不犯错误的人是奇人，永不改错误的人是蠢人。（鄂伦春族）

二、智慧类

智慧是指对事物能迅速、灵活、正确地理解和处理的能力。有智慧的人能够透过事物的外在形式看清事物的本质和意义。谚语和生产、生活的关系密切，勤劳智慧的达斡尔族、鄂温克族、鄂伦春族同胞在谚语中记录了自己的生产经验和社会经验，特别是克服困难的应变能力。

在狩猎活动中，既要讲究勇敢，又要讲求技巧和经验。达斡尔族、鄂温克族、鄂伦春族与狩猎生活智慧有关的谚语，如：

硬碰使不得，要以巧取胜。（达斡尔族）

牧马 （郭伟忠 摄）

办事要靠智慧，狩猎要靠勇敢。（鄂伦春族）

飞鸟靠的是一双翅膀，野兽靠的是四腿；人靠的是智慧，鱼靠的是尾巴。（鄂温克族）

打鱼的人，知道哪儿鱼儿多；游牧的人，知道哪儿收草好。（鄂温克族）

去放马群需要骏马，去拾牛粪需要牛车。（鄂温克族）

狩猎生活要讲求智慧，日常生活也要积极运用智慧。谚语有这样的说法：

有智慧的人肚子里能跑马。（达斡尔族）

有智慧的人说话慢，水深的话流得慢。（达斡尔族）

有智慧的人言语少，却真实。（达斡尔族）

比智慧，下鹿棋；比勇谋，赛跑列。（达斡尔族）

苗壮花开果实累累，是人的智慧汇集而成。（达斡尔族）

奶子好在于黄油，肉好在于胸脯肉。（鄂温克族）

蜜蜂身上虽有毒，蜂蜜吃起来就甜；话虽然难听入耳，但对进步有好处。（鄂温克族）

因蜜蜂身上有毒而杀它，就会吃不上甜美的蜂蜜；因说的话难听而捂耳朵，就会失去了解人的机会。（鄂温克族）

鄂温克族同胞认为"遇到一次不幸，得到一次智慧"，鄂伦春族也说"桦皮船离不开撑竿，办事人离不开智慧""影子靠阳光，办法靠智慧"，强调日常交际中智慧运用的重要性。

达斡尔族、鄂温克族、鄂伦春族谚语中还有许多讲求辩证关系、因果关系的谚语，这些称得上是一种大境界、大智慧。

鄂温克族谚语"跳得再高，也高不过自己的头顶""汤勺舀不干大海""剑再利永不伤把，人再智终难修身"，告诉人们山外有山，人外有人，劝诫人们时时自省，切忌自满；"东西少了就为贵"，则是告诉人们物以稀为贵；"做到并不难，难的是想到"，强调了灵感的巨大作用；"有什么样的匠人，就有什么样的活""谁种狂风，谁收暴雨"，说明了有因必有果的真理；"成事唯有多远虑，败事都因思考少"，表明了在日常工作生活中思虑周全的影响；"不知深浅莫涉水""看大树要看根，站得高要防摔"，提醒人们看问题要全面；"咬一个指头，十个指头疼""脚绊跤，头遭殃"，说明了整体与部分的联系；"东西丢失以后，方知其可贵"，表达了日常生活中失去才会珍惜的真理；"沸水冻了也会结冰，伤心的人想多了也会记仇""帮人贵在及时"等谚语，提醒人们关爱他人；"人前夸赞为好，背后不骂为妙"，则劝诫不背后议论他人；"舌头虽小，却能左右大人物"，则是提醒人们语言的威力。

达斡尔族有谚语"预防是无价之宝"，提醒大家防微杜渐；"把过去的事应该看成教训"，告诫人们要吃一堑长一智；"不出声的猫能捉鸽子"，说明一动不如一静。

鄂伦春族谚语"熬不起长夜的得不到鲜茸，吃不起苦头的成不了硬汉"，提醒人们要经得起艰难困苦；"困难面前别折腰，顺利面前别骄傲"，告诉人们好与坏的利弊关系；"溪流虽细照样绕山流，后生虽小可当逮兔手"，说明了弱小也有大用的道理。

这些简洁、贴切的谚语在传承过程中不断被固化、被强化，也渐渐凝结成了同胞们共同信奉的认知真理。

第十一节　爱国爱党类谚语

鄂温克族谚语说"骏马爱草，牧民爱祖国"，可以看出一个民族赖以生存的情感基础就是热爱自己的祖国。爱国爱党是中华各民族共同发展的精神动力。谚语中爱国如家、以身许国的表述体现了人民与祖国不可分割的依存关系，以质朴、古拙的言语表达对家国天下的真挚之情。在达斡尔族、鄂温克族、鄂伦春族的爱国情感中，除了鲜明的爱国思想，也表现出他们爱党、爱社会的诚挚情怀。

达斡尔族谚语"太阳给人以温暖，祖国给人民以幸福"，表达了达斡尔族人民对于祖国的热爱之情；"葵花向着太阳，达斡尔人向着共产党""骏马热爱莫力达瓦山，达斡尔人民热爱共产党"，以葵花与太阳的朝向关系、骏马与莫力达瓦山的归属关系，浅显易懂地表达了人民对于共产党的热忱；"金色朝阳照大地，受苦达斡尔人站起来"，则是达斡尔族、鄂温克族、鄂伦春族人民对于故土的无限热爱之情，虽历经苦难，但最终拨云见日，又迎来崭新的生活。这些爱国谚语充分展示了他们的爱国主义传统和民族品格。

一、爱国类

"天下兴亡，匹夫有责"，每一个个体都是祖国不可或缺的组成部分，每个人都需有承担家国重任的责任感。爱国情感是一个民族生生不息的精神支柱，"捐躯赴国难，视死忽如归"是每一个中华儿女的写照。达斡尔族、鄂温克族、鄂伦春族人民，时刻保持着"位卑不敢忘忧国"的民族责任感：

人民爱国家，国家才安定。（达斡尔族）

保卫国家，人人有责。（达斡尔族）

只有国家富强，人民才能幸福。（达斡尔族）

尽力为国家，才是智者应当做的。（达斡尔族）

为国家全力以赴，乃明智人的行为。（达斡尔族）

人生在世不知哪天去，赶上好时，为国多贡献。（达斡尔族）

三个民族的同胞们还认识到团结与国家发展之间的密切联系，民族团结可使祖国振兴，从达斡尔族日常使用的谚语就可以看出：

国家富有，人民才能富。

国家要强大，必须得民心。

人民重团结，国家才安定。

一把筷子折不断，民族团结攻不破。

热爱自己的国家是中华民族继往开来的精神支柱，谚语中提倡的爱国精神是实现人生价值的力量源泉,"人民爱国家,国家才安定"是达斡尔族、鄂温克族、鄂伦春族的爱国精神的真实写照。

二、爱党类

党的正确领导让旧社会备受欺凌的三个民族得以解脱,彻底解放,当家做了主人。因此,人们心里很感激,字里行间都表达了对共产党的感激。谚语往往是一特定历史时期人们社会生活的写照,反映了人们的日常生活。当共产党领导中国人民推翻封建统治后,当中华人民共和国成立,人民生活发生翻天覆地的新变化时,谚语也往往产生与之相关的新变化。

达斡尔族谚语说得好,"旧社会达斡尔人民受压迫,新社会达斡尔人民做主人""共产党把垂亡的民族拯救,共产党让千古的寒山得温暖"等谚语,说明了这些同胞对于党的无限热爱之情,少数民族人民在党的领导下,保卫自己的故土,重建温暖的家庭。达斡尔族有大量描绘人民爱党的谚语。如:

嫩江水向东流,共产党恩情比海深。

各族人民团结紧,永远和党一条心。

烟叶子得甘露开放,达斡尔族有党得解放。

美丽的嫩水换新颜,达斡尔人跟党心不变。

共产党给穷人幸福泉,照得猎手心里暖又亮。

松树有好土培育四季青,达斡尔有党永远向光明。

达斡尔民族是朵花,党的恩情似甘露;浇的花儿齐怒放,高举红旗向前进。

井上辘轳溜溜转,清清泉水打不完;达斡尔人有了党领导,幸福生活像井泉。

中国共产党领导中国人民经过艰苦卓绝的斗争,建立了中华人民共和国,开辟了中国历史的新纪元。毛泽东领导中国人民彻底改变了自己和国家的面貌,带领达斡尔族人民走向新生活。"成立自治旗当家做主,感谢领袖毛主席",展示了成立莫力达瓦达斡尔族自治旗时达斡尔人的喜悦之情。"有了领袖毛主席,达斡尔人民得解放""没有毛主席,穷人难翻身",都说明了毛主席带领达斡尔人民获得解放,迎来新生活。"冬季北风吹,冷身不冷心;金碗斟上高粱酒,感谢救星毛主席""莫力达瓦山峰高,没有共产党恩情高;纳文江的江水深,比不上毛主席恩情深",则说出了达斡尔人民对于毛主席的感恩之情。而"春季草发育,达斡尔人忙耕种;毛主席好比春天雨,万物得重生""夏季好时光,千里禾苗壮;毛主席好比暖太阳,五谷生金光"和"秋季丰收忙,粮食堆满仓;毛主席好像灯塔,集体道路明"三句谚语,则是生动说明四季农牧业生产生活中,毛主席给予劳动人民的精神鼓舞。

第十二节　家庭友情类谚语

在大小兴安岭和黑龙江流域这样特定的自然环境中,达斡尔族、鄂温克族、鄂伦春族的人民创造了独具特色的民族文化,尤其是受到"狩猎文化"的影响,使得人与人之间保持着和谐相处、团结友爱的邻里关系。他们居住在广阔的森林中,人际关系相对简单纯洁,因此三个民族的同胞淳朴善良、热情好客。这种淳朴真挚的情感也留存在口头表达中,谚语将达斡尔族、鄂温克族、鄂伦春族人与人之间的深情厚谊记录下来。这些真挚情感包含了敬老、亲情、友情、爱情等方面的内容。

一、友爱类

汉族谚语说"朋友来了有好酒,豺狼来了有猎枪",告诫人们要区别对待朋友。好的朋友,大家彼此真诚对待;不好的朋友,要鉴别、远离。从大量谚语中可以看出,达斡尔族、鄂温克族、鄂伦春族同胞在对待朋友时,是非常真诚和热情的。大量谚语以告诫的方式提醒同胞要注意热情招待客人,真心对待朋友。"客人来到时,讲究出门相迎,向客人问候并热情地让进屋里。对外来客人,无论是年轻人还是长者,都要倒茶敬烟。在牧区，要向客人敬奶茶，用奶食品、酒招待"[1]。他们不仅对客人热情招待，希望来客不要见外，而且到别人家做客时，也要考虑自己的身份，要主动问候主人家长辈老人、尊重主人的习惯。因此，热情待人、热情好客的谚语在三个民族谚语中比比皆是。

有桥河壮观，有客家兴旺。（达斡尔族）

勿动宾客的皮口袋，勿问宾客的启程时间。（达斡尔族）

远方的客人来到家，献上奶茶表心意。（鄂温克族）

外来的人不会背着自己的房子，自己出门也用不着背自己的家。（鄂温克族）

山美引飞禽，歌美招贵客。（鄂伦春族）

山里的猎人任去任来，家里的客人自由自在。（鄂伦春族）

有树的地方就能筑窝，有人的地方就有来客。（鄂伦春族）

达斡尔族民居（孔群 摄）

鄂伦春族的待客谚语告诫人们要好好待客，不好好待客会有不好的结果。把这些待客之道汇集在一起，我们看到了达斡尔族、鄂温克族、

---

[1]《中国少数民族风俗志》编委会，《中国少数民族风俗志》，商务印书馆，2005年，第1563页。

鄂伦春族真诚友善的文化价值观。

　　敬老慈幼是中华民族的传统美德。满族同胞有谚语"不懂礼仪的人不怪，不敬老人的人遭大罪"，经过比较表达了尊敬老人的优良美德。苗族同胞则认为"逢老要敬老，逢小要爱小，处处讲礼貌，才成好世道"，他们认为弘扬敬老美德是必要的，否则要遭罪，也强调长辈要关爱呵护晚辈，意味深长地教育人们遵循敬老慈幼的文化传统。

　　达斡尔族、鄂温克族、鄂伦春族同胞同样讲求尊敬长辈、孝顺父母，他们认为"恭谨乃道德之本"，敬老爱老是他们最基本的道德理念。他们要求晚辈在长辈面前要行为得体，毕恭毕敬，出远门前和回来后都要向长辈请安。"晚辈人见到长辈要请安礼，平辈人见面也要互致请安礼问候。磕头礼在祈神祭祖、婚丧、节庆等庄重场合施行"①。鄂伦春族有谚语"看到平辈人低头过去，看见长辈人屈膝致礼"，讲的就是"鄂伦春人普遍敬老，对客人热情，对长辈要请安，平辈久不见面也互相请安"②。他们认为，只有尊敬老人，自己的儿女才会尊敬自己，自己做好了，子孙才会效仿。大量谚语体现出这一因果联系，如：

　　　　长辈害羞，小辈哭泣。（达斡尔族）

　　　　阿聂佳节祭天地，磕头向长辈。（达斡尔族）

　　　　孝敬长辈，夫妻的职责；慈爱晚辈，夫妻的义务。（达斡尔族）

　　　　尊敬老人不仅尽了孝心，重要的是为孩子做出样子。（达斡尔族）

　　　　供奉神仙，是放排人的信条；尊敬年长，是放排人的美德。（达斡尔族）

　　　　顶着风儿吐痰，小心弄脏你的脸蛋；顶着长辈说话，小心吓

嵌骨木烟袋和皮烟口袋，近现代，内蒙古博物院藏　（孔群 摄）

---

① 《中国少数民族》修订编辑委员会，《中国少数民族》，民族出版社，2009年，第127页。
② 孙进己，《东北各民族文化交流史》，春风文艺出版社，1992年，第358页。

跑福运。(鄂温克族)

慈幼作为一种历代相传的优良品质,在鄂伦春族、鄂温克族和达斡尔族人民心中占有重要位置。慈爱幼子是达斡尔族、鄂温克族、鄂伦春族人民对子女晚辈爱之体现,是一种自然而然的爱。达斡尔族的这类谚语特别多,如:

儿女在我身边。

老虎虽猛,不食其仔。

父母的恩德,还给儿孙。

儿心在山顶上,母心在儿身上。

再不好的母亲,对子女也亲昵。

母心在儿子身上,儿子的心在山上。

儿子走千里路,母亲担忧;母亲走千里路,儿子不发愁。

鄂温克族也说"奶牛的心总在牛犊身上",鄂伦春族有"别让孩子玩火,别让瞎子打枪",也体现了对幼小晚辈的关怀。

二、家庭亲情类

中华多民族同胞都热爱自己的家人。"孝敬父母的思想品德,更是我国各族人民的传统美德。这是千百年来维系我国的家庭——这一社会生活组织形式的重要伦理道德准则"[①]。亲情,特指亲属之间的感情。游猎民族在狩猎活动中,往往注重亲情的培养,达斡尔族、鄂温克族、鄂伦春族大量谚语体现子女对父母的感恩之心、父母长辈对子女后代的惦念与眷顾,以及对兄嫂、儿媳等女性的赞美。

孝顺父母是中华民族的传统美德,达斡尔族、鄂温克族、鄂伦春族同胞都讲求尽心奉养父母,顺从父母的意志。他们认为,只有孝顺父母,自己的孩子才会孝顺自己,无论走到哪里,父母都是儿女的牵挂,如:

---

① 佟锦华,《藏族文学研究》,中国藏学出版社,2002年,第24页。

你赡养父母，你的孩子才赡养你。（达斡尔族）

对父母孝敬，子女将来也会孝敬你。（达斡尔族）

你虐待父母，最后被虐待的还是你。（达斡尔族）

慈善之母的暖心牵挂在儿身上，不孝之子的寒心远游在江海边。（达斡尔族）

大雁飞走不忘讲述山林，孝子远行不忘讲述母亲。（鄂伦春族）

他们还都喜欢通过反语来警醒世人，采用夸张的手法表现孝敬父母的重要意义。如达斡尔族谚语说：

虐待父母，等于惩罚自己。

养个不孝之儿，不如养条好狗。

一父能养十子，十子养不了一父。

父母的养育之恩要感激，达斡尔族认为"天下父母的恩情，比天高大比地深"，所以推崇用至诚的心去感激父母的生养之恩，如：

父母恩情深如海，寸草哪能报春晖。

亲生的父母只有一对，出生的祖国只有一个。

蛋壳虽单薄也是雏儿的甲，母亲虽无能也是孩子的盾。

达斡尔族、鄂温克族、鄂伦春族谚语反映了他们慈爱幼子的文化心理和文化传统。作为重要的道德标准，在家庭生活中，儿女是父母的希望和牵挂，惦念、眷注子女是一种责任心，如：

有儿子的人嘴是湿的。（达斡尔族）

良驹是骏马的期待，儿女是父母的希望。（鄂伦春族）

根固的阿拉塔甘草，北方的沃土是它的母亲；如掌上明珠的女儿，是父母抚育的宝贝。（鄂温克族）

达斡尔族、鄂温克族、鄂伦春族同胞非常关注儿女的言行举止，并时刻注意自己作为家长的表率作用，他们注重在实际生活中为孩子树立榜样和带头作用，并潜移默化地影响孩子的行为，如达斡尔族谚语常说

"看其儿子，不如看他爹""土坯随模型，儿女随父母"。

他们还尊重每个孩子的差异性，如达斡尔族谚语"一母生的孩子，有聪也有愚；一树结的果实，有甜也有苦"，也有表现三个民族同胞对女儿的重视的"破冰没有冰镩不行，家里没有女儿不行"。

在达斡尔族、鄂温克族、鄂伦春族的家中，儿媳和嫂子是家中的重要角色，女性承担了家庭中的大部分家务劳动，并在维持家庭关系和睦、家族关系融洽等日常生活中的各个方面起到不可替代的关键作用。儿媳是家庭生活的规划者和执行者，在平常的家庭生活中为众人提供衣食住行，她们辛勤劳动、无私付出。达斡尔族有谚语"天亮啼鸣的是公鸡，闻声做饭的是媳妇"的说法，鄂温克族谚语有"娶三个儿媳的能富起来，嫁三个闺女的却会贫困""出嫁的姑娘，过日子要勤劳节俭"的说法。

嫂子也是家庭生活的重要支撑，鄂温克族谚语还体现了长嫂如母的观念，如：

老嫂子胜似母亲。

雾蒸发了变成雨，姑娘老了变成亲家。

雾气厚了成云彩，姑娘老了成亲家。

达斡尔族、鄂温克族、鄂伦春族人民认为，家教、家风就是一个家庭或家族的传统风尚。家教家风的好坏对孩子有着耳濡目染、潜移默化的影响，因此，他们主张要约束孩子必须有严格的家规，达斡尔族谚语在这方面体现得比较充分：

家规要严，首先家教严。

对子女严教，子女才能懂事。

家教不严，孩儿不孝；

家教要严，孩儿才孝。

形成良好的家风，除了需要家规这样的强制的规定，还需要长辈充分发挥他们的表率作用，引导晚辈形成好的

雕花儿童车，近现代，达斡尔博物馆藏　（孔群　摄）

习惯，因此达斡尔族谚语说：

  要想家风好，长辈做表率。
  老人教导的话是灵丹妙药。
  父在观其行，父殁观其志。
  家里人不说下贱话，家风就能好。

  达斡尔族、鄂温克族、鄂伦春族谚语中强调兄弟要做到不离不弃、相互信赖、相互尊重，兄弟之间也要相互包容、相互理解、相互关心。长兄如父，兄长要肩负教育、培育弟妹的责任，达斡尔族谚语常说"长兄是父亲的依靠，长嫂是母亲的依靠"或"长兄尽父之义务，长嫂尽母之义务"。

  和睦共处是达斡尔族、鄂温克族、鄂伦春族生生不息、源远流长的重要家族根基。只有根基扎得牢，族人们才会在自己民族的大家庭中积厚流光，绽放出民族的光彩。下面的达斡尔族谚语说的就是这种情况：

  树高靠根，房高靠基。
  树枝多鸟多，亲属多人多。
  氏族是氏族，树木是树木。
  族与族共存，树与树同长。
  树大有枯枝，族大有乞儿。

  在这三个民族传统的伦理思想中，不仅强调在民族内部要团结和谐、和睦相处，在家庭内部也应该和谐相处，注重内部事宜的妥善解决。体现这种理念的达斡尔族谚语也比较典型：

  家大事也大，家小事也小。
  哪有勺头子不碰锅，哪有一家人不吵嘴。
  缸大盛水多，地大杂草多，家大难处多。

鄂温克族谚语也有：

  山丁子熟了就会变得甜美，孩子长大了就会充满智慧。
  没熟的山丁子酸，没成熟的孩子倔。

没有山的地方就没有驯鹿,没有儿子的人就没有孙子。

山高难攀登,话多难听懂。

达斡尔族民居内景,近现代,达斡尔博物馆藏 (孔群 摄)

这三个民族非常看重与亲家的和睦往来,对亲家往往是十分尊敬的态度。鄂温克族说"马蹄可以缩短距离,青年男女可让不相识的两家联姻""父心一团油,母心一团血",而达斡尔族说的"坐二席的亲家脾气多",也是不敢怠慢亲家之意。

家庭中的每个人都血脉相连,要想让家族和美相处,治家是对症良策,而修身又是治家最重要的方式方法,体现在达斡尔族的诸多谚语中。如:

想要治家,必先修身。

若要治家,先治自己。

家里丑事不能往外宣扬。

家里和和气气,家里红红火火。

家主心里有数,别人不必干预。

上梁不正下梁歪斜,长辈不端下辈粗野。

没有光有乐的生活,也没有光有苦的生活。

鄂温克族则用"麻绳草绳能割断,唯有肉绳割不断""家家都有暂时的争吵,人人都有难诉的苦衷"来推崇修身治家的经验。

爱情婚恋谚语也是达斡尔族、鄂温克族、鄂伦春族家庭亲情谚语中比较有特色的一类。

"以双方的忠诚,获得对方的钟爱,才是相爱"是一句著名的达斡尔族谚语。爱情,简单而言,指两个人之间相爱的感情、情谊,也指爱的感情。在不羁的猎手眼中,对于婚姻、爱情,保留着最为淳朴、纯洁的观念。达斡尔族、鄂温克族、鄂伦春族的爱情婚姻谚语以山水、树木、花草、弓箭、动物等自然界中的美好事物作为叙述对象,进而引申出青年男女处理爱情婚姻问题时独有的思维模式、审美标准、行为规范,具有深刻的教育功能。它引导人们在表达爱情、找寻爱情的时候要遵循最基本的伦理道德规范,并将爱情以通俗而又浪漫的方式表达而出,成为年轻人追寻珍爱的评判标准。

大量的爱情婚姻谚语就是达斡尔族、鄂温克族、鄂伦春族现实生活的总结与智慧的体现,并且在某种程度上表现出高超的艺术魅力,具有一定的传播教育作用。这些谚语不但对满-通古斯诸民族爱情婚姻的价值观、审美观、道德观进行本质性的总结,也在一定程度上指导、规范着满-通古斯诸民族爱情婚姻生活的行为。达斡尔族、鄂温克族、鄂伦春族认为婚姻往往代表着纯洁的爱情,在谚语中人们歌唱着美好而大胆的爱情,并用口头通俗文学的形式记录美好的婚姻爱情生活。

达斡尔族、鄂温克族、鄂伦春族同胞在选择配偶时,讲究门当户对、辈分相等和年貌相当。男方注重选择贤淑端庄、深明礼节、孝敬老人、热情大方、针线活好的姑娘,而女方则喜欢找忠厚老实、勤于家业、通情达理、体格健壮、脾气好的小伙子。而且任何人都向往婚姻和睦、生活美满。夫妻关系和婚姻关系讲求宽容、理解、真心。他们认为,只有夫妻恩爱,彼此敬重,才会使生活美好幸福。数量较多的达斡尔族谚语表达的就是这种理念：

  只要婚姻好，铁棒打不散。

  夫妻要恩爱，体贴要诚心。

  夫妻要和睦，思想是基础。

  夫妻恩爱，老了是个伴儿。

  夫妻感情的培养，要真心才行。

  夫妻不真心相爱，成婚也是无用的。

  夫妻恩爱，生活欢乐；夫妻吵架，全家不安。

鄂温克族也有谚语：

  有老鼠的人家，粮食就会遭殃；父母吵架的家庭，孩子们就会受苦。

  在传统的婚姻观念中，"男主外，女主内"，男人负责在外打拼，女性负责操持家务。对于娘家而言，"嫁出去的女儿泼出去的水"，这样女儿在婆家无论怎样，娘家的人都不能插手。嫁的男人的好坏，会影响女子的一生，所以姑娘在选择婆家的时候往往十分慎重，许多鄂伦春族谚语说的就是这个道理：

  女人仗男人的势，花鹿依犄角的利。

  自古男人当家做主，女人操持家务伺候丈夫。

  嫁出的姑娘像剔骨的肉，婆家是切是扔，亲朋插不上手。

  养马为了打猎骑驮猎物，娶来的媳妇怎能白闲着两只手。

  雪白兔子跳进狼窝，想逃不及；良家姑娘逼进黑门，想退无望。

  在选择配偶时，达斡尔族、鄂温克族、鄂伦春族同胞都既尊重不同的风俗民风，又要注重结婚过程中的流程礼节。在双方恋爱过程中，既讲求对婚姻的尊重，提倡自由恋爱，又看重父母的意见。如鄂温克族说"出嫁的姑娘，要遵从婆家的风俗"，达斡尔族则说"婚姻由父母做主""写离婚书的地方，三年不长草"和"姻缘由媒妁撮合，世交由代表办成"。

女子在一个家庭中扮演着重要的角色，所以女子的品性也是大家十分重视的。他们认为品性不好的女子会导致家庭的破裂。如达斡尔族谚语：

带响的天无雨，爱吵的姑娘无彩礼。

响声大的雷没雨，娇气大的姑娘没聘礼。

打离婚的女人嘴巴硬，刚出云的太阳晒得凶。

破坏家庭是坏女人的嘴，拱坏障子的是老母猪的嘴。

老母猪的嘴弄破柳条篱笆，挑拨离间的女人破坏家庭。

达斡尔族谚语说"翻地没有犁杖不行，家里没有男人不行"，丈夫、男性在家庭中也扮演着重要的角色，一个家庭里，男人是支撑，是支柱。好的爱情人人向往，面对婚姻中的另一半的不良习惯，要及时纠正。如鄂伦春族谚语所说"女人的心不稳，像没有方向的风；男人的心直率，神铁锤也敲不歪"。

男女相恋，互相之间对彼此的爱慕而产生恋爱。达斡尔族、鄂温克族、鄂伦春族有许多反映男女情感的谚语。如鄂温克族谚语就这样说：

秋天的白云，少女的倩心。

一马不能鞴两个鞍子，一女不嫁两个汉子。

光秃秃的地上，白脖鸭不落；不相识的汉子，姑娘不愿嫁。

不长草的地方，黄鹂鸟不落；叫着飞的野鸡，喜欢山楂丛；谈情说爱的人，相会在幽静小河旁。

达斡尔族则常说"母狗不摇尾，公狗不会跟；女人不示意，男人不敢追""女人喜欢的达斡尔达日得，车夫喜欢的达斡尔特日格"。

在传统的结亲活动中，各民族同胞都讲求缘分天定。汉族谚语所说的"有缘千里来相会"，也是达斡尔族、鄂温克族、鄂伦春族婚恋活动中所追求的最高境界的爱情之一，体现在达斡尔族谚语中的如：

从祖先的时候起，把异性合拢起来。

千里姻缘结夫妇,远地相近两家亲。

买缸要敲响敲响,定亲先了解了解。

有缘的话,千里相会;无心的话,碰面不认识。

在恋爱过程中,他们还很看重恋爱对象的品德性格。他们都认为,比起外貌的漂亮,心灵的美丽才是最重要的,如鄂伦春族谚语"山好不在于高而在于景,人美不在于貌而在于心",达斡尔族谚语有:

心灵的美,比脸容的美更重要。

看上的人,虽说相貌迷人,而心美更可贵。

只重美貌相爱的人,一旦美貌失去感情也淡薄。

你喜欢的人,过不了五天,看表面愿意的人过不了七天。

达斡尔族谚语"爱上之后,当成最美的""爱上了,满脸麻子也当酒窝",反映出在爱情中恋爱双方的眼里彼此都是最美的,这是"情人

鄂伦春族猎民迁徙 (呼伦贝尔市政协提供)

眼里出西施"的民族化说法。

面对爱情，不同的人有不同的态度和观点。达斡尔族、鄂温克族、鄂伦春族人民讲求爱情要自愿互爱，不可强求，相互尊重，相互爱慕，忠贞专一。三个民族认为爱情具有排他性，恋爱双方应相互信任和保持依恋感，决不能三心二意，朝三暮四。如达斡尔族谚语"好马不用准备两个鞍子，好女人不嫁给两个男子"，谚语从理念上保证了爱情关系的稳定性和持久性。

不同的人有不同的择偶标准，但是总体而言，好女人人人都愿意娶，好男儿人人都愿意嫁。如谚语所说：

无情意的男人，姑娘不愿嫁。（鄂温克族）

山高不如男人志气高，水深怎比女人心情深。（鄂温克族）

心上的花浇水才鲜艳，看上的人交心才情深。（鄂温克族）

骏马人人爱骑，好女人人想娶。（鄂伦春族）

白桦树要有青松相配，巧手姑娘要好猎手来娶。（鄂伦春族）

奇丽的毛皮不能送到歹人家，宝贝的姑娘应该嫁到好人家。（鄂伦春族）

达斡尔族、鄂温克族、鄂伦春族都讲求真爱真情、真心实意，在双方确定为恋爱关系之后，对待感情都是严肃认真、感情专一。鼓励双方多承担责任和奉献，对待对方多一些信任和宽容，互相尊重，共同进步。如谚语：

是真金不怕火炼，是婚姻就拆不散。（达斡尔族）

不因漂亮才爱慕，是因爱慕才漂亮。（达斡尔族）

千千万万财宝金银，换不来真正的爱情。（达斡尔族）

空中的云彩射不散，相爱的夫妻拆不断。（鄂伦春族）

马不喝水不能强按头，人不中意不能硬拉手。（鄂伦春族）

流水，利剑是斩不断的；爱情，恶言是拆不散的。（鄂伦春族）

骑在绰克日马上的绰小姐绰歌勒蛮漂亮，骑在柯依日马上的柯莫日根以心底爱上。（鄂伦春族）

达斡尔族、鄂温克族、鄂伦春族的爱情婚姻谚语不仅体现了民族内在的精神品格，而且十分妥帖蕴藉、韵味十足。

达斡尔族村庄 （孔群 摄）

第六章 谚语的表义特征

谚语是民间集体创作、广为口传、言简意赅并较为定型的艺术语句，是民众丰富智慧和普遍经验的规律性总结，是民间的知识总汇和大百科全书，蕴蓄着人类社会广博的智慧和经验。从共性的角度来看，任何一种语言的谚语从形式上看，具有口语性、异变性、精练性、艺术性；从使用上看，具有实践性、传承性、训诫性和地域性；从内容上看，具有经验性、哲理性、蕴情性和时代性等特征。从个性的角度来看，任何一种语言的谚语都具有民族性，谚语中存在着大量富含民族特色的文化符号，对这些文化符号的剖析是谚语研究的关键。

既从共性的角度又从个性的角度来认识一个民族谚语的表义特性，对于全面了解一个民族的谚语具有重要的意义。

第一节 民族性

民族性是少数民族文学的本质属性，它既是少数民族文学存在和发展的必要条件，也是辨识少数民族文学的重要胎记。正如朝戈金等所强调的，"民族性是文学的身份标识。凭借这种标识，不同民族间的文学彼此区别，呈现出各自的鲜明特征。一个民族的文学，丧失了民族独特性，就意味着沉没和消亡"[①]。

谚语是民众在其生活文化和生活世界中传承、传播、共享的口头

[①] 张江、朝戈金、阿来等，《重建文学的民族性》，《人民日报》，2014年4月29日。

传统文学样式，因此民族性是谚语的基本特性，每个民族的谚语都打着本民族深深的文化烙印。因为"谚语毕竟植根于各自民族的生活土壤之中，是吸收着本民族生活的营养产生发展起来的。无疑，民族的种种要素（如经济、地理、历史、文化、心理、习俗、信仰等）直接影响着谚语，使谚语染上浓重的民族色彩，体现了民族的个性，打上了鲜明的民族烙印"①。从文化的视角来看，达斡尔族、鄂温克族、鄂伦春族谚语以其丰富博大的内容和生命力存在于民众的生活文化和生活世界中，浓郁的民族性是其最重要特性。

一、取材和隐喻的民族性

"语言往往是民族性的最直接最明显的标志，虽然有不同民族共用一种语言的情况，但就一般情形而言，民族语言与文学民族性的关联最为紧密"②。民族谚语是民族文化的表征，而谚语中存在着大量文化符号，这些文化符号是研究、解析民族谚语的重要"密码"。正如斯大林所说的"要了解语言及其发展的规律，就必须把语言同社会发展的历史，同创造这种语言、使用这种语言的人民的历史密切联系起来研究"。这是研究谚语的民族性必须遵守的一条准绳。

谚语起源久远，与人类社会同步发展，融汇了各民族不同历史时期的作品，被称为"历史的档案"。它涵盖广阔，凝聚着民族生存与发展过程中所有认知领域的成果。

无论是哪一个民族，都有本民族喜闻乐见、广为传布的谚语。谚语内容上的民族性，主要是谚语所体现出来的事物、现象、观念等常常烙刻着某一个民族的特征。如汉族的谚语以农谚居多，"智如禹汤，不如常耕；千方百计，不如种地；坐贾行商，不如开荒"，充分体现了中国古代汉族人民对土地的喜爱和"民以食为天"的思想，"头伏萝卜二伏菜，过了三伏种荞麦"等直接与汉民族的农业生产挂钩。壮族的农业生产一直是以稻作文化为主，水稻的种植具有十分悠久的历史，品种更是

---

① 王勤,《谚语的民族性》,《湘潭大学社会科学学报》, 2001 年第 4 期。
② 朝戈金,《文学的民族性：五个阐释维度》,《民族文学研究》, 2014 年第 4 期。

多达140多种。而且在壮族地区一直是以自给自足的自然经济为主,除了侬智高起义之外,就一直没有出现统治阶级政权,壮族人民在日常生活中很少被统一指挥选用某种耕种形式,故他们可以选择比较擅长的耕种形式,而水稻是十分适宜壮族地区耕种的,所以"田""谷"内容的谚语出现那就不足为奇了。维吾尔族谚语"与其在异国喝羊肉汤,不如在故乡啃苞谷馕","馕"是维吾尔族、哈萨克族日常饮食常见的一种烤制主食,以异国美味的"羊肉汤"和故乡的"苞谷馕"形成对比,体现出对故乡或祖国的热爱。藏族谚语"一条线织不成氆氇,一个人建不成佛塔",意谓一条线织不出氆氇("氆氇"是藏族人民用手工生产的羊毛织品,多用作衣服或坐垫)来,一个人建不起佛塔来,这是指一个人的能力是微不足道的,依靠集体的力量才能成就一番事业。

　　狩猎是达斡尔族、鄂温克族、鄂伦春族传统的生产生活方式,在这三个民族的谚语中反映狩猎经验的谚语特别多,如猎人们通过长期的狩猎经验,了解了动物的生活习性和方式,所以有了"冬天猎人走到高山柞树见野猪"(鄂伦春族),"冬天河边倒木圈及暖流边见水獭"(鄂伦春族),"冬天顶风走在河边的土洞里见紫貂"(鄂伦春族),"冬天在高山上的樟松林见灰鼠"(鄂伦春族),"冬天在河边的土岸土空洞中见黄鼠狼"(鄂伦春族),"冬天在高山的都柿甸子中见乌鸡"(鄂伦春族),"冬天都柿甸子见树鸡"(鄂伦春族),"冬天山林中见白兔"(鄂伦春族),"夏天顶风走河边的高山石头上见虎"(鄂伦春族)等谚语。又如鄂温克谚语"黑夜蹲不起狍子的猎人,就打不着犴达罕",说的是在野兽经常出没或必经之地堵截而猎取的方法,用此种方法可以捕获各种野兽,还可免去深山穷谷追寻野兽的艰辛,省事而又易行。达斡尔族谚语"猎鹰调驯得越精,狩猎的收获越大",强调猎鹰的技能对狩猎的重要性。达斡尔族、鄂温克族、鄂伦春族人民在长期狩猎生活中总结出经验,进而形成了独具特色的狩猎谚语,而这些经验又经过后人的反复验证,具有了普遍意义,得到广泛传颂。

　　达斡尔族、鄂温克族、鄂伦春族谚语的民族性特别明显地体现在谚语的取材和隐喻上。达斡尔族、鄂温克族、鄂伦春族谚语常常根据日常生活中最常见的事物，形成一系列的谚语取材词语群，这些谚语取材词语群看似平常，实际上往往都是具有"根性"因子的题材，即潜隐着个人记忆与民族历史深处的"民族根性"。这些题材蕴藏身份标识的"民族性"十分明显，使谚语的语义内容具有了浓郁的民族色彩。作为民族文化的承载者，白桦树、萨满、火、驯鹿、鹰……一系列富有特色的文化符号凝结着少数民族的民族风情，例如：

以白桦树为题材的谚语有：

白桦树再高，也触不到蓝天。（鄂温克族）

白桦树要有青松相配，巧手姑娘要好猎手来娶。（鄂伦春族）

白桦树折断了可当拄杖，小辈人长大了要孝敬长辈。（鄂伦春族）

以萨满为题材的谚语有：

跟什么人学什么人，跟着萨满学跳神。（鄂伦春族）

附不了神的雅德根（萨满），一直跳到天亮。（达斡尔族）

没有法术的萨满，跳到天亮也请不来神仙。（达斡尔族）

萨满的话可以听，萨满的事不可做。（达斡尔族）

萨满仙灵，鬼怪逃遁。（达斡尔族）

以火为题材的谚语有：

柴多火焰高，人多力量大。（达斡尔族）

柴火多，火焰高；心要齐，山也倒。（达斡尔族）

进山缺不得火和刀，打猎缺不得马和枪。（达斡尔族）

刻石需要铁，打铁需要火，灭火需要水，用水需要人。（鄂伦春族）

有火的屋子才有人进来，有枝的树上才有鸟落。（鄂伦春族）

以鹰为题材的谚语有：

无论乌鸦飞往哪里，永远比不上雄鹰。（鄂温克族）

别拿乌鸦吓唬雄鹰。（鄂温克族）

丢老婆子伤心，丢猎鹰更伤心。（达斡尔族）

放过猎鹰的人,深知驯鹰的重要。(达斡尔族)

放猎鹰,猎物越多越要冷静。(达斡尔族)

放猎鹰是累人,但高兴的也是它。(达斡尔族)

猎鹰的翅膀,猎马的耐力。(达斡尔族)

猎鹰的力气在于爪,人的力量在于志。(达斡尔族)

猎鹰的眼睛,猎马的速度。(达斡尔族)

猎鹰调驯得越精,狩猎的能力越大。(达斡尔族)

以鹿为题材的谚语有:

比智慧,下鹿棋;比勇谋,赛跑列。(达斡尔族)

好鹿跑万里,不忘养主;好汉到哪里,不忘家乡。(达斡尔族)

鹿的头上藏着黄金,身上披着白银。(鄂温克族)

鹿哨引鹿,碱场寻鹿。(鄂温克族)

以马为题材的谚语有:

好马不吃踩过的草。(达斡尔族)

好马不用准备两个鞍子,好女人不嫁给两个男子。(达斡尔族)

好马生好驹,高师出贤徒。(达斡尔族)

鄂温克人饲养驯鹿 (孔群 摄)

好马在于缰，好汉在于志。（达斡尔族）

好马壮胆子，好枪猎物多。（达斡尔族）

谚语通过对猎鹰、猎马的刻画，借助隐喻，对人们的生产、生活斗争经验进行概括与总结，展现了达斡尔族、鄂温克族、鄂伦春族人对生活的切身体验性和情感性。这种切身体验性和情感性在与其他民族相比较的时候差异性极为明显。

维柯曾指出：原始民族依据诗性逻辑来表达自己并感知世界。这种诗性逻辑，其实就是一种隐喻思维，是基于泛神论世界观上的宇宙万物的通灵共感思维，它是许多少数民族的一种集体无意识，至今依然渗透于诸多少数民族的生产、生活和艺术之中。这种独特的思维方式决定了少数民族深层的精神状态，反映了他们深层的价值认知特点，因而也成为其价值取向的一种独特标志。

二、价值取向的民族性

谚语的民族性的另一种表现形式是，谚语往往具有深刻的民族意识和独特的民族特征、民族气派、民族风格，谚语体现的是民族性的深层的心理、信仰、认知模式、精神观念、集体记忆。

上文我们曾说过，崇尚自然是植根在达斡尔族、鄂温克族、鄂伦春族血脉中最深厚的民族禀性。在黑龙江与大小兴安岭交织错落构成的独特自然和人文生态环境中，达斡尔族、鄂温克族、鄂伦春族滋生了自己民族强大的文化根系，构成了具有强烈本土意识、底蕴深厚、独特悠长的生态文化。这种朴素的生态文化观念趋向于与他们的生存环境和谐共存，围绕人与自然两要素，强调人与自然的和谐共处。

在谚语中，体现人与自然的和谐的谚语大多表现在达斡尔族、鄂温克族、鄂伦春族对自然生态的保护和合理利用上，如：

静观万物多变幻，唯有山水年年青。（达斡尔族）

牛羊不入山，树林长得欢。（鄂温克族）

昔日烧荒引兽，现今护林防火。（鄂温克族）

游而不定居人遭罪，定而不游牲畜遭罪。（鄂温克族）

只有定居游牧相结合，才能人畜两旺。（鄂温克族）

水草茂盛鹿茸才丰富，风雨调顺猎户才平安。（鄂伦春族）

没有草地不能放马，没有山林不能狩猎。（鄂伦春族）

要坐金钱山，铺好草木毡。（达斡尔族）

一年打二春，寸草贵如金。（达斡尔族）

达斡尔族、鄂温克族、鄂伦春族认为四季在轮回，山川河流在永远不断地变化，而相比于这些恒久存在的事物，人显得格外渺小。因此谚语中便出现了体现民族心理的说法，如：

乾坤施转，四季轮回；祸福相倚，也相违背。（达斡尔族）

四季轮回永远交替，光阴就像过隙的白驹。（达斡尔族）

青山永在，江河永流。（达斡尔族）

人生在世就像梦幻，祸福多少总是无常。（达斡尔族）

人生旅途路漫漫，悲欢离合安宁少。（达斡尔族）

时光悄然逝无声，虚度年华空无成。（达斡尔族）

一年只有一个阿聂，一生只有一回青春。（达斡尔族）

年头好，在于秋天；年纪好，在于青年。（达斡尔族）

达斡尔族、鄂温克族、鄂伦春族同胞生活在深山和草原上，能勇敢地面对各种生存威胁。狩猎活动是他们的战场和竞技场，在这一战场和竞技场上所展示的是民族的英雄主义精神：

不敢进深山，难成好猎手。（鄂伦春族）

办事要靠智慧，狩猎要靠勇敢。（鄂伦春族）

桦木背板，近现代，内蒙古博物院藏
（孔群 摄）

害怕黑夜穿密林，不算真正的猎人。（鄂伦春族）

雄健的骏马能过无边的荒原，骁勇的骑手能越嶙峋的险山。（鄂伦春族）

鄂温克族谚语说："上天允许凭记忆的宗教存在。"达斡尔族、鄂温克族、鄂伦春族有自己悠久的宗教文化，具有独特的宗教情怀。他们崇拜神明，敬畏自然，把对自然界的日月星辰乃至山川树木等神的崇拜与敬奉融入了日常生活之中，成为生产生活的一部分，甚至与人伦道德相并立，成为人们的信条和美德。这种文化精神的深层民族心理就是达斡尔族、鄂温克族、鄂伦春族的一种质朴执着的生命文化。宗教谚语往往反映了该民族共同体成员在共同价值观作用下的独特心理特征。

此外，在民族性的价值追求上，达斡尔族、鄂温克族、鄂伦春族谚语体现的还有很多，如恪守信义、诚实笃诚、独特的审美特性、真诚友善、质朴的崇高感、面对困难时永远具有超越的态度、不畏艰险敢于奋争的精神等。

从语言的文化的视角来看，我们认为达斡尔族、鄂温克族、鄂伦春族所体现的这种精神是潜沉中华民族文化内涵的载体，是系连中华各民族关系的遗传密码，是维系中华文化精神的纽带，是推动中华文化向前发展的内在动力。挖掘、整理、解析达斡尔族、鄂温克族、鄂伦春族谚语的文化特性是一项系统性的学术工程，也是一项亟待开展的文化抢救和文化保护工程。深入挖掘达斡尔族、鄂温克族、鄂伦春族谚语的文化内涵，系统地总结和展示达斡尔族、鄂温克族、鄂伦春族谚语共有的文化价值，对构建和弘扬现代中华文化，建设中华民族共有精神家园有着重大的意义。

第二节　广泛性

谚语内容概括的范围和广度，可以说是"囊括宇宙，被覆八极"。举凡大千世界的林林总总、方方面面、事事物物，大至天体的运行，小至昆虫的生态，人们眼下的一见一识、心中的一情一理，大都在谚语中得到反映。

一、内容的广泛性和周遍性

从反映的内容来看，谚语具有广泛性的特征。谚语是广大劳动人民思想智慧的结晶，是长期生产生活的成果。"所有来自这大千世界各个角落的认识经验（既有现实的经验，也包括历史的经验），往往都有相应的谚语来予以反映"[1]。如汉族谚语浩如烟海，内容涉及物态文化、制度文化、行为文化和心理文化等，具体来说有天文、地理、历史、文学、艺术、军事、宗教、科举、思想道德、日常生活礼仪，甚至具体如饮食、服饰、宫廷等方方面面。

长期以来，达斡尔族、鄂温克族、鄂伦春族人民依据自己的社会实践和生活实践，总结、提炼出了大量谚语。达斡尔族、鄂温克族、鄂伦春族谚语在内容上是有渗透力的，在内容上呈现出丰富多彩的特性，谚语内容涉及事物、现象、道理、规律、知识等，上至日月星辰、风云雷雨，下至山川湖水、乡土风物，中及生产生活，无所不包。

《鄂伦春族文学》一书中对鄂伦春族谚语的表义内容做了很好的概括，作者认为鄂伦春族谚语的表义内容有以下七个方面：

一是有反映狩猎经验的谚语。大量谚语直接反映人们的狩猎经验，它们来自狩猎实践，向人们提供狩猎活动的依据，规范着人们狩猎活动的方式，同时也是猎人们向新手传授经验的重要"教材"。其中有的反映了狩猎活动和季节的关系，如"大山穿上绿袍，打猎定要起早""树叶绿在枝头上，狍子躲在背阴岗"，讲的是夏天狩猎的规律；"夏天狍子影子红红的，冬天狍子屁股白白的"，则说明不同季节发现狍子踪迹时要注意的不同特征；"夏天寻踪看泥窝，冬天追踪看雪迹""雪前下夹子，雪后遛足印"等，则告诉人们不同季节追踪兽迹猎取野兽的诀窍。

二是有反映物候气象观察经验的谚语。鄂伦春人通过世代积累，产

---

[1] 赵阿平，《满汉谚语语义辨析》，《满语研究》，1992年第1期。

生出许多预测气象变化的谚语。它们是生产经验的重要组成部分，在过去气象预报尚未发展起来的年代里，起着关系狩猎活动成败的作用。像"松树上树尖，准有大晴天""天浮蘑菇云，暴雨即来临""有雨山戴帽，无雨露山腰""蚂蚁搬家天有雨，蚂蚁晒蛋天要晴""蚂蚁迁窝，洪水必多""野鸭子下蛋近水边，一年雨水少；野鸭子下蛋在高坡，一年雨水多""老云接驾，不阴就下""蜻蜓飞得低，没有好天气""风三风三，一刮三天""燕子钻天蛇盘道，蚂蚁搬家有雨到""东虹有云西虹雨，早晨下雨一天晴"等谚语，反映了鄂伦春人细致而深入的观察力。

三是有规定社会价值取向的谚语。鄂伦春族谚语推崇和提倡勤劳、忠实、勇敢、智慧等品质，反对懒惰、怯懦、夸口、虚伪不实、遇事不动脑筋的做法，所以谚语有了"懒一辈子到死不动，死了也只能臭块地""熊懒会长癞，人懒会生疮"等谚语。

四是有提倡团结精神的谚语。如"好汉一人打猎少，众人围猎收获多""一根马尾打不成绳，一根杆子搭不成斜仁柱""四只蹄子踩不倒青草，四十只蹄子能压出茅道""一个猎人打不来活鹿，四十个猎人能围住鹿群"等谚语，清楚形象地说明了应该团结起来共同努力的道理。

五是有概括人生态度和生活哲理的谚语。如"人做好事是一生的荣誉，人干坏事背一辈子骂名""青草只是一夏之盛，苍松却是四季常青""火心要空，人心要实""篝火心要空，猎人心要实""骑马要端正，办事要公平"。这样的谚语教导人们如何正确对待生活，对待自己和他人，对待困难和荣誉，对待成功和失败，使人不断提高自己的修养，完善自己的品德和能力。

六是有规范社会道德的谚语。像"休在人前夸耀自己，莫在人后议论是非"这样的谚语，说的是对待自己和他人的重要原则；像"在阿谀奉承的嘴里从来说不出好话"这样的谚语，提醒人们警惕那种口蜜腹剑之徒；"马好不在鞍鞯，人好不在衣衫""山好不在于高而在于景，人美不在于貌而在于心""风流娘们一时浪，正派女人一世美"，把判断是非优劣的标准做了重要的规定，引导人们透过表面去追求内在的价值。

七是有提倡学习和实践精神的谚语。如"听过不如见过，见过不如干过""不敢进深山，难成好猎手""不怕不知，就怕不学""不进深山，难得猎物；不学他人，不能获益""人虽聪明，不学不知""只要猎人用心学，不怕猎物打不着""不下深水捉不到哲罗鱼，不上高山打不到梅花鹿"等。

朝克、卡丽娜的《鄂温克族谚语》一书收入450余条鄂温克族谚语。作者认为，"这些谚语在鄂温克语里的使用面比较广泛，使用的比较普遍，具有一定代表性。书中，根据这些谚语所包含的不同话语内容，以及语言结构特征大体分类出与人相关的谚语、与生产及生产活动和生产生活工具相关的谚语、与自然界及自然现象和自然物相关的谚语、与动物相关的谚语、与信仰相关的谚语五个部分"[①]。

和鄂温克族、鄂伦春族谚语一样，达斡尔族谚语也是达斡尔族在顺应自然或在自然中求生存和进行社会交往中知识的积累和经验教训的总结，是达斡尔族人民智慧的结晶，在表义内容上也呈现着广泛性和周遍性的特点。

二、义类体系的丰富性

谚语作为知识和经验的承载单位，它的存在并不是孤立的，而是一个集合，是一种集成，是一部有系统有内涵的大"百科全书"。每条谚语同其他谚语处于相互关联之中，人们能从千头万绪中寻找出谚语与谚语之间的关联线索，通过整理与归类的方法，结成一个网络，建立起谚语的义类体系。汉族谚语的义类体系建构相对有很好的基础。朱介凡先生的《中华谚语志》对谚条的分类是在"人生""社会""行止""艺文""自然"五大纲目统摄下，又分了32个大目、157个小目、1789个细目。每个细目下排星列斗的谚条，平均都在20条以上。朱雨尊《民间谚语全集》一书收谚条4000条，分为"俗谚""农谚"两篇。俗谚又分政情、社会、家庭、婚姻、亲邻、心理、形相、才智、生活、经济、

[①] 朝克、卡丽娜：《鄂温克族谚语》，社会科学文献出版社，2016年，前言。

卫生、教育、修身、人格、处世、服务、交际、买卖、交涉、虚伪、命运、警诫、比喻等23类；农谚分时令、气象、气象与农业、作物、蚕桑、园艺、畜养、林木、耕种、肥料、农民经济、农民箴言等12类。商务印书馆出版的《中华谚语志》全书收语条52115条，其中包括了少量的俗语、歇后语和典故，全书的谚语加释文共500多万字。分为"人生""社会""行业""艺文""自然"五大纲目——33个大目，大目之下又分出"宇宙观""社会观""人生观""宇宙人生综合观"等157个小目，小目之下又分出天人合一、万物并有、流变不居、自然创造、生生不息、恒常性、相对性、时间、空间等1789个细目。武占坤参考《语义学》的"义场""义位""义素"之分的精神，把分类的框架，从横的方面立为"事理""社会""修养""时政""生活""风土""自然""农副""工商""文教"等十大门类。大类下面又分88个"中目"，110个小类。

　　本书在对达斡尔族、鄂温克族、鄂伦春族谚语研究的过程中发现，达斡尔族、鄂温克族、鄂伦春族谚语的基本义类至少有以下几类：有民族起源谚、社会发展谚；有自然资源谚，如地貌气候谚与植物谚；有宗教谚，如萨满文化谚与佛教文化谚；有生产生活谚，如狩猎谚、其他生产行业谚、日常生活谚、娱乐谚、风俗谚；有文化价值观谚，如英雄主义谚、恪守信义谚、团结友爱谚、自由个性谚、坚韧不拔谚、朴直公正谚、惩恶扬善谚、谦逊好学谚、真理智慧谚、爱国爱党谚、家庭友情谚。当然，这不是完整的义类体系，达斡尔族、鄂温克族、鄂伦春族谚语涉及面非常广泛，有着丰富的义类体系。大体说来，其义类体系和汉族以及其他民族谚语的义类体系相似，如从大类的角度有社会谚、自然谚、真理谚、宗教谚、生产谚、生活谚。细分的话有家庭谚、婚姻谚、心理谚、经济谚、狩猎谚、畜养谚、林木谚、卫生谚、教育谚、修身谚、人格谚、处世谚、交际谚、买卖谚、警诫谚等小类。下一步我们需要深入研究国内外已有义类体系，对比分析其得失，借鉴其合理成果，建构出较为系统科学的达斡尔族、鄂温克族、鄂伦春族谚语义类体系，为谚语研究提供更为广阔的视野。

第三节 哲理性

　　英国哲学家弗兰西斯·培根指出："一个民族的天才、智能和精神均可从其民族谚语中找到。"谚语是人类观察和体验客观事物现象形成的认知成果，是每个民族人民群众智慧的结晶，它伴随一个民族成长的全部过程，记录了关于民族生存发展的各种知识和经验，也凝结着人们对自然、对社会的各种认知与思考。将精辟深邃的意蕴和思辨凝结在简洁精辟的语句中，体现出谚语哲理的光芒，哲理性是谚语的鲜明特性之一。汉族谚语"纸里包不住火"，告诉人们真相不会被掩盖，早晚有大白于天下的时候；"留得青山在，不怕没柴烧"，表现出只要有最基本的条件存在，就一切皆有可能的乐观主义精神；"千里搭长棚，没有不散的筵席""人无百日好，花无千日红"等，更是充满了好景不长的慨叹与哲思。藏族谚语"无丑不显俊，无咸不显淡"，说明的是事物具有普遍相对性的道理；"太阳升起云遮不住，大墙倒下棍支不住"，讲的是强势主流面前只能顺应自然，否则就是螳臂当车。维吾尔族谚语"有一利有一弊，狗屎太臭能上地"，说明凡事利弊相随的辩证关系，"一个臭皮匠，肚里没主张；两个臭皮匠，遇事有商量；三个臭皮匠，赛过诸葛亮"，通过层层递进的表述，说明人多智慧多，集思广益，智慧出自群众的道理。

　　达斡尔族、鄂温克族、鄂伦春族历史上独特的居住环境、生产生活方式决定了他们独特的认知方式，三个民族谚语中的哲理性突出显示在：凸显辩证统一思维，强调事物因果关联、注重行动与实践三个方面。

一、凸显辩证统一思维

　　辩证统一是在哲学领域出现频率极高的一个词语，是唯物主义辩证法的基本观点，指人们在认识事物的时候，既要看到事物共性的一面，又要看到事物对立的一面，二者既有区别又有联系，只有把二者有机统一起来，才能全面认识事物，实现两者和谐发展。达斡尔族、鄂温克族、鄂伦春族谚语以具体的事物现象、朴素的生活经验反映他们对世界辩证认知的深刻思考。

有些谚语提醒人们看问题要全面，正反两个方面是相互依存统一在一个事物之中的。如达斡尔族谚语"大河不能用斗量，看人不能看长相"，告诉人们判断一个人要全面，不能以相貌一个方面为标准。"好药发苦对病有利，忠厚话不好听，对行动有利"，与汉族谚语"良药苦口利于病，忠言逆耳利于行"意思相同，说明良药、忠言虽不好接受，但对身体和行为有正向的作用。"不能存有成见，不可没有主见"，指出对事件既不能存有天然的偏见，也不能没有自己的看法和意见，偏见和主见一字之差，也一步之遥，却是两种对立的形成看法的方式。"吃过苦的人，才知幸福的滋味"，讲的是苦与甜的相反相对，有苦才有甜，只有知道苦的味道，才能体会到甜的美好。类似的谚语还有：

吃一回亏的人，长一回智的人。（达斡尔族）

海一样富的人，也有缺籤箕的时候。（达斡尔族）

狗要过于温顺，连小鸡都欺侮它。（达斡尔族）

横财后面必有后患。（达斡尔族）

不吃苦的，不知道甜的。（鄂温克族）

舍不得鸡肉，捉不住猎鹰。（达斡尔族）

舍不得绵羊，擒不住豺狼。（达斡尔族）

更多的谚语意在说明辩证思维的另一个方面，即在一定条件下，事物的不同方面是可以相互转化的。如达斡尔族谚语有："过分溺爱孩子，就是害了孩子"，讲的是爱与害的对立和统一，当对孩子的爱超越了一定量的界限，就会转化为负面的力量，给孩子的成长带来伤害。而"爱上了，满脸麻子也能当酒窝"，则相当于汉族谚语"情人眼里出西施"，说明在爱情的作用下，美丑具有相对性，可以相互转化。"喝酒少量舒筋活血，喝酒过度伤身丧德"，也说成"喝酒适度养身益精，喝酒过量惹是生非"或"喝酒不贪杯，是治病一药方；猛喝拼命干，是害人毒药汤"，说明适度饮酒对身体有利，过量饮酒则有百害而无一利。类似的谚语还有：

不学以为满足，越学越知不足。（达斡尔族）

爬得越高，摔得越重。（达斡尔族）

到了寒冬，才知皮袄之暖和；受了饥渴，才知茶饭之丰美。（达斡尔族）

饿了吃牦牛犄角都觉得嫩，饱了吃羊羔肥肉都觉得硬。（达斡尔族）

没有恒心山高路远，有了雄心天低地小。（达斡尔族）

安本、将军，没有固定的位子；可汗、皇帝，没有永远的宝座。（达斡尔族）

东西少了就为贵。（鄂温克族）

别小看一朵云，聚多了会下暴雨；别小看一只狼，聚多了会吃掉你。（鄂伦春族）

在这些谚语中，包含了强与弱、高与低、美与丑、善与恶、寒与暖、苦与甜、舍与得、贫穷与富裕、喜乐与悲伤、吃亏与收获等诸多方面的对立统一，也表现了事物矛盾由量变到质变的发生过程。

二、强调事物因果关联

因果关系是事物之间相互作用、相互转换的现象。唯物主义认为，任意事物状态都是其之前事物状态积累转化的结果。因果关系作为客观现象之间引起与被引起的关系，是客观存在的，并不以人们主观为转移，客观事物之间联系的多样性决定了因果联系的复杂性。

历史上在各民族文明发展的早期，先民们观察、归纳周围的自然现象发生转化时，不约而同地生发出各自朴素的因果观念，在将这种观念系统化、理论化之前，人们则习惯于用诱发此类观念的自然或者文化现象为题材形成短小精练的"现成话"的方式进行记录、负载、表达并传承。如汉族谚语"种瓜得瓜，种豆得豆"说的是什么样的因就会形成什么样的果，"失之毫厘，谬以千里"说的是细小的失误会导致严重的错误，"无风不起浪""苍蝇不叮无缝的蛋"说的是每一个结果必然有其原因可循。谚语通过世间万物的多样性阐述因果关系的普遍存在，也用因果关系的必然性告诫人们如何以智慧的方式避免不好的结果。

在达斡尔族、鄂温克族、鄂伦春族的谚语语汇中，同样不乏对因果现象和规律的记述和表达。达斡尔族谚语"爱坑害别人的人，最后还是坑自己"，说明存有害人之心的人最终吃亏的人是自己。鄂温克族谚语"行善者长寿，作恶者短命"，讲的是"善有善报恶有恶报"的道理；"不爱护牲口，倒愿意吃肥肉；不爱惜乳牛，倒愿意吃奶油"，使用讽刺反诘的语气，说明如果不爱护牲口，就不会有丰盛的食物；"成事唯有多远虑，败事都因思考少"，说明善于思考是成功的前提。同样的意思，鄂伦春族谚语里有"干柴多了篝火才旺，智谋多了行动才畅"。类似的谚语还有：

傲慢不谨慎，早晚要栽跟头。（达斡尔族）

别耻笑他人的罪过，还得其身比下露水还快。（达斡尔族）

从来都是做坏事有恶报，坏人从来没有好下场。（达斡尔族）

存善心，后果好；存恶意，没好报。（达斡尔族）

风要不刮，芳草不会摆动。（达斡尔族）

软地使马栽跟头，甜言使人跌跟头。（达斡尔族）

挨过打的狗，只需给看看棍子就够了。（鄂温克族）

懒惰是一切毛病之源。（鄂温克族）

熬不起长夜的得不到鲜茸，吃不起苦头的成不了硬汉。（鄂伦春族）

没熟透的橡子，又苦又涩；没教养的小子，又傲又特。（鄂伦春族）

三、注重行动与实践

反对夸夸其谈，重视实际行动，不仅是各个民族道德修养的重要方面，也是人类认知世界、改造世界的重要方式。汉族历史上有著名的"知行合一"观，以系统理论的方式说明"知是行的主意，行是知的工夫；知是行之始，行是知之成"，也在民间以集体的智慧形成大量谚语，说明行动与实践的重要性。汉族谚语"临渊羡鱼，不如退而结网""耳闻不如目见,目见不如足践""说一千道一万,两横一竖就靠'干'",维吾尔族谚语"语言是花苞,行动才是果实;决心是种子,实干才是肥料",哈萨克族谚语"说空话的人得不到果实,实干的人果实累累"等,通俗易懂,强调真知来自行动和实践。

达斡尔族、鄂温克族、鄂伦春族三个民族自古生活在白山黑水之间,渔猎为主的生活方式造就了他们凭借经验、智慧和极强的行动力、实践力与大自然和谐相处。在他们的谚语语汇系统中,果敢行动、勉励实践是重要而鲜明的内容。达斡尔族、鄂温克族、鄂伦春族都有表义相差无几的谚语,如"不去猎场,不出好猎手"(达斡尔族),"没有打不来的野兽,没有练不会的技术"(鄂温克族),"不敢进深山,难成好猎手"(鄂伦春族),说的都是猎手在狩猎的过程中成长,猎手能力的高低也只能通过猎场上的实际表现判断。鼓励打猎实践的谚语还有:

不去野外采不到昆米乐,不经苦练学不会打跑列。(达斡尔族)
枪法高是练成的,学问深是学成的。(达斡尔族)
鸟笼里飞不出雄鹰,不进山打不到野兽。(鄂温克族)
不进山打不到野兽,不劳动什么也没有。(鄂温克族)
不拉满弓杀不死野兽,枪法不准称不上猎手。(鄂伦春族)
不下深水捉不到哲罗鱼,不上高山打不到梅花鹿。(鄂伦春族)
闯过深山里的人,才知道深山里有宝。(鄂伦春族)
狍皮越熟越软乎,手茧越磨越硬实。(鄂伦春族)

抽象概括其他方面行动实践重要性的谚语有:

不能只听他说的,要观察他的实践。(达斡尔族)
没用的话要少说,有益的事要多做。(达斡尔族)
千里路途一步步走起,万代业绩一点点做起。(达斡尔族)
听说一百回,不如亲眼见一回。(达斡尔族)
勿信其空话连篇,要看其实际行动。(达斡尔族)
马不奔跑显不出速度,猴子不爬树显不出能力,人不交往显不出好坏,猎人不狩猎显不出智慧。(鄂温克族)

不进深山，难得猎物；不学他人，不能获益。（鄂伦春族）
　　翻过高山的人，才知路途艰难。（鄂伦春族）
　　与其费口舌，不如快行动。（鄂伦春族）

　　相反，光说不干，思想落实不到实际，一切都是空谈，从来都是每个民族讽刺的对象。蒙古族谚语有"嘴头的空话连篇，不如用劳动实践""一千个嘴把式，抵不上一个手把式""说的比天高，做的比蛋小"。柯尔克孜族谚语有"不要看公羊叫得厉害，要看他过河的本领"。土家族谚语有"说的比头发还多，干的比毫毛还少"。达斡尔族、鄂温克族、鄂伦春族谚语中也充满了对"言语巨人、行动矮子"的批判，如：

　　爱说大话的人，往往办不成大事。（达斡尔族）
　　不要说老虎的话而走老鼠的路。（达斡尔族）
　　话多使人厌，屎多使狗饱。（达斡尔族）
　　话说多了没有用，拣到的绳子没劲。（达斡尔族）
　　痞子耍嘴皮子多，懒人讲的条件多，勤奋的人活儿多，能干的人做得多。（鄂温克族）
　　吊锅子的水，越烧越没；好说大话的嘴，越吹越亏。（鄂伦春族）

　　以上是达斡尔族、鄂温克族、鄂伦春族谚语哲理性特征比较集中的三个方面。事实上，谚语中蕴含的智慧与哲思涉及民族生活的方方面面：谚语"不改正错误才是真正的错误"（达斡尔族），表述的是对待错误的正确态度。谚语"好看的花不经常开，好的时光不能长期在"（达斡尔族），慨叹美好事物不能永恒。谚语"常飞泡子的蜻蜓，最终被泡子淹死；常走沙漠的骆驼，最终被沙漠埋没"（鄂温克族），相当于汉族谚语"淹死的都是会水的"，说的是因为专业，所以大意，反而容易出危险。谚语"给野猫穿上云边花袍，枉费了好意；给贼人施舍山珍野味，引来了灾祸"（鄂伦春族），告诫人们不要画蛇添足、枉费好意……人们说，"所有对世界明智的判断都是谚语"，"谚语的智慧不可超越"，"每条谚语都是至理名言"，"众所周知的谚语罕为谎言"，"久传的谚语是真理的后代",对谚语的享用者而言,谚语就是融常识、经验、智慧与真理于一身的一剂良药。

第四节 通俗性

谚语在语体风格上最鲜明的特征是通俗性。武占坤、马国凡在《谚语》里指出:"谚语是通俗简练、生动活泼的韵语或短句,它经常以口语的形式,在人民中间广泛地沿用或流传,是人民群众表现实际生活经验或感受的一种'现成话'。"[①] 谚语来源于民间口语系统,在群众的口语里或接近口语的白话作品中广泛流传,因而在语体风格上表现出鲜明的通俗性特征。刘勰在《文心雕龙·书记》中云:"夫文辞鄙俚,莫过于谚。"这是通人之言。在汉族阐释习惯中,"谚"常常被这样解释:

"俚语曰谚。"(《尚书·无逸》孔氏传)

"谚,俗语也。"(《礼记·大学》释文)

"谚,俗言也。"(《左传·隐公十一年》释文)

"谚,俗所传言也。"(《汉书·五行志》颜师古注)

这些阐释都说明了谚语具有通俗性的特征。从言语风格学的角度来说,谚语是民族文化的浓缩,集中地体现着言语的民族风格,是言语民族风格的样板。

达斡尔族、鄂温克族、鄂伦春族谚语来源于民间口语系统,在语体风格上同样表现出鲜明的通俗性特征。同时,这些谚语在本民族世世代代的口语中广泛流传和使用,也呈现出使用上普遍性特点。

一、语体风格的通俗性

达斡尔族、鄂温克族、鄂伦春族谚语就形式传递内容时的情况而言,有一个质朴、通俗的特点。这种质朴、通俗根据口语色彩的不同,大致可以分为通俗、俚俗和鄙俗三类。

---

① 武占坤、马国凡,《谚语》,内蒙古人民出版社,2001年,第3页。

在达斡尔族、鄂温克族、鄂伦春族谚语里，大多数的谚语属于通俗性的口头谚语。这些谚语的语言生动活泼，简洁明快，浅近通俗，其义不烦解释，如拉家常，读起来让人如临其境，如闻其声，这是典型的通俗口语风格。如：

　　好事情难办，总是爱耽误。（达斡尔族）

　　活到老，就要学到老。（达斡尔族）

　　财富只富一代，才学能富万代。（鄂温克族）

　　不钻进书本，不能获得知识。（鄂伦春族）

在达斡尔族、鄂温克族、鄂伦春族谚语里，还有数量较多的谚语属于俚俗性的口头谚语。这些谚语均取材于日常乡土生活，字里行间充满了乡土生活气息，淳朴俚俗的口语风格格外明显。如：

　　棒打獐子瓢舀鱼，野鸡飞到饭锅里。（达斡尔族）

　　懒女人家里没有干净碗。（达斡尔族）

　　农民的田，百姓的粮。（达斡尔族）

　　猎民的孩子爱吃猎肉，牧民的孩子爱吃牛羊肉。（鄂温克族）

　　冬天在土洞中见黄鼠狼，秋天在树梢见松鼠。（鄂伦春族）

在达斡尔族、鄂温克族、鄂伦春族谚语里，还有少量谚语属于鄙俗性的口头谚语。这些谚语非但不避俗，还会毫无忌惮地使用粗言鄙语，充斥着低俗之语，文辞鄙俗的口语风格是很明显的。如：

　　哪里有臭味，哪里就有苍蝇。（达斡尔族）

臭肉扔进吊锅子，煮熟了更难闻。（达斡尔族）

不舔吐出的唾沫。（达斡尔族）

在家人的头上饿虱子都能看到，在自己头上的鹿都看不见。（鄂温克族）

谚语以判断推理的形式，概括着一定的道理，表述着一定的观点。有些谚语直接或比较直接地从世界观、方法论的高度来揭示真理，概括规律，富有哲理。这些深奥的道理、富有哲理的思想，在谚语中通过形象生动、朴素通俗的语言准确地表现出来，通俗易懂，富有教育意义。

二、民众的接受性和喜爱性

作为一种民间文化现象，创作和使用谚语的主要是普通民众。民众为适应劳动生产和社会生活的需要，就地取材，因事析理，经过万千无名氏的创造和加工，产生出了形式精练、内涵深刻、比喻生动、哲理湛深的谚语。谚语之所以有强大的生命力，千百年来一直为群众所喜闻乐见并在群众口头广泛流传，一方面在于它的社会作用，即它能用朴实无华的语言表达某种基本真理，能够传授经验、传续文化，能够规范行为、教育下一代；另一方面，也是一个非常主要的方面，就在于它形式上的通俗性，在于民众的接受性和喜爱性。达斡尔族、鄂温克族、鄂伦春族谚语也一样，形象、通俗，具有乡土气息，深受达斡尔族、鄂温克族、鄂伦春族人民喜爱，并在达斡尔族、鄂温克族、鄂伦春族民间普遍使用、广为流传。

呼伦湖 （孔群 摄）

敖鲁古雅乡鄂温克人驯养的驯鹿 （孔群 摄）

第七章 谚语的修辞特征

　　修辞格的使用可以使语言表达更加生动形象,既易于被人接受,也易于被人理解,因此常常被人们使用。不论是在日常言语交际还是在书面文献中,都可以找到修辞格的踪迹。谚语的语言美不仅在于词语的选用和结构韵律的和谐,也与各种修辞格的运用密不可分。中华各民族谚语中很多谚条都自觉使用了修辞手法,这些修辞手法给谚语增添了艺术感染力和趣味性。

　　达斡尔族、鄂温克族、鄂伦春族谚语往往使用比喻、夸张、拟人、对偶、排比、对比等修辞手法,使谚语具有了形象性、通俗性的特点。

第一节　善用比喻

　　比喻,就是通常所说的打比方,指根据联想,抓住不同事物的相似之处,用浅显、具体、生动的事物来代替抽象、难理解的事物,即所谓"举他物以明之"。在谚语的各种表达中,比喻修辞是最常见的一种,如汉族谚语"病来如山倒,病去如抽丝""伴君如伴虎""时间一分,贵如千金"等,都是用人们更为熟悉、更好理解的具体事物"山倒""抽丝""伴虎""千金",来说明病的来去、和君王相处的情形以及时间的珍贵等抽象或相对陌生的事物。其他民族也常用比喻构成谚语,如哈萨克族谚语"好人的言语好似绫罗绸缎,坏人的言语好似胳膊手腕""智慧是江河,思维是海洋",蒙古族谚语"善良人的结局如奶汁,邪恶者的结局是污血""知识是一匹无私的骏马,谁能驾驭它,它就属于谁",维吾尔族谚语"捉住苍蝇,放跑骆驼"等,都是用比喻来说明抽象的概念或道理。

达斡尔族、鄂温克族、鄂伦春族谚语里常见的比喻修辞主要有明喻、暗喻、较喻、反喻等类型。

一、明喻手法

明喻即本体和喻体都出现,二者之间的比喻词常用"像""好像""似""仿佛""好比""如""如同""仿佛"等。如汉族谚语"有学问的人像酒瓶,肚大嘴小;骄傲的人像漏斗,肚小嘴大",藏族谚语"谋如弓越弯越好,话似箭越直越好",哈尼族谚语"客人来到我们家,好比丁香香进家"等。达斡尔族、鄂温克族、鄂伦春族谚语中有很多明喻修辞,使用民族生活中的常见事物"骏马""猎枪""食物""山泉""浮木"等作为喻体来说明道理,如:

知识像骏马,骑上走千里。(达斡尔族)

懒惰正像长了锈的枪。(达斡尔族)

初七、初八的月亮像半块苏子饼。(达斡尔族)

嫁出的姑娘像剔骨的肉,婆家是切是扔,亲朋插不上手。(达斡尔族)

井上辘轳溜溜转,清清泉水打不完;达斡尔人有了党领导,幸福生活像井泉。(达斡尔族)

谎言像漂在嫩江上的浮木。(达斡尔族)

盗贼就像兔子,连自己的影子都怕。(鄂温克族)

没有牧犬,就像没有眼睛和耳朵。(鄂温克族)

努力像上坡,灰心如下坡。(鄂伦春族)

以"骏马"比"知识",用骏马奔驰的速度之快以及路程之远,来说明掌握了知识就有了技能和工具,就能够像骏马一样行千里路。以"生锈的猎枪"比"懒惰",说明懒惰不仅让人消沉意志,更会让人能力下降，关键时刻派不上用场。用达斡尔族常吃的"苏子饼"形容初七、初八的月亮，民族特色鲜明。"嫁出的姑娘像剔骨的肉"，女儿嫁出去，就是婆家的人，生活任由婆家掌控，跟娘家再无关系，好比离骨之肉，骨肉再无关联，体现的是男尊女卑的传统文化与夫权意识。把党领导下的美好生活比作"井泉"，说明幸福像山泉一样源源不断。把谎言比作嫩江上的"浮木"，说明谎言没有根基，极易翻覆。类似的例子还有：

　　人的面子如黄金。（达斡尔族）

　　像蜜蜂一样勤劳，家庭生活将会变好。（达斡尔族）

　　像黏在胡子上的饭粒似的，走近了互相顶牛，远了相互思念。（达斡尔族）

　　龙飞蛇舞，各显技能；就像羊踝骨，能分阴阳。（达斡尔族）

　　胸怀像原野，宽阔又豁达。（鄂温克族）

　　遇事没主意，就像没有方向的风。（鄂温克族）

　　走路像企鹅，说话像喜鹊。（鄂温克族）

　　莫学野花一时开，要像松柏永远绿。（鄂伦春族）

　　女人的心不稳，像没有方向的风；男人的心直率，神铁锤也敲不歪。（鄂伦春族）

二、暗喻手法

　　暗喻，又称隐喻，指本体和喻体同时出现，不使用比喻词，本体和喻体之间在形式上是相合的关系，或用"是"来连接。如哈萨克族谚语"团结是冬天的太阳"，用比喻的修辞、肯定的语气说明团结的宝贵和重要性。"春雨是奶油，秋雨是刀口"，将"春雨"比作珍贵的"奶油"，把"秋雨"比作锋利的"刀口"，意谓对于农业生产而言，春天的雨水好比奶油一样珍贵，秋天的雨水则会给庄稼带来毁灭性的灾难，因此，春季要注意防旱，秋季要防涝，这样才能确保农作物有好的收成。

　　达斡尔族、鄂温克族、鄂伦春族谚语中也有一些运用了暗喻形式，多用喻词"是"或"变成""成为""当作""形成"等。如"好马是猎人的腿""猎马是鄂伦春人的命根子",将"好马"和"猎马"分别比作猎人的"腿"和"命根子",缺少猎马,猎人就犹如缺少了腿、失去了生命,反映出猎人非常爱惜猎马,更体现出猎马在狩猎过程中的重要性。达斡尔族谚语"轻飘的草是'卡恩卡尔金',不好的人是'布日也钦'"。"卡恩卡尔金"达斡尔语的意思是随风而动的草,即风滚草,喻轻浮的人。这种草是戈壁常见的一种植物,当干旱来临的时候,会从土里将根收起来,团作一团随风四处滚动。在戈壁公路两侧,起风的时候,经常可以看见。"布日也钦"是吹牛角的人,喻说大话的人、浮夸的人。达斡尔族用草的特性和人的特性相比附,极为生动形象。"受驯的猎鹰成为猎人的臂膀",猎鹰能为猎人抓捕猎物,是被猎人训练的结果。鹰猎是达斡尔族的一种重要狩猎方式,也是一项饶有风趣的体育娱乐活动,深受达斡尔族喜爱,拥有一只聪明敏捷的猎鹰是猎人的骄傲,将"猎鹰"比作"臂膀"用来说明狩猎活动中的关键和要点。"老人教导的话是灵丹妙药",老年人见多识广,经历丰富,他们的话语常常是经验的总结,具有极强的指导性,把"老人的教导"比作能解决一切疑难病症的"灵丹妙药",充分说明过来人经验的重要性。

达斡尔族、鄂温克族、鄂伦春族文化谚语中运用暗喻的谚语还有:

财主生的是狼心眼,牛倌挨打又受骂。(达斡尔族)

仇恨与恩情是两个永世怒目相视的死对头。(达斡尔族)

出众的人是启明星,爱瞎扯的人是漏斗。(达斡尔族)

达斡尔民族是朵花,党的恩情似甘露;浇的花儿齐怒放,高举红旗向前进。(达斡尔族)

健康是件美丽的衣裳,它能使人光彩漂亮。(鄂温克族)

利是要命的阎罗,色是刮心的刀剑。(鄂温克族)

漂亮的话是杀人的软刀子。(鄂温克族)

父心一团油,母心一团血。(鄂温克族)

好马是猎人的腿,好琴是猎人的嘴。(鄂伦春族)

美酒美女美梦，是懒鄂伦春人的朋友和坟墓；猎马猎狗猎枪，是猎手的伙伴和前途。（鄂伦春族）

太阳是大地的命根，山林是猎家的命根。（鄂伦春族）

三、较喻和反喻手法

较喻，是一种"喻中有比"的比喻，其特点是把被比喻物（本体）和比喻物（喻体）放在一起相比，既显示出它们之间的相似点，又突出本体和喻体在程度上的不同。如汉族谚语"友情浓于酒"，将本体"友情"和喻体"酒"相比较，友情比酒更为浓烈，更能使人陶醉。维吾尔族谚语"正确的话比钢刀还锐利"，将本体"正确的话"和喻体"钢刀"相比较，意谓正确的话威力无穷，比钢刀还锋利，使人惧怕。

达斡尔族、鄂温克族、鄂伦春族谚语中也使用较喻的形式。如"昏睡的生活，比死更可悲；愚昧的日子，比猪更肮脏"，本体"昏睡的生活""愚昧的日子"和喻体"死""猪"进行比较。在日常生活中，猪就是懒惰、愚笨的代名词，此处将愚昧的生活状态和猪的习性状态相比较，表现出厌恶。"死"是生命的结束，将浑浑噩噩、昏睡的生活比作比"死"还可悲，借此来说明过生活、过日子要勤劳、上进，不要懒惰愚昧。"知识比金子还贵重"，用本体"知识"比喻体"金子"贵重，说明拥有知识能够创造无尽的财富，人们要尊重知识，掌握知识去创造美好生活。类似的谚语还有：

说教不懂事的孩子，比劈柴火要难。（达斡尔族）

知识和技术的力量要超过千头犍牛。（达斡尔族）

嫩江水常年淌，达斡尔人民仇恨比水长。（达斡尔族）

天下父母的恩情，比天高大比地深。（达斡尔族）

信用好的朋友要比金银重要。（达斡尔族）

真诚的友谊比钱财可贵。（鄂温克族）

勇士的意志比冰峰还坚，懦夫的脊骨比羊毛还软。（鄂伦春族）

山高不如男人的志气高，水深怎比女人的心情妙。（鄂伦春族）

反喻，从所要说的事物的相反或相对的方面设喻，指出事物不具备的某种性质，从反面来说明本体，采用"本体——不像（不是）——喻体"的格式。例如汉族谚语"人不是铁打的"，指人有弱小之处，不是坚不可摧。彝族谚语"云再白不是披毡，话再甜不是粑粑"，意谓云朵再白也不是白披毡，不能遮体御寒，话语再动听悦耳也不是食物，不能充饥抗饿。达斡尔族、鄂温克族、鄂伦春族使用反喻修辞的谚语有：

狼崽别当狗，别人的孩子别当儿。（达斡尔族）

猎人不怕兔子多，正人不怕闲话多。（达斡尔族）

人心不似水长流。（鄂温克族）

达斡尔族、鄂温克族、鄂伦春族谚语也常常反喻、较喻配合使用。如："打冰没有冰镩不行，家里没有女人不行"（达斡尔族），"冰镩"是"打冰"这一活动的工具，具有重要作用，"女人"对于一个家庭来说也具有极其重要的作用，此谚语的妙处就在于，想要表达重要性没有直接指出，而是采用否定语气来说明，在一定程度上反而加强了表达效果，更突出女人对家庭的重要性。"诺敏河水不怕染灰尘，没做坏事不怕人议论"（达斡尔族），用"诺敏河水"和人进行对喻，同时运用反喻的手法，来喻指人身正不怕影子斜，正直没做坏事不怕别人议论。

第二节 巧用夸张

夸张是运用丰富的想象力，在客观现实的基础上有目的地放大或缩小事物的形象特征，用夸大的词语来形容事物，以增强表达效果的修辞手法，也叫夸饰或铺张。

夸张从表面上看来是"言过其实"的，实际上是以事实为依据的。夸张重在感情的抒发，而不重在事实的记叙。夸张就像放大镜一样，把事物放大，让人们将事物的特征和本质看得更清楚，能够更充分地表达人的思想感情，因此成为各民族谚语中常用的修辞方法。例如汉族谚语

"谷子栽得稀,不够喂小鸡",藏族谚语"身份地位大如须弥山,气量胸怀小似鼠粪蛋",藏族谚语"一碗酥油,是用千滴牛乳制成的;一碗糌粑,是用万滴血汗换来的",维吾尔族谚语"唾沫能积成大海",蒙古族谚语"如果把绳子拧紧了,石头也能勒破;如果团结起来,沙土也能打成墙"等。

达斡尔族、鄂温克族、鄂伦春族谚语中也经常用到夸张这一修辞手法。如达斡尔族谚语"只要大家一条心,可让黄土变成金""能说的人能在水上煮出奶皮子";鄂伦春族谚语"勇敢的猎手可以从山头爬到云朵上,胆小鬼搭着梯子也爬不到帐篷顶";鄂温克族谚语"骆驼能吃到一颗蒿草,就可以一个月不吃东西"。

夸张的类型可以分为扩大夸张和缩小夸张两类。

一、扩大夸张

扩大夸张就是故意把事物或事物具有的某种特征往大、多、快、高、强处说。达斡尔族、鄂温克族、鄂伦春族谚语也广泛使用扩大的夸张手法,如鄂伦春族谚语"比武超过一千名,汗水洒下一万珠",鄂伦春族的比武最初只是单纯的两个勇士之间的竞赛,经过长期的发展后,变成民族重大赛事,吸引着来自远方的赞助者与竞赛者。这则谚语就是通过扩大夸张,表明经过艰辛比试,最终胜过了众多勇士。类似的谚语还有:

好汉的胸膛里,能装下全鞍马。(鄂温克族)

有智慧的人肚子里能跑马。(达斡尔族)

巴彦一顿饭,乞丐一年粮。(达斡尔族)

不要光讲吃喝,饭会把你噎死;不要光讲穿着,衣服会把你压死。(达斡尔族)

蠢人自觉比天高。(达斡尔族)

躺在摇篮里形成的思想,到七十岁也不会变。(达斡尔族)

万两黄金容易得到,一个知心人最难求。(达斡尔族)

众人的舌头，能把一座山推倒。（达斡尔族）

大将宽阔的胸怀里，可以包容八匹骏马。（鄂温克族）

舌头过长的人，终究被舌头缠死。（鄂温克族）

二、缩小夸张

缩小夸张即向下夸张，就是故意把一般事物往小、少、慢、低、短、弱处说。例如鄂伦春族谚语"勇敢的猎手可以从山头爬到云朵上，胆小鬼搭着梯子也爬不到帐篷顶"，打猎是鄂伦春族的基本生产方式，这则谚语通过缩小夸张来表现胆小鬼的懦弱，从而对比出猎手的勇敢，不怕危险，不怕困难，有勇气，有胆量。鄂温克族谚语"山神不在的山上，连个鼠虫也没有"，世代以山林狩猎为生的鄂温克族形成了对山神的想象和崇拜，认为没有山神的山林贫瘠匮乏，夸张到"连个鼠虫也没有"。

第三节　妙用拟人

拟人的手法在日常生活和文章写作中都经常被使用，把非人的生命体和非生命体假设为人，当人来看待，赋予它们专属于人的某些特点，诸如人的动作、人的行为、人的情感等，这样就使得物体具有了人的特征，用这样的修辞手法能够在表达上更加贴合人的情感、感受，更容易被读者或者听者理解和接受，也更容易传达思想和态度。

各民族谚语中都常见到拟人的修辞手法，如汉族谚语"谷子生得乖，无水不怀胎""谷雨麦打包，立夏麦龇牙"，维吾尔族谚语"懒驴总嫌驮子重"，藏族谚语"蛙说自己粗，蛇说自己长"等。

达斡尔族、鄂温克族、鄂伦春族谚语中也使用拟人的修辞方式，如鄂伦春族谚语"大树穿上绿袍，打猎定要起早"，鄂温克族谚语"后面飞的乌鸦，嫌前面飞的乌鸦黑"，达斡尔族谚语"布谷鸟歌悠扬时候，原野上正换青绿装"等。

拟人修辞还可以分为非生物的拟人和动植物拟人两个类型。

一、非生物拟人

非生物拟人化，就是把不具备生命特征的事物进行拟人化的处理。鄂伦春族谚语"歌儿把我接到人间，歌儿把我送到圣天"，鄂伦春民族把思想、感情、意志和愿望以曲调和唱词的艺术形式表达出来，利用拟人的手法来说明歌曲可以使人心情愉悦。他们在放牧的时候高歌，在农业生产中快乐歌唱，歌声伴随着他们的劳动生产、社交、娱乐活动。这则谚语以"接""送"这样的动词使"歌儿"具有了人的特点，以更加生动的方式说明了歌对于鄂伦春族的重要性。达斡尔族谚语"北斗星指夜路"，人们通过北斗星来辨认方向，这则谚语通过拟人表现出北斗星指路的功能。其他类似谚语还有：

月亮戴上套环，出猎不应迟缓。（鄂伦春族）

恶毒的攻击使石头发麻，真诚的话语使冰雹融化。（鄂伦春族）

羞耻找谎言，荣誉找诚实。（达斡尔族）

大祸从安睡的枕头底下冒出来。（鄂温克族）

二、动植物拟人

有生物拟人化通常指将动植物作拟人化处理，使动物或植物具有了人的特点、思想、感情。鄂温克族谚语"凡是狐狸都夸自己尾巴"，狐狸尾巴是狐狸外形的重要特征，谚语使用拟人手法，用狐狸夸赞尾巴来形容爱自夸的人。达斡尔族谚语"奶牛的心，总在牛犊身上"，这句谚语中的"心"指的是心思、牵挂的思绪，母牛把心思放在牛犊身上，是拟人的手法，整体上用来比喻父母对孩子的牵挂。类似的谚语还有：

狐狸仗着老虎耍威风。（达斡尔族）

毒死一只猫，乐坏千只鼠。（达斡尔族）

飞禽爱惜自己的羽毛，名人珍惜自己的声誉。（达斡尔族）

家里没有猫，老鼠成霸王。（达斡尔族）

仗着虎势狗跳。(达斡尔族)

找死的耗子跟猫玩。(达斡尔族)

爱叫唤的狗没有伴侣,爱告状的人没有朋友。(鄂温克族)

蚂蚁忙活搬家,天就快要下雨。(鄂温克族)

蚂蚁修筑窝穴,当日就会有雨。(鄂温克族)

群鸟最快乐的地方是蓝天,猎人最快乐的地方是深山。(鄂温克族)

第四节 喜用对偶

对偶辞格形式上句式整齐,音律和谐,读起来朗朗上口,便于记诵,内容上前后呼应,凝练集中,有很强的概括力,形象鲜明,能够加深读者的印象,因而成为各民族谚语中常用的修辞方法。如汉族谚语"种瓜得瓜,种豆得豆""天上钩钩云,地下水淋淋";维吾尔族谚语"雏鹰望着天空,羊羔望着地面""有胜过姑娘的媳妇,有强过骏马的马驹";柯尔克孜族谚语"鱼儿若离开水会死亡,英雄若脱离人民将死

亡""你若从小是浪荡鬼,老来便是个邋遢鬼";黎族谚语"哥爱妹如藤咬藤,妹爱哥如根连根""鱼爱江河,人爱祖国"等,均采用了对偶的修辞手法。

在达斡尔族、鄂温克族、鄂伦春族谚语当中,也较为广泛地运用了对偶的修辞手法。在形式上,对偶前后句词数相等、结构均匀、音节整齐。在内容上,前后句表达相对或相关意思。译写成汉语时也尽量保持了原句的对偶特征。从前后句意义的关系来看,达斡尔族、鄂温克族、鄂伦春族对偶谚语可以划分为平行式、主从式两种类型。

一、平行式对偶

平行式对偶,指的是前后两句表达同一个主题。如鄂伦春族谚语"别小看一朵云,聚多了会下暴雨;别小看一只狼,聚多了会吃掉你",这则谚语运用云积聚成雨,狼成群吃人这两个生活中的事例,前后两句用不同的意象形成对偶,说明同一个道理,即任何力量积聚起来都会产生巨大的威力。类似的谚语还有:

狩猎人不忘擦净枪膛,放鹰人不忘清理鹰胃。(达斡尔族)

鱼不怕水深,虎不怕林深。(达斡尔族)

陈巴尔虎旗草原 (孔群 摄)

月牙大，月高又大；月牙小，月矮又小。（达斡尔族）

训练出来的骏马，调教出来的猎鹰。（达斡尔族）

柳蒿菜是春末夏初香，韭菜花是夏末秋初香。（鄂温克族）

常用的锄不生锈，滚动的石头不长苔。（鄂温克族）

脑子里没东西，轻易不会闭嘴；脑子里有东西，轻易不会张口。（鄂温克族）

爽直的少年不能迷恋于花花姑娘，正直的男子不能陶醉于烈性酒浆。（鄂伦春族）

对于怕苦的人，杨树又滑又高；对于敢闯的人，高山又矮又小。（鄂伦春族）

猎户养狗，因为它是猎人的好助手；猎人杀狼，因为它的恶性难以改良。（鄂伦春族）

二、主从式对偶

主从式对偶，主要指形式上的对偶句，在语义上表现为前句引出、铺垫、衬托后句的作用，后句是该句谚语想要表达的事理所在。如鄂温克族谚语"猎刀要经常磨，脑子要经常动"，谚语前句借猎刀经常磨才能保持锋利，引出脑子要经常动的道理，告诫人们要多学习，勤思考。"马不驯服不好骑，人不教育要变坏"，前句来自客观的生产生活经验，后句落脚在教育的重要性，是谚语想要表达的核心。"熬不起长夜的得不到鲜茸，吃不起苦头的成不了硬汉"，鹿茸是非常名贵的药材，采集鹿茸是鄂伦春族一项重要的活动。春季或初夏，雄性梅花鹿、马鹿开始长新角，必须在新角未骨化之前砍下鹿角才算采到鹿茸，时间短，难度大，需要鄂伦春族猎人投入非常大的精力，用采集鹿茸这一大家熟悉的、具体的生产活动做铺垫，推导出需要吃苦才能成为硬汉的做人的道理。类似的谚语还有：

碧绿的诺敏河水，幸福的达斡尔人。（达斡尔族）

鸭子水中游，靠凫水本领；木排水中走，靠掌舵水手。（达斡

尔族）

鱼往深处游，人往高处走。（达斡尔族）

光秃秃的地上，白脖鸭不落；不相识的汉子，姑娘不愿嫁。（鄂温克族）

好马能识万里路，好汉能知天下理。（鄂温克族）

山丁子熟了会变红，孩子长大了会懂事。（鄂温克族）

油灯只照亮一间屋，学问能照亮人世间。（鄂伦春族）

吃糖甜，牙不好；喝药苦，病才好。（鄂伦春族）

积雪再厚，山林终究会变碧绿；生活再苦，猎民终究会有转机。（鄂伦春族）

没有脊背的蛇，长得再粗也挺不起身架；没有耐性的人，教得再细也瞄不准箭靶。（鄂伦春族）

树林长得再稠密，总能传出声音来；坏事做得再诡秘，总会露出破绽来。（鄂伦春族）

树木生长靠大地、水分和阳光，猎人生存靠猎马、猎狗和刀枪。（鄂伦春族）

树大，枝叶繁茂；人多，力量强大。（鄂伦春族）

空心树用斧子一敲就裂纹，无知者用妙言一激就心虚。（鄂伦春族）

打猎一次的收获，别认为可够吃一冬；赛马一次的领先，别以为可炫耀一生。（鄂伦春族）

第五节　常用排比

人们在运用语言时，把三个以上句式结构相同或者相似（相近）、语气（语调）一致，意思密切关联的句子或句子成分排列起来，表示语义的强调和感情的加深，这种修辞格，就是排比辞格。谚语中也有运用排比形成三个以上分句谚语的，如汉族谚语"一天不练手脚慢，两天不练丢一半，三天不练门外汉，四天不练瞪眼看"，柯尔克孜族谚语"狗留在吃饱的地方，鸟待在飞落的地方，马停在过夜的地方，人守在出生的地方"。

达斡尔族、鄂温克族、鄂伦春族谚语也会用到排比修辞，以增强表达效果，大致可以分为以下两类。

一、叙述结构排比

叙述结构排比指的是在谚语表达中，使用相同的叙述句式或结构，形成一致的叙述表达，对语义和情感加以强化。达斡尔族、鄂温克族、鄂伦春族一些与风俗习惯相关的谚语常常使用排比的方式表达，如鄂温克族谚语"打犴鹿时日刚出，打狍子时日正南，吃饭时间日偏西"和"二至三月是鹿胎期，五至六月是鹿茸期，九月至落雪前是鹿围期，落雪期间是打皮子期"。犴鹿即驼鹿，鄂温克人称之为"犴达罕"，分布在大兴安岭及小兴安岭北部。鄂温克族与鹿的关系非常密切，他们饲养驯鹿，也捕食梅花鹿、驼鹿等。狍子是东北地区常见的野生动物之一，狍子肉质纯瘦，狍皮结实耐磨，可以做成多种皮制品，是鄂温克人的主要狩猎对象之一。第一则谚语是鄂温克族打鹿的经验：驼鹿多在早晚活动，因此鄂温克人在日出时即清晨就要出去打鹿；日正南即中午，谚语显示鄂温克人常在中午打狍；日偏西即下午，生产活动暂时告一段落，鄂温克人休息吃饭。第二则谚语则反映了鄂温克族对于鹿生活规律的认识。再如"北斗星的方向是东北，三星出的方向是东南，日月出的方向是东方，中午太阳的方向是南，太阳到不了的方向是北"，是将东南西北四个方向排比说明，使得读者和听者对于东南西北有了明确的认知和判断。又如鄂温克族谚语"儿子哭是惊天动地，媳妇哭是虚情假意，姑娘（闺女）哭是真心实意，姑爷哭是驴子放屁"，将儿子、媳妇、姑娘和姑爷四类人排列起来，并总结了不同的人哭的特点，儿子和闺女哭得"真"，而媳妇和姑爷哭得"假"。从这几类人的不同对比，可以看出人们对本姓人（儿子和女儿）和外姓人（媳妇和姑爷）的亲疏关系的认识和情感态度。其他类似谚语如：

树高总有枝，水长总有源，人老有祖先。（达斡尔族）

从人的长相，就会看出人的品行；从人写的字体，可以看出人的品行；从事物的外观，可以看出物品的质量。（鄂温克族）

飞鸟靠的是一双翅膀，野兽靠的是四腿，人靠的是智慧，鱼靠的是尾巴。（鄂温克族）

刻石需要铁，打铁需要火，灭火需要水，用水需要人。（鄂温克族）

马不奔跑显不出速度，猴子不爬树显不出能力，人不交往显不出好坏，猎人不狩猎显不出智慧。（鄂温克族）

千万不要吓唬胆小怕事的人，千万不要逼急笨拙迟钝的人，千万不要见了松果忘了树林，千万不要见了羊就忘了羊圈。（鄂温克族）

二、核心词语反复排比

核心词语排比指在构成排比的句式中，有些核心词语反复出现，形成音节上的冲击，强化语义表达，如：

英雄拳头红，模范胸前鲜花红；日落彩霞红，美丽姑娘嘴唇红。（达斡尔族）

天上下的雪白，掌秤的银子白，死去的人脸白，年轻人的牙白。（达斡尔族）

树枝上的乌鸦黑，墙角趴着的猪黑，煮饭锅的锅底黑，年轻人的头发黑。（达斡尔族）

写墨字的墨水黑，天上飞的乌鸦黑，年轻人的头发黑，坏分子的良心黑。（达斡尔族）

快马踢扬的尘埃红，强盗手中的刀子红，毒蛇口中的舌头红，狐狸身上的毛色红。（达斡尔族）

穿冰窟的凿子尖，耕地的犁杖桦子尖，母猪钻障子嘴尖，扯闲话的女人嘴巴尖。（达斡尔族）

对小孩是饽饽好，吃干饭是筲箕好，要想出汗辣椒好，抓肥猪是钩子好。（达斡尔族）

好姑娘学绣花快，好小伙子干活快，貂尾美丽被土埋得快，狐狸尾被灰埋得快，猞猁尾被沙土埋得快，喜鹊尾巴老得快。（达斡尔族）

马勤快在腿上，狗勤快在嘴上，鸟勤快在翅上，人勤快在手上。（鄂伦春族）

马懒惰没鞍具，驴懒惰没套具，人懒惰没工作。（鄂温克族）

痞子耍嘴皮子多，懒人讲的条件多，勤奋的人活儿多，能干的人做得多。（鄂温克族）

调皮的小马喜欢四处奔跑，调皮的牛犊喜欢相互顶牛，调皮的羊羔喜欢蹦蹦跳跳，调皮的小狗喜欢不停叫唤。（鄂温克族）

第六节　常用对比

对比修辞就是将两个截然相反的事物或同一事物的两个方面放在一起进行比较，以反映事物的矛盾或突出某一项事物，形成鲜明对照，给人们留下深刻印象。对比修辞在谚语中大量使用，如汉族谚语"由俭入奢易，由奢入俭难"，维吾尔族谚语"希望使人焕发青春，忧愁使人萎靡不振"，哈萨克族谚语"劳动能将戈壁滩变成绿洲，懒惰能将戈壁滩变成荒漠"，乌孜别克族谚语"与好人交朋友，遇事有好帮手；和坏人交朋友，到头来挨石头"，满族谚语"有志者，自有千方百计；无志者，自有千难万难"。

达斡尔族、鄂温克族、鄂伦春族中使用对比修辞手法的谚语数量庞大，从表述内容上大致可以分为同一事物不同方面对比和不同事物的对比两种情况。

一、同一事物不同方面的对比

同一事物不同方面的对比，主要指事物性质的相反对立。达斡尔族、鄂温克族、鄂伦春族谚语从内容上看，主要有勤劳与懒惰、好与坏、聪明与愚蠢、贫穷与富贵、今与昔、骄傲与谦虚、朋友与敌人、性别的对比等。

人类是社会性群体，想要维持该群体的良性发展，需要创建健康的价值观念。"好"与"坏"成为人们评价事物的基本标准之一，"好"则为人所推崇，"坏"则遭到反对、排斥。好坏对比的谚语如：

好有好报，恶有恶报。（鄂温克族）

劝人的人是神，出坏的人是鬼。（鄂温克族）

好心得好结果，坏心得坏结果。（达斡尔族）

好名声要是传千里远，坏名声就得传万里远。（达斡尔族）

人要做好事一生荣誉，人要做坏事不得好死。（鄂伦春族）

人做好事是一生的荣誉，人干坏事背一辈子骂名。（鄂伦春族）

达斡尔族、鄂温克族、鄂伦春族有史以来就凭借"游牧渔猎"为生，想要获得基本的生活产品，必须付出艰辛的劳动。因此谚语中十分强调勤劳与懒惰的对比，如：

懒汉，越活越衰老；勤快人，越活越年轻。（达斡尔族）

晚睡早起，勤劳人的好习惯；晚睡晚起，懒惰人的坏习惯。（达斡尔族）

勤劳，万物不缺；懒惰，一无所有。（鄂温克族）

懒惰者越耍懒越懒惰，勤劳者越劳动越勤劳。（鄂温克族）

勤劳能够致富，懒惰致人饿死。（鄂温克族）

勤劳者汗水多，懒惰的人涎水多。（鄂温克族）

安逸喝清水，操劳喝蜜汁。（鄂温克族）

劳动养人，懒惰毁人。（鄂温克族）

狩猎能将人变成勇士，懒惰能将人变成魔鬼。（鄂伦春族）

智者和愚人对待事物的不同方式直接导致完全不同的结果，达斡尔族、鄂温克族、鄂伦春族通过对比赞美智者、贬斥愚者的谚语有：

聪明的人责自己，愚蠢的人怪别人。（鄂温克族）

智者懂了也要问，愚者不懂也不问。（鄂温克族）

愚蠢人逛街赛拳头，聪明人下棋赛智慧。（达斡尔族）

汉族中有"富在深山有远亲，穷在闹市无人问"的说法，体现了贫富差异的对比，达斡尔族、鄂温克族、鄂伦春族谚语中类似的对比如：

富人的远亲常来往，穷人的近亲也不登门。（达斡尔族）

白音的衣裳一季一换，穷人的衣裳四季是它。（达斡尔族）

达斡尔家灶烟不一样，大户烟浓，穷人烟稀。（达斡尔族）

富贵时别瞧不起穷人，贫穷时意志别衰退。（达斡尔族）

巨富有簸箕所缺的时候，大富有笤帚所缺的时候。（达斡尔族）

还有很多谚语体现出要正确看待贫富，对待金钱要取之有道，如：

贫家姑娘勤快的多，富家姑娘懒惰的多。（达斡尔族）

金钱使人失掉义气，廉洁不会使人送命。（达斡尔族）

不做金钱的奴隶，要做金钱的主人。（鄂温克族）

与其富而耻辱，不如贫而享誉。（鄂温克族）

中华人民共和国成立以来，少数民族地区人民翻身做主人，在国家政策的大力扶持下，达斡尔族、鄂温克族、鄂伦春族地区人民逐渐抛弃了过去落后的生活方式，与时俱进，不断发展。在达斡尔族、鄂温克族、鄂伦春族谚语当中，还有许多体现了今昔的对比，如：

昔日烧荒引兽，现今护林防火。（达斡尔族）

过去，做荞面条用牛胛骨的窟窿漏下；现在，用电动床子做成。（达斡尔族）

旧社会达斡尔人民受压迫，新社会达斡尔人民做主人。（达斡尔族）

汉族谚语有"满招损，谦受益""虚心使人进步，骄傲使人落后"，谦虚与骄傲是谚语中常见的品格对比，达斡尔族、鄂温克族、鄂伦春族谚语中也体现出对谦虚者的赞扬和对骄傲的人的贬斥，如：

　　骄傲的人总看别人的短处，虚心的人总学别人的长处。（鄂温克族）

　　骄傲使天使沦为魔鬼，谦逊使凡人变为天使。（鄂温克族）

二、不同事物的对比

不同事物之间的对比，并非将风马牛不相及的事物放在一起进行对比，其前提是两种事物具有可比性，或者事物类别范畴相同，或者处于相同的情境之中，通过对比，凸显两者之间的鲜明对立、差异或矛盾。如达斡尔族谚语"蒙古人会说好来宝的多，达斡尔人会唱乌春的多""蒙古族人唱歌'啊嗬咿'，长调悠扬；达斡尔人唱歌'讷由耶'，衬词优美"，这两则谚语通过特征对比，显示了蒙古族和达斡尔族歌唱形式和内容的区别：蒙古族好说"好来宝"，唱歌喜用"啊嗬咿"，尤以长调闻名；而达斡尔族则好用"乌春"，在唱歌时常用"讷由耶"，以衬词取胜。鄂伦春族谚语"住牧区吃羊肉，住山区烧好柴"，则说明居住在不同地域的人民生产生活方式的差异，牧区牛羊多，自然习惯吃羊肉，而山区树林多，柴比较多。类似谚语还有：

　　在河边吃鲜鱼香，在牧区吃羊肉美。（达斡尔族）

　　脏妇的家里抹布多，勤夫的家里柴火多。（达斡尔族）

　　常用的锄不生锈，滚动的石头不长苔。（鄂温克族）

　　狗的朋友都是啃骨头的，猫的朋友都是捉耗子的。（鄂温克族）

　　好马难走驯鹿道，犍牛难走爬山道。（鄂温克族）

　　好马需要好缰绳，好犍牛需要好牵绳。（鄂温克族）

　　好事要你找它，坏事它要找你。（鄂温克族）

　　宁肯死在战友身边，决不活在敌人身边。（鄂温克族）

　　朋友来了举杯，敌人来了举棒。（达斡尔族）

　　朋友来了捧出酒肉，敌人来了举起刀枪。（鄂伦春族）

呼伦贝尔市陈巴尔虎旗草原 （孔群 摄）

第八章 谚语的形式特征

谚语是一个民族语言的精华,是语言艺术的结晶。它以简练生动、节奏鲜明、韵律和谐、修辞多样的句式,表达了富有深刻道理的语义内容。武占坤、马国凡在《谚语》一书中指出:"谚语语言形式的另一特色,就是它的音乐性。自古'谣谚'并称,也正是由于它和歌谣一样,富于声韵美、富于旋律性、富于节奏感。"[1] 谚语是一个民族语言中最美的语言形式,所以有维吾尔族谚语"男人的美在胡须,语言的美在谚语"、达斡尔族谚语"清澈的水是泉水,美妙的话是谚语"、彝族谚语"山中有清泉,彝族有尔比"("尔比"是彝族"谚语"的音译词)这样的表述。

这三则谚语分别用"男人的胡须""清洁的泉水""清泉"来比拟谚语之美,足以说明不同民族语言之美集中体现于谚语的事实。在达斡尔族、鄂温克族、鄂伦春族谚语宝库中,一则则谚语犹如一颗颗五光十色、晶莹耀眼的明珠,在民间生活中有着很强的生命力和影响力。这不仅是因为它凝聚着世世代代达斡尔族、鄂温克族、鄂伦春族的智慧、思想与处世哲学,也因为其语言形象生动、韵律优美、言简意赅,有着独特的艺术魅力。从句式类型来看,达斡尔族、鄂温克族、鄂伦春族谚语有单句和复句两种类型,大量复句谚语的存在给这三个民族的谚语增添了一种对称美。从韵律特征来看,达斡尔族、鄂温克族、鄂伦春族谚语非常善于运用音韵、节律等语音手段来增强谚语表达和诵读的节奏感与音乐美,带给人们的是韵味隽永的审美享受。

---

[1] 武占坤、马国凡,《谚语》,内蒙古人民出版社,1983年,第3页。

第一节　句式的凝练性

谚语"是从语言的矿石里提炼出来的纯金",高尔基在《论文学》中提到:"谚语和歌曲总是简短的,然而在它里面却包含着可以写出整部书的智慧和感情。"谚语往往用最精练、最简约的语言,把人民群众对自然和社会现象的深刻认识,用只言片语加以概括表达。

谚语是一个民族语言艺术的结晶,简约凝练是最基本的形式特征。谚语在形式上要尽量短小精悍,但所蕴含的语义内容却尽可能丰富,以极简约的形式承载极深厚的语义,因此谚语从形式到内容都非常精练。达斡尔族、鄂温克族、鄂伦春族的谚语形式极度概括,有时只用三五个词的短句,有时只用两句或四句的短话,就能说明一条经验或一个道理。无论句子多寡,这三个民族的谚语都用精粹绝伦的形式,把本民族广泛的生产生活经验、民族风俗习尚、可叙述的民族历史、民众智慧思想的总结、蕴含丰富的哲理淋漓尽致地表达出来,充分体现了达斡尔族、鄂温克族和鄂伦春族谚语的凝练性。

一、单句的凝练性

达斡尔族、鄂温克族、鄂伦春族谚语是通过字数的限制来达到简洁精练的目的,因而超短的结构形式是这三个民族单句谚语的主要结构形式。单句结构的谚语主要为三到七个词,只有少数谚语超过七个词。由于这种字数的限制,使得这三个民族谚语在结构上形成了短小精悍、简洁凝练的基本特征。

1. tuoroŋ paitʰə tokoləntʰii。

暗事有瘸腿。(达斡尔族)

2. sain paitʰə patʰəkʰənəŋ paraŋ。

好事多磨。(达斡尔族)

3. kʰanlikə tʰalə χualikə puu kanlie。

宁穷勿偷。(达斡尔族)

4. urə sigie bikki bəjəsiŋ-ni əniŋ。

猎人的母亲是山林。（鄂温克族）

5. pitʰəkə mət-wuu χuu sanaa-iəə warəŋ。

吃墨者心灵。（达斡尔族）

6. paitʰii tulələdʒi tʰursəŋ mətlə χuu-ii tʃəpnii。

经验是人们的老师。（达斡尔族）

7. nəkʰə nirkəsii maŋŋələ nəkʰə nirəkəs artʰə。

一粒稷子一粒金。（达斡尔族）

8. suorəsə ərtəm artʰə mokol χuo oiinwu。

知识比金子还贵重。（达斡尔族）

9. osii χətəlii para dʒipie-iəə matʰaldʒ wuu poroŋ。

渡过江别忘了船。（达斡尔族）

例1只用了三个词，字面义指暗事有瘸腿，生动地比喻了做暧昧之事会有妨碍，终究难成其事的结局。例2只用了四个词，说明了成就好事需要多加磨炼的道理。例3、例4、例5都只用了五个词，例6、例7、例8都只用了六个词，例9用了七个词。这些谚语形式虽然极度凝练，但蕴含的语义内容却很丰富，说明的道理也很深刻，充分反映了达斡尔族、鄂温克族、鄂伦春族谚语凝练性的特征。

二、复句的紧凑性

达斡尔族、鄂温克族、鄂伦春族的复句谚语是通过分句紧凑配置和字数的限制来达到简洁精练的目的。这三个民族的复句谚语，分句之间的内容存在内在的逻辑性和密切的关联性，配置得十分紧凑，分句内的词语极度锤炼，主要为三到五个词，惜语如金，唯简是求。由于这种字数的限制和分句紧凑的配置，使得达斡尔族、鄂温克族、鄂伦春族的复句谚语在结构上也形成了短小紧凑、简洁凝练的基本特征。

1. tʰulʲ paraŋ polosə, kerʲ-nə kʰatʰəŋ。

柴多火焰高，人多力量大。（达斡尔族）

2. sain morʲ luantʰət-pəi, kʰatʰarŋoŋ χatʰat-pəi。

好马在于缰，好汉在于志。（达斡尔族）

3. əkkə tatiga-mi iggəkki, urəl-ni amaggʊ-du əru。

娇生惯养，害儿一生。（鄂温克族）

4. əɕin bitəədu jirə, əɕiɲi guruuljə baxara。

不钻进书本，不能获得知识。（鄂伦春族）

5. aja-dʊ aja mʊsʊŋa-si, əru-du əru mʊsʊŋa-si。

善有善报，恶有恶报。（鄂温克族）

6. sain ərəkoŋ nəkʰəl wusuwu-t, sain morʲ nəkʰələ minaa-t。

好汉一句，好马一鞭。（达斡尔族）

7. ɔrɔːtɔ-si bikki adsʊ-si, səgəː-si bikki bəntʃien-si。

有草就有牲畜，有知识就有本领。（鄂温克族）

8. əɕiɛ saarawə əɕiɛ ŋəələrə, əɕiɛ tartabkiməər ŋəluɕixdi。

不怕不知，就怕不学。（鄂伦春族）

9. mɔɔ baraan tɔɔ guxda, bəjə baraan kutʃuɲin əxdə。

柴多篝火旺，人多力量大。（鄂伦春族）

10. uubtʃu ajmaxan tuləduwi aja, bəjə tɔɔndɔ dʒaldulin aja。

羽毛好看美在外表，为人诚实美在心内。（鄂伦春族）

11. altaŋ muguŋ gunər-niŋ bikki dakkə-ni əd, səgəːgunər-niŋ bikki gɔr-ni dʒaisaŋ。

金银是眼前的财产，知识是永久的财富。（鄂温克族）

上述谚语都是双句复谚，各分句配置得十分紧凑，语义内容显得十分连贯。分句内的词语极度锤炼，绝大部分谚语的分句只有三到五个词，但蕴含的语义内容却非常丰富。例1上面的分句有三个词，下面的分句仅有两个词，就把"柴多火焰高，人多力量大"丰赡的语义内容精辟地表达出来。例2上面的分句有三个词，下面的分句也仅有两个词，表达了"好马在于缰，好汉在于志"的深刻语义。例3上下分句都是三个词，表述了养育子女不能娇生惯养的经验。例4上面的分句三个词，下面的分句两个词，表达了读书是获取知识的重要途径。例5上下分句都是三个词，表达了善恶因果报应的观点，劝诫人们要行善。例6上下分句用了三个词，表达了好马只需一鞭就能立刻跑起来，好汉只要一句话就立即行动起来。例7上下分句也用了三个词，表述了"有草就有畜生，有知识就有本领"的事理。例8上下分句都是三个词，表述了人要勤于学习的道理。例9上句只用了四个词，下句也只用了四个词，把"柴多篝火旺，人多力量大"的语义内容精辟地表达出来，和例1具有异曲同工之妙。例10上下分句各用四个词，表达了"羽毛好看美在外表，为人诚实美在心内"的深刻认识。例11上下分句各有五个词，表达了金银只是暂时的财富，知识才是永久的财富的道理。这些复句谚语结构凝练，句式简洁紧凑，但表达的语义内容丰富深邃，充分体现了这三个民族谚语的凝练性特征。

在达斡尔族、鄂温克族、鄂伦春族的复句谚语里，还有少量的四句式谚语。这些复句谚语的各分句，少则只有两个词，多则只有五个词，语句十分精练。

1. dʒuwaa əxuu, tuwəə iɲiin; dʒuwaa səruun, tuwəə ŋamaa。

夏天热，冬天冷；夏天凉，冬天暖。（鄂伦春族）

2. murin dijaar alganduwi, ŋanaxin tʃətʃəən amŋaduwi, tʃinəxəə ildaam dəxtiləəduwi, bəjə ərdəmutʃi ŋaaladuwi。

马快在腿上，狗快在嘴上，鸟灵巧在翅上，人能耐在手上。（鄂伦春族）

3. ɕiɲi urkaja nəədə, tuxsaxija ədʒəj baxara; ɕiɲi miwtʃeenmi wodərə, guskəwə ədʒəj butara。

不下套子，套不住兔子；不开猎枪，打不住狼。（鄂伦春族）

4. moto χodʒoro-t oŋinwuu, χuu tər dʒalənə oŋinwuu ɕie-pəi; osii tərən-ninii oŋinwu, χuu χala oŋinwu ɕiepəi。

木重有本，人重祖先；水重有源，人重氏族。（达斡尔族）

5. tari ŋəələxu bəjədu, ɕeextu mɔɔ baldaxi ŋaan guxda; ərii baatur bəjədu, guxda urə nəxtə ŋaan ɳitʃuxun.

对于怕苦的人，柳树又滑又高；对于敢闯的人，高山又矮又小。（鄂伦春族）

例1各分句只有两个词，连贯得十分紧凑，把"夏天热，冬天冷；夏天凉，冬天暖"的内容丰富的气候规律紧凑明快地表述了出来。例2、例3各分句仅有三个词，例4、例5各分句有三到五个词，结构形式都十分短小精悍，但表述的语义内容都很丰富，充分体现了达斡尔族、鄂温克族、鄂伦春族谚语结构短小紧凑、简洁凝练的特征。

第二节 谚语的押韵

达斡尔族、鄂温克族、鄂伦春族谚语的押韵是利用相同词语、音节或音素回环重复的形式来增强谚语的韵律美和音乐感，让人读起来朗朗上口，听起来和谐悦耳。从韵律形态来看，达斡尔族、鄂温克族、鄂伦春族谚语主要有相同词语押韵、相同音节押韵和相同音素押韵三种韵律形态；从押韵部位来看，主要有首韵、腰韵、尾韵、首尾韵、腰尾韵、首腰韵、首腰尾韵七种部位类型。这充分反映了这三个民族谚语韵律形态灵活性和丰富性的特征。

一、谚语的韵律形态

"韵"的概念有广义和狭义的分别。汉族谚语的押韵主要指韵腹、韵尾和声调相同的音节回环重复，如："读书人怕赶考，庄户人怕薅草"，"考""草"押韵，语音重复的形式为［ao］214，韵腹、韵尾和声调相同，但声母不必相同；"清明前后，点瓜种豆"，"后""豆"押韵，语音重复的形式为［ou］51，韵腹、韵尾和声调相同，声母也不同。这是符合汉语里韵文押韵传统的，可视为狭义的押韵。如果把相同音节的重复也算作押韵的话，汉族谚语的押韵也存在相同词语的押韵，如"一个篱笆三个桩，一个好汉三个帮"，首韵是数量结构"一个"的回环重复，尾韵是"桩""帮"相押；"读书不离案头，种田不离田头"，尾韵是"头"的回环重复，可视作广义的押韵。鄂温克语、鄂伦春语和达斡尔语属于阿尔泰语系满洲-通古斯语族语言，语音系统本身没有声调，语音形式只要存在相同词语、音节或音素回环重复就可以视作押韵了，这是阿尔泰语系各语族语言共同的韵律特征。[①] 同样，达斡尔族、鄂温克族、鄂伦春族谚语的押韵也存在相同词语、相同音节或相同音素回环重复的韵律形态。这三种韵律形态多呈现整齐的对称押韵特点，有时还呈现三种韵律形态交互押韵和连绵押韵的情况。

（一）相同词语回环重复押韵

利用相同词语的回环重复增强谚语的韵律美和音乐感，是达斡尔族、鄂温克族、鄂伦春族谚语普遍使用的一种韵律形态。在首韵、腰韵和尾韵的位置，都可以出现相同词语相押的情况。

1. **pəiku** ɕikə poloso paitʰə ətʰoŋoŋ，**pəiku** wutʃikʰər aasa paitʰə wutʃikʰə。
家大事也大，家小事也小。（达斡尔族）

2. **ədʒii** əjəəx ulgeel muudu əwiirə，**ədʒii** əru nɔjɔɔn andadʒi dʒawumata。
别在急流和旋涡里打闹，别与贪官和奸商们结交。（鄂伦春族）

3. **əru** dʒali ərgə:-wi əmə:-nəŋ，**əru** tigə bielga-wa mana-raŋ。
坏心眼儿丢弃命运，坏餐具浪费食量。（鄂温克族）

这三条谚语都押首韵。例1前后两个分句的句首都含有相同的词语"pəiku"，例2前后两个分句的句首都含有相同的词语"ədʒii"，例3前后两个分句的句首都含有相同的词语"əru"，韵律处在两个句子的起始位置，读起来具有回环复沓之美，也很方便人们记诵。

4. nuwaa-iaa **wutʃie** pataa itə-pəi，nəməsə **wutʃie** pʰərɕipəi。
看着菜吃饭，看着被子蹬腿。（达斡尔族）

5. mɔɔ **baraan** tɔɔ guxda，bəjə **baraan** kutʃuɲin əxdə。
柴多篝火旺，人多力量大。（鄂伦春族）

---

① 华锦木、张新春，《维吾尔谚语的韵律特征》，《语言与翻译》，2012年第3期。

6. usxəŋ ɔ:xi səbbiŋ **dʒariŋ** usxəŋ-ni tər-wən:əsiŋtəttir, bəjə ɔ:xi məggən **dʒariŋ** bəjə-wi sar-du mɔgɔsxɔŋ。

刀再快也割不到刀背，人再聪明也自知难明。（鄂温克族）

这三条谚语都押腰韵。例 4 前后两个分句的句中都含有相同的词语 "wutʃie"，例 5 前后两个分句的句中都含有相同的词语 "baraan"，例 6 前后两个分句的句中都含有相同的词语 "dʒariŋ"，由于韵律处在两个句子中间的自然停顿位置，读起来也有一种回环之美。

7. noko kərii kʰanlikə **liəuludʒian**，kʰəkʰur əŋə moo turətʰii **liəuludʒian**。

狗不嫌家穷困，儿不嫌妈难看。（达斡尔族）

8. tʃitʃuur irəxtə mɔɔ tɔɔwa **ələwtʃərən**，ŋəələmuxdi baaur ujaa kɔtɔwɔ **ələwtʃərən**。

笔直的青松须防火烧，不屈的英雄须防软刀。（鄂伦春族）

9. baraŋ-dʒi əsiŋ dʒʊil-dir bəjə-dʊ ʊʃə:-s bəjə **baraŋ**，ənni mʊriŋ-du ʃəsʊgʊ-ja mʊndar **baraŋ**。

不合群的人仇人多，生格子马挨鞭子多。（鄂温克族）

这三条谚语均押尾韵。例 7 前后两个分句的句尾都含有相同的词语 "liəuludʒian"，例 8 前后两个分句的句尾都含有相同的词语 "ələwtʃərən"，例 9 前后两个分句的句尾都含有相同的词语 "baraŋ"，韵律处在两个句子的末尾，读起来具有明显的回环复沓之美。

（二）相同音节回环重复押韵

利用相同音节的回环重复增强谚语的韵律美和音乐感，是达斡尔族、鄂温克族、鄂伦春族谚语普遍使用的另一种韵律形态。押韵的音节可以是多音节词中的一个音节，也可以是多音节词中的某几个音节。在首韵、腰韵和尾韵的位置，都可以出现相同音节相押的情况。

1. os paləkə kʰalatdʒ poləŋ，χuu taturi ianmsə wunu kʰaləŋ。

江山容易改，本性不易变。（达斡尔族）

2. ɔrəxtə tʃuturirə tixdə muu**dun**，dʒuu baldilga aja gərbərə**dun**。

草绿靠雨水，家旺靠劳动。（鄂伦春族）

3. uləttəŋ ɔːtʃtʃi tɔggɔ-wɔ əmuŋ-du ədʒi nʊːda-**ra**，ədʒən-nə aːsiŋ uxər-jə ədʒi tasi-**ra**。

别把火和灰一起扔，别把没人看管的牛赶走。（鄂温克族）

这三则谚语都押尾韵。例 1 前后两个分句押韵的音节是"-ləŋ"，例 2 前后两个分句押韵的音节是"-dun"，例 3 前后两个分句押韵的音节是"-ra"，都是一个多音节词的尾音节相押。

4. **bəju**siŋ-ni miegaŋ，**bəjuŋ** mʊriŋ-ni ʃiːld。

猎民的志气，猎马的胆子。（鄂温克族）

5. pəətə χuuii **ənnao**lo-dʒi ʃatwu χuu，onloŋ kərii **ənnao**-dʒi wuu ʃatəŋ。

在外能骗的人，却骗不了邻居。（达斡尔族）

6. bajtaja bajtalaaran aja irgə**dʒiwi**，bəjuustə bəjə bəjuustən baatur**dʒiwi**。

办事要靠智慧，狩猎要靠勇敢。（鄂伦春族）

这三则谚语分别押首、腰、尾韵。例 4 前后两个分句押韵的音节是句首的"bəju-"，例 5 前后两个分句押韵的音节是句中的"ənnao-"，例 6 前后两个分句押韵的音节是句尾的"-dʒiwi"，相押的音节都是多音节词中的两个相邻音节。

（三）相同音素回环重复押韵

利用相同音素的回环重复增强谚语的韵律美和音乐感，是达斡尔族、鄂温克族、鄂伦春族谚语普遍使用的又一种韵律形态。押韵的音素可以是多音节词中的一个音素，也可以是多音节词中的几个音素。在首韵、腰韵和尾韵的位置，都可以出现相同音素相押的情况。

1. aja nəlki imanda-**si**，əru bɔl ʊdʊŋ-tʃ**i**。

好春天有雪，坏秋天有雨。（鄂温克族）

2. iaas tʃakʰəl-dʒi poləŋ，χatʰa-iaa wunu kəŋ。

宁可骨折，意志不馁。（达斡尔族）

3. əxdəmujə tʃəndəldirən miinga bəjədu tərəərə**n**，ŋaaxin muun tumə ətʃurixi əjəənə**n**。

比武超过一千名，汗水洒下一万珠。（鄂伦春族）

这三则谚语都押尾韵。例 1 前后两个分句押韵的音素是句尾音节的元音音素"-i"，例 2 前后两个分句押韵的音素是句尾音节的元辅音音素"-əŋ"，例 3 前后两个分句押韵的音素是句尾词语的多个元辅音音素"ə-əə-ən"。在相同音素押韵的韵律形态中，元音音素是必不可少的，辅音音素则可有可无。

4. aja murin dijaar algan**duwi**，**aj**xə bəjə mərgəən jeexa**duwi**。

好猎马功在腿上，好猎手功在眼力。（鄂伦春族）

5. t**u**wəə imana**du** baxdarin tuxsaxiwa **itʃərən**，dʒ**u**wa biraxaan**du** ŋixitʃeenmə **itʃərən**。

冬天雪中见白兔，夏天河中见野鸭。（鄂伦春族）

这两则谚语都含有相同音素押韵的韵律形态，例 4 前后两个分句押首尾韵，首韵相押的音素是"-aj"，尾韵相押的音节是"-duwi"。例 5 前后两个分句押首腰尾韵，首韵相押的音素是元音"u"，腰韵相押的音节是"du"，尾韵相押的词是"itʃərən"。可见，在首韵、腰韵和尾韵的位置，都可以出现相同音素相押的情况。

（四）三种韵律形态交互押韵

在达斡尔族、鄂温克族、鄂伦春族谚语中，上述三种韵律形态通常呈现整齐对应的押韵特点，即"相同词语""相同音节""相同因素"分别对应押韵，如上例 4 和例 5。但也有的谚语存在三种韵律形态交互押韵的情况，反映了达斡尔族、鄂温克族、鄂伦春族谚语押韵的灵活性特征。

1. ʃoɣoo tʰelie pəitʃidʒi iaosən χuu，ʃoɣoo-ii sopie soloŋaawuunii oiinwuu mətpəi。

放过猎鹰的人，深知驯鹰的重要。（达斡尔族）

2. xʊdɑr-ni nʊ:dɑg-di **aja**，x**ʊdɑ** xʊdgxʊdgʊ gɔr-niŋ **aja**。

井水近的好，亲家远的好。（鄂温克族）

例 1 前后两个分句的首韵分别是词语"ʃoɣoo"和音节"ʃoɣoo-"相押，例 2 前后两个分句的首韵分别是音节"xʊdɑ-"和词语"xʊdɑ"押韵，尾韵则是相同词语"ajɑ"押韵。

（五）三种韵律形态连绵押韵

在达斡尔族、鄂温克族、鄂伦春族谚语中，还存在三种韵律形态连绵押韵的情形，包括相同词语连绵押韵、相同音节和相同词语连绵押韵、相同音素和相同词语连绵押韵。这种韵律形态可称作"连绵韵"。

1. χonii kʰai-nii **wuu sainkəlaa**，kusəkʰə-ii χonii **wuu sainkəlaa**。

不要让羊群看饲草，不要让狼守护羊群。（达斡尔族）

2. aoləə karwuut ontʃi kelʲ **aipilii wunuu poləŋ**，pəitʃiwuut morʲ piartəŋ **aipilii wunuu poləŋ**。

进山缺不得火和刀，打猎缺不得马和枪。（达斡尔族）

这两则谚语均押尾韵，例1上下分句的尾韵是两个词"wuu sainkəlaa"连绵相押，例2上下分句的尾韵是三个词"aipilii wunuu poləŋ"连绵相押。

3. **urə dɔɔ**lan jiitʃə bəjəmər，**urə dɔɔ**dun bɔɔbaj bixiwan saadʒan。

闯过深山里的人，才知道深山里有宝。（鄂伦春族）

4. **χ**uatələ **χ**uantʰa wuturu-**ii wunu tuləŋ**，**χ**oləŋ dʒənə sunnə-**ii wunu tuləŋ**。

撒谎到不了中午，偷盗过不了半夜。（达斡尔族）

例3上下分句的首韵是一个词"urə"和一个音节"dɔɔ-"连绵相押。例4上下分句押首尾韵，首韵是同音节"χu"相押，尾韵是一个音素"ii"和两个词语"wunu tuləŋ"连绵押韵。

二、谚语的押韵位置

从谚语的押韵位置来说，绝大多数的汉谚押尾韵，只有少数谚语押首尾韵或腰尾韵，如"快马一鞭，快人一言"（《景德传灯录》）、"赢牛劣马寒食下"（《齐民要术》）、"生啖芜菁无人情"（《齐民要术》）。但达斡尔族、鄂温克族、鄂伦春族谚语的押韵位置十分灵活，有首韵、腰韵、尾韵、首尾韵、腰尾韵、首腰韵、首腰尾韵七种类型，而且每种押韵类型都十分常见，这和阿尔泰语系诸语言的押韵情况是一致的。

(一)首韵

首韵是指复句谚语在上下分句的开头部分押韵，这种押韵类型只存在于偶句式谚语中，多数是双句式谚语，个别也有四句式谚语。从韵律形态观察，达斡尔族、鄂温克族、鄂伦春族谚语的首韵存在相同词语、相同音节或相同音素回环重复的韵律形态，且呈现整齐对称的押韵特点。

1. **ərt**əm wuwəi χuu sanaa-nii tʃatʰəkʰulun，**əl**iis sorəpəi əlii dʒirinn mətpəi。

不学以为满足，越学越知不足。（达斡尔族）

2. **tao**rə kadʒir kʰur-sə，**tao**rii iosənii soropie ɕie。

到了达斡尔人家，要学达斡尔风俗。（达斡尔族）

3. **taa** kadʒir oso-nii tasoŋ，**taa** ailii χuu-ii-nə wairə。

老家的水甜，老家的人亲。（达斡尔族）

4. **aja** murin，**aja** uxilamaar uxtaan；**aja** gərpəən，**aja** mərgənmaar taxuraakin。

飞快的骏马，好骑手才有资格骑；硬木的弓子，好箭手才有资格使。（鄂伦春族）

例 1 上下分句的首韵押元音音素"ə"，例 2 上下分句的首韵押相同音节"tao-"，例 3 上下分句的首韵押相同的词语"taa"，首韵押相同词语的韵是最为常见的类型。例 4 是四句式谚语，各分句的首韵均押相同的词语"aja"。

(二)腰韵

腰韵是指复句谚语在上下分句的中间部分押韵，这种押韵类型只存在于偶句式谚语中，多数是双句式谚语，个别也有四句式谚语。从韵律形态观察，达斡尔族、鄂温克族、鄂伦春族谚语的腰韵存在相同词语、相同音节或相同音素回环重复的韵律形态，还存在三种韵律形态连绵押韵的情况，呈现灵活的押韵特点。

1. pəxɕiirə dʒuu**du** bəjəwə pantʃawxaanan，ɕimɔɔr buwaa**du** mərgəəjən aatʃi。

吵闹的家里惹人气，清宁环境无烦恼。（鄂伦春族）

2. kutʃeexta gutixdi **dʒaalin** ənuxjə daxaran，ulgur dʒəxəj **dʒaalin** bəjəwə ujirən。

冬青虽涩能治病，言语虽硬能救人。（鄂伦春族）

3. bəjusiŋ **bəjə əmuŋ** mʊglən-du，dʒaisaŋ **bəjə əmuŋ** mʊdaŋ-ni sʊːgga-dʊ。

猎人在于一发子弹，富人在于一次风雪。（鄂温克族）

例1上下分句的腰韵押相同音节"-du"，例2上下分句的腰韵押相同词语"dʒaalin"，例3上下分句的腰韵押"bəjə əmuŋ"连绵韵。达斡尔族、鄂温克族、鄂伦春族谚语的腰韵，押相同词语的韵和连绵韵是最为常见的。

（三）尾韵

尾韵是指复句谚语在上下分句的末尾部分押韵，这种押韵类型也存在于偶句式谚语中，多数是双句式谚语，个别也有四句式谚语。从韵律形态观察，达斡尔族、鄂温克族、鄂伦春族谚语的尾韵存在相同词语、相同音节或相同音素回环重复的韵律形态，也存在三种韵律形态连绵押韵的情况，呈现灵活的押韵特点。

1. χunsə səə əuwuu **paoopəi**，tara-səə dʒuras wakʰəl **paoopəi**。

饿了肥肉是宝贝，冷了皮衣是宝贝。（达斡尔族）

2. aolii aopolii kara**dʒi wuu ʃatəŋ**，sain nərii χuantan-naa-putə**dʒi wuu ʃatəŋ**。

高山不是堆起来的，名声不是吹出来的。（达斡尔族）

例1上下分句的尾韵都押相同词语"paoopəi"，例2上下分句的尾韵押"-dʒi wuu ʃatəŋ"连绵韵。在四句式谚语中，尾韵可以是一韵到底，也可以是奇偶句换韵。

3. aŋee beedu indʒixaan **butara əriin**，nəlkidu pəntujə **butara əriin**，bolɔŋin kumaxaajə ureerə **əriin**，imana tixtəxinlə nanaja **butara əriin**。

春节后是鹿胎期，春季是鹿茸期，秋季是鹿围期，落雪后是打皮子期。（鄂伦春族）

本例四句谚语一二四分句的尾韵都押"butara əriin"连绵韵，第三分句尾韵押"əriin"韵，各分句的尾韵都含有"əriin"的韵律，也属于一韵到底的类型。

4. ixsaan gilixdi **dʒaalin**，ɔrɔxtɔ juurəwən **ɕin axuumi ətərə**；baldiga maŋee **dʒaalin**，kɔɔxan isəwrəwaan **ɕin axuumi ətərə**。

寒霜虽然冰凉，不能阻止草木生长；生活虽苦，不能影响孩子长个。（鄂伦春族）

本例四句谚语一三分句的尾韵押"dʒaalin"韵，二四分句的尾韵押"ɕin axuumi ətərə"连绵韵，呈现奇偶句交互押韵的韵律形态。

（四）首尾韵

首尾韵指单句或复句谚语的中间部分和末尾部分押韵，这种押韵类型存在于单句谚语和复句谚语中，以复句谚语为多。从韵律形态观察，达斡尔族、鄂温克族、鄂伦春族谚语的首尾韵存在相同词语、相同音节或相同音素回环重复的韵律形态，也存在三种韵律形态连绵押韵和交互押韵的情况，呈现非常灵活和整齐的押韵特点。

1. paitʰ**ii** tulələdʒi tʰursəŋ mətlə χuu-**ii** tʃəpn**ii**。

经验是人们的老师。（达斡尔族）

本例是押首尾韵的单句谚语，首尾韵押相同音素"ii"韵。单句谚语的首尾韵是一韵到底的，而复句谚语的首尾韵是换韵的，且呈现整齐对应的押韵特点。

2. χ**uu-ii** motʰəu-iəə puu onə，χʊ**u-ii** miaotʃiaŋ-ninii puu χalə。

别骑他人的摩托，勿摸他人的手枪。（达斡尔族）

3. bɑrɑŋ ugə-du baxal-ga-ja **ɑːʃɪŋ**，bɑrgʊŋ mɔː-du bɔkkɔ jɔ **ɑːʃɪŋ**。

废话无用，矮树无形。（鄂温克族）

4. urə-ni ujir-ni muː-du xɔrgalga **bisi gəsə**，urə-ni jədd-du tɔg-wɔ axʊra ɔttɔ **bisi gəsə**。

对山洪应筑坝，对山火应修防火道。（鄂温克族）

这几例谚语都是押首尾韵的双句谚语，例2上下分句的首韵押相同词语"χuu-ii"韵，尾韵押相同元音"ə"韵；例3上下分句的首韵押相同音节"bɑr-"韵，尾韵押相同词语"ɑːʃiŋ"韵；例4上下分句的首韵押相同词语"urə-ni"韵，尾韵押相同词语"bisi gəsə"组合的连绵韵。

5. əmnəə bəjuurə baxatʃawi, ədʒii əmun tooŋin istaa unəə; əmnəə iruldira tərətʃəwi, ədʒii əmun dʒalaan gərbitʃi unəə。

打猎一次的收获，别认为可够吃一冬；赛马一次的领先，别以为可炫耀一生。（鄂伦春族）

本例是句句押首尾韵的四句式谚语，一三句的首尾韵分别押"əmnəə"和"-wi"韵，二四句的首尾韵分别押"ədʒii əmun"和"unəə"，韵律错落有致，对应得十分整齐。

（五）腰尾韵

腰尾韵指单句或复句谚语的中间部分和末尾部分押韵。在达斡尔族、鄂温克族、鄂伦春族谚语里，这种押韵类型主要存在于复句谚语中。从韵律形态观察，达斡尔族、鄂温克族、鄂伦春族谚语的首尾韵存在相同词语、相同音节或相同音素回环重复的韵律形态，也存在三种韵律形态连绵押韵和交互押韵的情况，呈现十分灵活和整齐的押韵特点。

1. us-dʒir urəl-**du** tatilga xərətʃtʃi, əŋŋə muː-**du** xoːggo xərətʃtʃi。

成长的孩子需要教育，宽宽的江水需要桥梁。（鄂温克族）

2. uturu osoro χeiləsə tətmə ʃatwə χəpəi, mərəkən morʲrə χeiləsə kʰuilʲ χuakʰər pol-**pəi**。

蛟龙离开水难飞腾，猎人没有马难逞能。（达斡尔族）

3. dʒuxəə buxu dʒaalin tɔɔ kariradʒin ŋəələrən, taska mirdu ŋələmuxdi dʒaalin baturdʒi ŋəələrən。

冰块虽硬怕火烤，虎豹再狂惧英雄。（鄂伦春族）

这几例谚语都是押腰尾韵的双句谚语，例1上下分句的腰尾韵分别押"-du"和"xərətʃtʃi"韵，例2上下分句的腰尾韵分别押"χeiləsə"

和"-pəi"韵，例3上下分句的腰尾韵分别押"ʤaalin"和"ŋəələrən"韵，每则谚语的韵律形态都富于变化且对应整齐。

4. χunuru aolə **wuu tʰuru** osə **wuwəi**，talii-tə **wuu tʰuru** ʤaosə **wuwəi**。

高山没有不长草的，大海没有不产鱼的。（达斡尔族）

本则谚语也都是押腰尾韵的双句谚语，上下分句的腰尾韵分别押"wuu tʰuru"和"-sə wuwəi"连绵韵。

5. əurii ərtə-rinii tasə-**pəi**，məiəə ərt kʰala-**pəi**。

病宜早治，错宜早改。（达斡尔族）

本则谚语也是押腰尾韵的双句谚语，腰韵押"ərt-"和"ərt"形成的交互韵，尾韵押同音节"-pəi"。

6. tuwəədu **nuxtʃitʃə** bəjustə **bəjə**，nəlki ŋama**wan** saa**ran**；iirkəwə **nuxtʃitʃə** targan **bəjə**，tixdə ajɕiwan kajri**ran**。

熬过严冬的猎人，深知春天的温暖；经过干旱的农民，珍惜雨露的宝贵。（鄂伦春族）

本则谚语是押腰尾韵的四句谚语，一三分句的腰尾韵分别押"nuxtʃitʃə"和"bəjə"韵，二四分句的腰尾韵押"-wan"和"-ran"韵，韵律形态变化多端，而且对应整齐。

（六）首腰韵

首尾韵指单句或复句谚语的中间部分和末尾部分押韵。在达斡尔族、鄂温克族、鄂伦春族谚语里，这种押韵类型也主要存在于复句谚语中。从韵律形态观察，达斡尔族、鄂温克族、鄂伦春族谚语的首尾韵存在相同词语、相同音节或相同音素回环重复的韵律形态，也存在三种韵律形态连绵押韵

木雕动物，近现代，鄂温克博物馆藏 （孔群 摄）

的情况，呈现出比较灵活和整齐的押韵特点。

1. **mu**rina tiinəki **aja** tʃuxaja baxaxsan tiinən，**ku**xeeja gələərəbki **aja** dʒaltʃi bəəjə gələəxəl。

放马要选丰茂的青草地，交友要找情真的老实人。（鄂伦春族）

2. **aja** dəgi mɔ:-wɔ **ilga-mi** dɔ:n-nɔŋ，**aja** ʋua:dʒ:bəjə-wə **liga-mi** ujuwu-rəŋ。

好鸟选树而落，好姑娘选夫而嫁。（鄂温克族）

3. **sain** kʰəkʰuo tʃuakə-t **wunu** itʃiləŋəŋ，**sain** morʲ saorə **wunu** ʃorolənaa。

好儿莫去当兵，好马勿去拉套。（达斡尔族）

上述谚语都是押首腰韵的双句谚语，例1上下分句的首腰韵分别押"-u"和"aja"韵，例2上下分句的首腰韵分别押"aja"和"ilga-mi"韵，例3上下分句的首腰韵分别押"sain"和"wunu"韵，韵律形态多样且对应整齐。

4. **aja** kuxeejə gələərəbki dʒalduwi nədən，**aja** aandaja ajaawrabki ərgəətuwi maɲee。

处朋友要忠厚，爱朋友要胜过生命。（鄂伦春族）

本则谚语也是押首腰韵的双句谚语，上下分句的首韵押"aja"韵，腰韵连押"-bki"和"-uwi"韵，形成一腰多韵的形态。

（七）首腰尾韵

首腰尾韵指单句或复句谚语的开头、中间和末尾部分都押韵。在达斡尔族、鄂温克族、鄂伦春族谚语里，这种押韵类型也主要存在于复句谚语中。从韵律形态观察，达斡尔族、鄂温克族、鄂伦春族谚语的首尾韵存在相同词语、相同音节或相同音素回环重复的韵律形态，也存在三种韵律

木雕动物，近现代，鄂温克博物馆藏 （孔群 摄）

形态连绵押韵的情况，呈现出十分灵活和整齐的押韵特点。这类谚语的语音形式最为铿锵有力，韵律十分优美和谐。

1. uʃə:-si bəjə əwə nəgəŋ，urʃə:l-tʃi bəjə imitʃtʃ nəgəŋ。

仇人像刺一样，恩人像油一样。（鄂温克族）

2. bəjə-wə aŋixaŋ-ki dʒu:-du-n:iesʊ:xa，bəjə-wə aisila-ki aisila-mi iesʊ:xa。

带人带到家，帮人帮到底。（鄂温克族）

3. ədʒii kɔxanma tɔɔdʒi əwixuənə，ədʒii baliiwa miwtʃeennə wodəwxəənə。

别让孩子玩火，别让瞎子打枪。（鄂伦春族）

4. əɕiŋi dɔlbɔltura ədʒəəj pəntujə baxara，əɕiŋi sujlətirə ədʒəəj baatur bəjə wɔɔda。

熬不起长夜的得不到鲜茸，吃不起苦头的成不了硬汉。（鄂伦春族）

这几例谚语都是押首腰尾韵的双句谚语。例 1 上下分句的首腰尾韵分别押"u""bəjə"和"nəgəŋ"韵，例 2 上下分句的首腰尾韵分别押"bəjə-wə""-ki"和"iesʊ:xa"韵，例 3 上下分句的首腰尾韵分别押"ədʒii""a"和"-nə"韵，例 4 上下分句的首腰尾韵分别押"əɕiŋi""ədʒəəj"和"a"韵，韵律形态多样且对应十分整齐。

5. əɕiŋi urələ jirə ədʒəj bɔbajja baxara，əɕiŋi bitəədu jirə ədʒəj guuruljə baxara。

不进深山不得宝，不钻书本不得知识。（鄂伦春族）

6. əɕiŋi suŋta muulə əwurə suxdʒana ɔlɔja ədʒəəj baxara，əɕiŋi guxda urələ tuxtirə mirin kumaxaja ədʒəəj baxara。

不下深水捉不到哲罗鱼，不上高山打不到梅花鹿。（鄂伦春族）

这两例谚语也都是押首腰尾韵的双句谚语。例 5 上下分句的首韵押相同词语"əɕiŋi"，腰韵押"jirə ədʒəj"连绵韵，尾韵押相同词语"baxara"。例 6 上下分句的首韵押相同词语"əɕiŋi"，腰韵连押"-lə"和"-rə"韵，尾韵押"-ja ədʒəəj baxara"连绵韵，韵律悠长，朗朗上口。

第三节 谚语的节律

达斡尔族、鄂温克族、鄂伦春族谚语具有节奏鲜明、铿锵有力的特点，很值得从节律特征来研究。节律是语音自然停顿点经过规律性停延所呈现的节奏特点。节律是在音步的基础上实现的，而音步的基本组成单位是音节。从韵律层级体系来说，一个停顿基本上就是一个音步，也就是一个节拍，一个音步又是由若干个音节构成的。达斡尔族、鄂温克族、鄂伦春族谚语具有非常鲜明的节奏感和均衡美，说起来朗朗上口，听起来美妙无比。从节律类型来看，达斡尔族、鄂温克族、鄂伦春族单句谚语主要存在二音步节律、三音步节律和四音步节律三种基本类型，复句谚语主要存在二二音步节律、三三音步节律和四四音步节律，节律对称得非常整齐，只有少数复句谚语上下分句的音步数量不一致。

一、单句谚语的节律

在达斡尔族、鄂温克族、鄂伦春族单句谚语里，单句谚语存在二音步节律、三音步节律和四音步节律三种基本类型，每个音步所含的音节数量不完全相等，但音节的配置基本均匀。

（一）二音步节律

"二音步节律"指一个句子中有两个音步，每个音步由若干音节组成的节律。

1. tuoroŋ paitʰə/tokoləntʰii。

暗事有瘸腿。（达斡尔族）

2. taŋma ʊnnʊr-ni-tixi/ʊdʊŋ bikki əddugə。

雾要是浓，雨就大。（鄂温克族）

3. tʰalən χuainarə/ionitʃi poloŋ sainkʰəŋ。

爱上之后，当成最美的。（达斡尔族）

以上谚语都有两个音步。例 1 两个音步都是由四个音节构成的，例 2 两个音步都是由七个音节构成的，例 3 两个音步分别由六个音节和八个音节构成。虽然每个音步内的音节总数不尽相同，但音节的配置基本均匀，使语句显得铿锵有力，具有鲜明的节奏感。

（二）三音步节律

"三音步节律"指一个句子中有三个音步，每个音步由若干音节组成的节律。

1. kʰuolirə tʰianlə/ʃat wuu χuu/iotʃi wuwəi。

爱讲空话的人，一无所有。（达斡尔族）

2. orə dʒatikən/polo pʰantʃiwə/ir-səŋ。

病从气上得。（达斡尔族）

3. bʊkkaŋ-ni əŋdʊr-wə/aliehaŋ-ki/aja a:siŋ。

触怒天神，没有好下场。（鄂温克族）

4. baran-dʒiwi mandʊkki/əsiŋ bʊtər/jə:m a:siŋ。

大家努力没有不成功的事情。（鄂温克族）

以上谚语都有三个音步。例1三个音步分别由五个、三个和五个音节构成，语音形成"五三五"式结构。例2三个音步分别由五个、五个和两个音节构成，形成"五五二"式结构。例3三个音步分别由六个、四个和四个音节构成，形成"六四四"式结构。例4三个音步分别由五个、五个和两个音节构成，形成"五五二"式结构。每个音步内的音节总数不尽相同，但音节的配置基本均匀。

（三）四音步节律

"四音步节律"指一个句子中有四个音步，每个音步由若干音节组成的节律。

1. gəkku dəgi/tu:rə-jig-lə /guiləsuŋ mɔ:/waltagga-raŋ。

布谷鸟一叫就开杏花。（鄂温克族）

2. tulələ-səŋ paitʰə/wutʰəkʰai/sosəŋ-nə nuwaŋ/wudʒi-pəi。

把过去的事应该看成教训。（达斡尔族）

3. ʃokolʷ χuu/makʰə tʰakʰətʃie səə/tʰurtʰan pakχu/χutəl-pəi。

笨人打架先动拳。（达斡尔族）

以上谚语都有四个音步。例1四个音步形成"四四四四"式结构，音节数量很整齐。例2四个音步形成"六三五三"式结构。例3四个音步形成"三六四三"式结构，每个音步内的音节总数也不尽相同，但音节的配置基本均匀。

二、复句谚语的节律

在达斡尔族、鄂温克族、鄂伦春族谚语里，复句谚语的数量是最多的。这些复句谚语的节律主要存在二二音步、三三音步和四四音步三种基本的节律类型，每种类型的节律都对应得非常整齐。

（一）二二音步节律

"二二音步节律"指复句的几个分句都含有两个音步，每个音步由若干音节组成的节律。这种节律类型的谚语很常见，比如：

1. əurii ərtə-rinii/tasə-pəi, məiəə ərt/kʰala-pəi。

病宜早治，错宜早改。（达斡尔族）

2. χuu-ii oinoluo/tuaritʰii χuu, χuu wusukunii/wu nitʰikəŋ。

爱骗人的人，心里总是不安。（达斡尔族）

3. jə:mə-jə/sɑ:mi ulkə, mə:m-bi/sɑ:mi ulkə。

不要蒙昧无知，要学文化，别骄傲，要谦虚谨慎。（鄂温克族）

4. dʒʊlɑ:xiŋ/imgaŋ, inŋdde-dʒi/neli-reŋ。

不懂知识的官怕开会，没有毛的山羊怕冷。（鄂温克族）

5. əmun bəjə/dʒaxawa dʒajtʃawan, dʒaan bəjə/əɕiin baxara。

一个人藏的东西，十个人都找不到。（鄂伦春族）

以上谚语都是由两个分句组成的复句谚语，每则谚语的上下分句都由两个音步组成，音步内的音节配置基本均匀，上下分句对应的音步内音节配置更加均匀。

6. dʒaaxda/mɔɔ guxda, tʃuturin urədu/balditʃa；aja/mərgən aajxə, bəjustə buwadu/juutʃə。

樟子松高，出自青山；莫日根好，出自猎区。（鄂伦春族）

7. dʒuwaa/əxuu, tuwəə/iŋiin; dʒuwaa/səruun, tuwəə/n̥amaa。

夏天热，冬天冷；夏天凉，冬天暖。（鄂伦春族）

以上谚语都是由四个分句组成的复句谚语，每则谚语的四个分句都由两个音步组成，音步内的音节配置也基本均匀，一三分句和二四分句各自对应的音步内音节配置更加均匀。

（二）三三音步节律

"三三音步节律"指复句的几个分句都含有三个音步，每个音步是由若干音节组成的节律。这种节律类型的谚语十分常见，比如：

1. mətəl wukʰa iaa/məli pələs/poko tʰelii-pəi; patʰuru χətʃinii/məli pələsə/kuipəi məli-pəi。

比智慧，下鹿棋；比勇谋，赛跑列。（达斡尔族）

2. bəjə-ni/utə-wə-ni/iela:dʒi baitʃa-raŋ, mɔ:-ni/utə-wi /siesʊgʊ-dʒi baitʃa-raŋ。

别人的儿子用碗盘使唤，自己的儿子用棍棒使唤。（鄂温克族）

3. iniŋ dʊliŋ/ɔ:tʃtʃi ɔ:xini/ədʒi a:si-na, ujir-ni mɔ:/nəgəŋ/ədʒi sixə nə。

别睡到中午，别像洪水一样地撒尿。（鄂温克族）

以上谚语都是由两个分句组成的复句谚语，每则谚语的上下分句都由三个音步组成，音步内的音节配置也基本均匀，上下分句对应的音步内音节配置更为均匀。

（三）四四音步节律

"四四音步节律"指复句的几个分句都含有四个音步，每个音步由若干音节组成的节律。这种节律类型的谚语数量不多，比如：

1. urə-du/əʃikki-wi/ju:r bəju:ʃiŋ/baxar, gəbbə-jə/əʃikki-wi/ɔ:r iniŋ/baldim əʃiŋətər。

不进山打不到野兽，不劳动过不了日子。（鄂温克族）

2. sukki a:ma bəjʊŋ-bə/bəjusi-mi/wa:-mi əsiŋ/ɔ:dʊ, nisxuŋ/bəjʊŋ-ni ərgə:ttəŋ-bə/dʒawa-mi əsiŋ/ɔ:dʊ。

不能猎杀有身孕的野兽，不能捕捉幼小的猎物。（鄂温克族）

3. gəbbə-du/dʋəaŋ-na aːsin/bəjə bəigəŋ-bi/manna-raŋ，baniŋ/əru-si/bəjə dərəl-wi/əməːn-naŋ。

不愿劳动的人毁尽财产，脾气不好的人丢尽脸面。（鄂温克族）

以上谚语都是由两个分句组成的复句谚语，每则谚语的上下分句都由四个音步组成，音步内的音节配置也基本均匀。

上述复句谚语的节律类型，音步数量都是相等均衡的。在达斡尔族、鄂温克族、鄂伦春族谚语里，还有少数复句谚语上下分句的音步数量不一致，音步分配不均衡，反映了这三个民族谚语节律的复杂性和多样性。比如：

4. sain ərŋoŋ/χuu-ii χolo-dʒi/wunu tʰarkʰəŋ，sain morʲ/əmələ əməsəkʰə/-ərinə χuu-ii wunu/pʰəʃkʰə-ləŋ。

好汉不以暗箭伤害人，好马不在备鞍时踢人。（达斡尔族）

5. uləttəŋ/ɔːtʃtʃi/təggə-wɔ əmuŋ-du/ədʒi nʋːda-ra，ədʒən-nə/aːsiŋ uxər-jə/ədʒi tasi-ra。

别把火和灰一起扔，别把没人看管的牛赶走。（鄂温克族）

6. xəkku/ɔːxi nʋnʋːm/dʃariŋ/dʋliŋ-diwi nani/asa dʒaŋgie-si/təgguɔːxi；gɔr/dʒariŋ dʋliŋ-diwi/nani asa təggu-si。

不管绳子多长，中间也有结；不管路多远，中间也有岔。（鄂温克族）

例 4 上下分句分别由三个和四个音步组成，形成了三四音步节律；例 5 上下分句分别由四个和三个音步组成，形成了四三音步节律；例 6 上下分句分别由六个和三个音步组成的，形成了六三音步节律。这些不均衡不对称的节律现象，主要是因为上下分句语义内容不均衡造成的。

这就是达斡尔族、鄂温克族、鄂伦春族谚语韵律特征的基本情况。达斡尔族、鄂温克族、鄂伦春族谚语在长期的传承与传诵过程中，语义越来越丰富，结构越来越凝练，遣词造句极为讲究音韵美和声律美，通过押韵、节奏、语音对称等方式，错落有致，千变万化，自然流畅，节奏鲜明，说来朗朗上口，听来和谐悦耳，既有视觉效果，又有听觉效果，给讲话写文章带来富有音乐感的点缀，增添了无限的艺术感染力。

额尔古纳河（孔群 摄）

参考文献

〔美〕爱德华·韦尔著，刘达成、杨兴永等编译，《当代原始民族》，四川民族出版社，1989年。

〔美〕保罗·康纳顿著，纳日碧力戈译，《社会如何记忆》，上海人民出版社，2000年。

〔美〕乔治·彼得·穆达克著，童恩正译，《我们当代的原始民族》，四川省民族研究所，1980年。

〔英〕帕林德著，张治强译，《非洲传统宗教》，商务印书馆，1999年。

〔英〕R.R.马雷特著，张颖凡、汪宁红译，《心理学与民俗学》，山东人民出版社，1988年。

《达斡尔族简史》编写组，《达斡尔族简史》，内蒙古人民出版社，1986年。

《中国少数民族》修订编辑委员会编，《中国少数民族》，民族出版社，2009年。

《中国少数民族谚语分类词典》编写组，《中国少数民族谚语分类词典》，内蒙古人民出版社，1993年。

宝力格主编，《草原文化研究资料选编》（第6辑），内蒙古教育出版社，2011年。

宝力格主编，《草原文化研究资料选编》（第7辑），内蒙古教育出版社，2012年。

白亚光、暴侠整理，《鄂伦春族民歌选》，黑龙江人民出版社，

2005年。

蔡元培编,《中国人的修养》,中国工人出版社,2008年。

陈光林,《草原文化与民族文化大区建设》,内蒙古人民出版社,2010年。

崔希亮,《汉语熟语与中国人文世界》,北京语言文化大学出版社,1997年。

大兴安岭地区鄂伦春族研究会编,《大兴安岭地区鄂伦春族研究会首届研讨论文集》(内部发行),1993年。

戴庆厦主编,《中国少数民族语言使用现状及其演变研究》,民族出版社,2010年。

戴昭铭,《文化语言学导论》,语文出版社,1996年。

邓炎昌、刘润清,《语言与文化》,外语教学语研究出版社,1989年。

丁石庆,《莫旗族语言使用现状与发展趋势》,商务印书馆,2009年。

丁石庆、赛音塔娜编著,《达斡尔族萨满文化遗存调查》,民族出版社,2011年。

都永浩,《鄂伦春族游猎·定居·发展》,中央民族大学出版社,1993年。

方征、马强,《鄂伦春族狩猎文化的变迁与聚居区村民健康研究》,中央民族大学出版社,2014年。

格日乐主编,《蒙古学研究年鉴》(2008卷),内蒙古社会科学院,2006年。

葛公尚、曹枫编译,《狩猎民族游牧民族》,中国社会科学院民族研究所,1982年。

关小云、王宏刚,《鄂伦春族萨满文化遗存调查》,民族出版社,2010年。

哈萨、马永真,《草原文化》,中央广播电视大学出版社,2014年。

何群,《环境与小民族生存——鄂伦春文化的变迁》,社会科学文献出版社,2006年。

何群等,《狩猎民族与发展——鄂伦春族社会调查研究》,内蒙古人民出版社 2002 年。

何星亮,《中国自然崇拜》,江苏人民出版社,2008 年。

胡匡敬、王学俭、董汉忠主编,《论草原文化》,内蒙古教育出版社,2006 年。

胡增益,《鄂伦春语简志》,民族出版社,1986 年。

黄任远、黄定天、白杉、杨治经,《鄂温克族文学》,北方文艺出版社,2000 年。

黄玉将,《酒文化》,中国经济出版社,2013 年。

卡丽娜,《驯鹿鄂温克人文化研究》,辽宁民族出版社,2006 年。

孔繁志,《敖鲁古雅的鄂温克人》,天津古籍出版社,1994 年。

孔庆臻等主编,内蒙古自治区文史研究馆编,《朔漠前尘》,上海书店出版社,2007 年。

刘本旺主编,《参政议政用语集》,群言出版社,2014 年。

吕光天,《北方民族原始社会形态研究》,宁夏人民出版社,1981 年。

吕光天,《鄂温克族》,民族出版社,1983 年。

吕振羽,《中国民族简史》,生活·读书·新知三联书店,1950 年。

满都尔图主编,《达斡尔族百科辞典》,内蒙古文化出版社,2007 年。

孟志东等主编,《达斡尔族研究》,内蒙古达斡尔历史语言文学学会,1989 年。

牟钟鉴、张践,《中国宗教通史》,社会科学文献出版社,2003 年。

内蒙古自治区编辑组编,《达斡尔族社会历史调查》,民族出版社,2009 年。

内蒙古自治区编辑组编,《鄂伦春族社会历史调查》,民族出版社,2009 年。

内蒙古自治区编辑组编,《鄂温克族社会历史调查》,民族出版社,2009 年。

乔继堂,《中国岁时礼俗》,天津人民出版社,1991 年。

邱庞同,《饮食杂俎》,山东画报出版社,2008年。

秋浦,《鄂温克人的原始社会形态》,中华书局,1962年。

秋浦,《鄂伦春社会的发展》,上海人民出版社,1978年。

秋浦,《鄂伦春人》,民族出版社,1981年。

秋浦主编,《萨满教研究》,上海人民出版社,1985年。

仁钦道尔吉,《阿尔泰语系民族叙事文学与萨满文化》,内蒙古大学出版社,1990年。

色音,《中国萨满文化研究》,民族出版社,2011年。

首都师范大学哲学系编,《首都师范大学哲学学位论文选(2005—2012)》,首都师范大学出版社,2012年。

孙进己,《东北各民族文化交流史》,春风文艺出版社,1992年。

孙维张,《汉语熟语学》,吉林教育出版社,1989年。

滕绍箴、苏都尔、董瑛,《达斡尔族文化研究》,辽宁民族出版社,1991年。

佟锦华,《藏族文学研究》,中国藏学出版社,2002年。

汪立珍,《鄂温克族神话研究》,中央民族大学出版社,2006年。

汪立珍,《满-通古斯诸民族民间文学研究》,中央民族大学出版社,2006年。

王勤,《汉语熟语论》,山东教育出版社,2006年。

王为华,《鄂伦春原生态文化研究》,黑龙江人民出版社,2009年。

王为华,《走近中国少数民族丛书鄂伦春族》,辽宁民族出版社,2012年。

王希杰,《汉语修辞学》,商务印书馆,2001年。

王芗编,《面》,饮食天地出版社,1984年。

王玉主编,《鄂伦春民族现代化研究》,民族出版社,1993年。

温端政,《汉语语汇学教程》,商务印书馆,2006年。

乌热尔图,《乌热尔图小说选》,内蒙古人民出版社,1986年。

吴守贵,《森林之子——吴守贵回忆录》,内蒙古文化出版社,

1996年。

吴雅芝，《最后的传说：鄂伦春族文化研究》，中央民族大学出版社，2006年。

吴振标，《个性与个性美》，浙江人民出版社，1986年。

吴子慧，《吴越文化视野中的绍兴方言研究》，浙江大学出版社，2007年。

武占坤，《汉语熟语通论》，河北大学出版社，2007年。

武占坤、马国凡，《谚语》，内蒙古人民出版社，1983年。

武占坤、王勤，《现代汉语词汇概要》，内蒙古人民出版社，1983年。

邢福义，《文化语言学》，湖北教育出版社，2001年。

徐昌翰，《鄂伦春族文学》，北方文艺出版社，2000年。

徐昌翰、隋书今、庞玉田，《鄂伦春族文学》，北方文艺出版社，2000年。

徐万邦，《中国少数民族文化通论》，中央民族大学出版社，2006年。

杨圣敏主编，《中国民族志》，中央民族大学出版社，2004年。

毅松、涂建军、白兰，《达斡尔族 鄂温克族 鄂伦春族文化研究》，内蒙古教育出版社，2007年。

于树华主编，《七彩阅读（高中版）第三辑 精彩实用文·论述文阅读》，江苏科学技术出版社，2008年。

扎格尔主编，《草原文化研究丛书——草原物质文化研究》，内蒙古教育出版社，2007年。

张璇，《北方民族渔猎经济文化研究》，吉林人民出版社，2005年。

赵复兴，《鄂伦春族研究》，内蒙古人民出版社，1987年。

赵复兴，《鄂伦春族游猎文化》，内蒙古人民出版社，1991年。

赵艳芳，《认知语言学概论》，上海教育出版社，2002年。

赵志忠，《中国萨满教》，青海人民出版社，2011年。

钟敬文，《民俗学概论》，上海文艺出版社，1998年。

仲富兰，《风俗与信仰》，复旦大学出版社，2012年。

阿里河林场（孔群 摄）

达斡尔族、鄂温克族、鄂伦春族谚语精选辑录

附录

一、达斡尔族谚语

阿聂佳节祭天地,磕头向长辈。
艾蒿气味刺鼻熏蚊蝇,库木勒苦涩清香败身火。
爱贬低别人的人,别人也要小看他。
爱表现自己,爱说别人坏话的人,没有好下场。
爱串门的人,没有好鞋掌;爱传话的人,没有好名声。
爱赌气的人,心里想的和做的往往不一样。
爱讲假话的人,心里总是不安。
爱讲空话的人,一无所有。
爱叫的猫不是有本事的猫,爱溜须的人不是有能力的人。
爱说大话的人,往往办不成大事。
爱说谎话的人,喜欢向上发誓。
爱吸黄烟的人,总想亲临莫力达瓦地方。
爱找他人短处的人,是不愿自我认识的人。
傲慢不谨慎,早晚要栽跟头。
巴彦不怕官,乞丐不怕狗。
巴彦一顿饭,乞丐一年粮。
巴彦用奶洗手,穷人用泪洗面。
巴彦越富越抠搜,矬马越肥越不走。
巴彦越有钱越小气,官吏越受贿越贪婪。

疤痕刺痒，大雨要到。
拔掉牙的老虎，还想吃活人。
把过去的事应该看成教训。
白水能做奶皮。
搬家需要驯鹿，生活需要名誉。
办好事难处多。
办事情过于着急，不冷也得哆嗦。
半夜打雷，起早下雨。
棒打狍子瓢舀鱼，野鸡飞到饭锅里。
宝剑不弯曲勇士不下跪。
保卫国家，人人有责。
比智慧下鹿棋，比骁勇赛曲棍球。
笔直的木材主人多，正直的汉子朋友多。
变冷的天色灰，追鼠的猫眼亮。
别把早晨的温暖当温暖，别把微小的幸福当幸福。
别的事儿可以着急，唯独吃饭别着急。
别叫好马去狩猎场，别叫好儿去放木排。
别叫骆驼尝盐粒。
别叫乌鸦落在鼻子上。
别骑他人的马，勿拉他人的弓。
别瞧姑娘丑，勿看庄家坏。
别人的儿莫当亲儿待，狼崽不能当狗养。
别人诬陷你的时候，要冷静；别人抬举你的时候，要虚心。
冰上溢出的水无鱼，自私的人无友。
病人怕说死人，懒汉怕讲劳动。
病者无好脸，醉汉无礼貌。
病重不择大夫，寒冷不挑衣服。
不敛无义之财，不举无义之旗。
不买近处马，不娶近亲女。
不能存有成见，不可没有主见。

不怕魔鬼，就怕盗贼。

不怕前面的利刀，就怕后面的拳头。

不怕十个明白人，就怕一个糊涂虫。

不去猎场，看不出好猎手。

不撒大网焉得大鱼。

不施舍的巴彦应该没落，不流水的泉水应该枯竭。

不熟的诺彦厉害，不熟的道路昏暗。

不舔吐出的唾沫。

不下蛋的母鸡爱喳喳，无能的男子爱吹牛。

不痒之处，别去挠；有伤之处，别去碰。

不要把野狗当家狗，不要把狼崽当人待。

不要怕自己记性不好，应该怕自己没有毅力。

不要让羊群看饲草，不要让狼守护羊群。

不要让贼子知道你的家，不要让色鬼认识你的妻。

不要用朽木做柱子。

不要用衣服美化自己，要用知识充实脑子。

不要用自己的高度，去丈量别人。

不要在一块石头上绊倒。

不义之财，出则不义。

财物有多大，人眼有多大。

财主的心永远是填不满的。

采木做排不要腐烂材，放排掌舵不要懒奸人。

参天松树一年年长高的，高深学问一天天积累的。

苍蝇人人都躲，懒汉人人都厌恶。

车轮滚上滚下，运气时兴时衰。

臣相的样子，将军的架子。

成群的绵羊，能唬住恶狼。

诚挚的友谊拿钱财换不来。

逞能的人，就在眼前摔跤。

吃饭前先尝一尝，做事前先想一想。

吃糖甜，牙不好；喝药苦，病才好。
吃一回亏的人，长一回智的人。
仇恨与恩情是两个永世怒目相视的死对头。
出众的人是启明星，爱瞎扯的人是漏斗。
锄草选种，像修身学礼仪。
锄地辛勤，像智者常养性。
畜找翠绿的草原，人找自己的故乡。
揣金子的人冻死，揣羊粪的人冻不死。
船破钉眼多，人老疾病多。
春荒风多，秋灾雨多。
春雷打得早，秋收必定好。
春天的时光不可失，秋天的季节不可误。
聪明的用计，愚昧的用拳。
聪明加苦学，那就更能进步。
聪明人看人家的长处，愚蠢者看人家的短处。
聪明人愿跟别人学，无知者愿意教训人。
从孩子们嘴里出来真话。
粗鲁的人，出事儿多。
存善心，后果好；存恶意，没好报。
达斡尔的歌数不清，达斡尔的舞跳不完。
达斡尔人说几句话就能沾亲。
达斡尔小伙子爱玩曲棍球，达斡尔姑娘爱玩小萨克。
答应的事是欠下的债。
打树枝，树根受震；打了孩儿，爷娘心痛。
打鱼靠网，打狼靠棒。
大船不怕钉子眼。
大河不能用斗量，看人不能看长相。
大秋时节坐一坐，来年春天要挨饿。
大树下长不了好草。
大树直的话，有大用处；人要诚的话，有多朋友。

大雪大风连几天，狂风暴雨一阵子。

大鱼要用长线，远路要用快马。

胆小如鼠，办不了大事；胆大心细，办事情稳妥。

当官为人民，人民拥护；当官不为民，好景不长。

当你睡觉的时候，时光不会睡着。

到处仗力逞能的汉子有他被裂额头的日子。

到寒冬，才知道皮袄的重要；到饥渴，才知道水饭的丰美。

到了朋友家是酒席海筵，朋友到他家是粗茶淡饭。

盗贼比主人骄横。

登上高山看得远了。

地面软，马栽跟头；舌头甜，人栽跟头。

丢了一匹马不要紧，食了一次言难挽回。

独木不着火，一人不出活儿。

赌博的认识倾家荡产的鬼。

渡过江别忘了船。

对付大鬼容易，躲避小鬼艰难。

对借宿的人要接待热情，谁见过有人背着房子出门。

对学知识的人来说，时间比什么都宝贵。

对忠厚老实人，要以诚相待。

多股麻绳拉力强，团结一心力量大。

多练身，多念书。

多闻则熟，多干则精。

恶疮易治，臭名难除。

恶名是狭窄的胡同，越走越难走。

儿心在山顶上，母心在儿身上。

法度是在社祭上决定的，礼仪是在社祭上磋商的，规诫是在社祭上发布的。

翻地没有犁杖不行，家里没有男人不行。

凡事一知半解不如一事精通。

饭菜旧了不可口，朋友旧了见诚心。

饭豆煮长了才熟透，功夫多下了才学透。
放荡败名，纵欲毁身。
放荡无忌胡乱行，到头跌进污泥坑。
放排人顺着河水流下，打猎人顺着野兽足印走。
放弃时间的人，时间也放弃他。
风湿关节疼，风雨肯定到。
风要不刮，芳草不会摆动。
疯狗的眼睛红，旱季的天边红。
蜂的尖嘴能拱倒篱笆墙，人的口舌能把事情破坏。
腐烂的木头不被使用，吹牛的言语不被相信。
父母恩情深如海，寸草哪能报春晖。
改正错误，挺身前进，这才是好汉。
敢进深山的人，才能获得猎物。
高山不是堆起来的，名声不是吹出来的。
哥兄弟远一丈。
给渴的人送水，给饿的人送食。
给人以拳头，受人以脚踢。
跟着别人瞎嚷嚷的人，像是让人牵着的狗。
跟着蠢货，变成昏人；跟着俊杰，会成良才。
功劳和名誉俩总在一起的孪生兄弟。
恭谨乃道德之本。
供奉神仙，是放排人的信条；尊敬年长，是放排人的美德。
狗虽狂叫，骆驼还走自己的路。
狗要过于温顺，连小鸡都欺侮它。
光身子的人，不怕雨水打。
过去的时光不返，出口的话语难收。
还没抓到野鸡，怎么能谈拔毛？
海一样富的人，也有缺簸箕的时候。
行善者长寿，作恶者短命。
好的春天有雪，坏的秋天有雨。

好狗是猎人的耳目，好马是猎人的帮手。

好汉一句，好马一鞭。

好鹿跑万里，不忘养主；好汉到哪里，不忘家乡。

好马生好驹，高师出贤徒。

好人跟着百姓理直气壮，恶人跟着权势点头哈腰。

好心人，以诚待人；坏心人，以疑看人。

喝酒少量舒筋活血，喝酒过度伤身丧德。

喝酒适度养身益精，喝酒过量惹是生非。

和蔼宽宏，贵客盈门。

黑锅做不出白饭，骗子说不出好话。

恒心是达到目的的捷径。

横财后面必有后患。

糊涂到五脏六腑，愚蠢到毫无头绪。

话多语失，食多伤胃。

坏人步难行，好人走四方。

坏习惯，用毅力能治好。

幻想一场空，实干有前途。

黄山景美不如莫力达瓦山美，长江水甜不如嫩江水甜。

谎话连篇的人不仅骗别人，后来以骗自己告终。

谎言过不了晌午，真话经得起推敲。

火炉口封不住，人的嘴堵不住。

火气要是不及时控制，可变成燎原的火。

饥饿到来，羞耻跑掉。

即使夜幕罩大地，牛奶也是白色的。

急躁人钓不着大鱼。

家里和和气气，家里红红火火。

家里没有猫，老鼠成霸王。

假如做官不清廉，身陷污坑如自毙。

建造需要一年，破坏只需一天。

建造需一年，破坏只一时。

健时不忘病，安时不忘危。
脚歪怨不得靴子。
脚正不怕乌拉歪。
诚实是做人的根基。
今天做的事情，看成明天的老师。
近水者捕鱼，近山者伐木。
经过寒冬的人，方知皮袄的可贵。
精明强干者不在于修饰。
静观万物多变幻，唯有山水年年青。
酒多有伤于身，气大有伤于人。
酒能叫人脸红，金能使人心变黑。
决心和信心是伴侣。
决心是成功的一半。
骏马是勇士的翅膀，信誉是人们的腿儿。
看清风向掌好舵。
看蹄子知道马的快慢，听言语知道人的禀性。
靠水人家会捞鱼，靠山人家会砍柴。
可以赴汤蹈火，不可陷入是非。
枯树不结果，谎话难持久。
哭泣悲愁，不如握紧拳头。
困难生机智。
懒惰成性，好比武器生锈。
懒汉找枕头，勤夫找锄头。
懒是受穷之根，勤是致富之本。
劳动是幸福岭源根，知识是生活的灯塔。
老担心天塌下来，就会一事无成。
老虎凭的是威风，好汉凭的是技艺。
老农会观天，老农会种田。
老人教导的话是灵丹妙药。
冷落的是一个人，疏远的是更多的人。

离开河边，休想打鱼；离开山林，休想打柴。
理智与教养是近亲。
量着你的被子伸腿，凭着你的能力办事。
烈火炼出真金，战场炼出将军。
猎刀再快，没有舌头快。
猎马通人性，好汉通道理。
猎人离不开狗，农夫离不开牛。
猎人以山为家，农夫以田为业。
猎鹰的力气在于爪，人的力量在于志。
留下金山银山，不如识文断字。
柳树不怕水淹，松柏不怕地干。
路的尽头有人家。
路途远，知道马的力量；时间长，见到人的心地。
路由人踩出，事由人做成。
绿色装点森林，知识装点头脑。
麻痹大意就会灾难临头。
忙的是春天，收到是秋天。
没病时常预防，有病时及时治。
没有比舅父再大的亲戚，没有比松树再大的树木。
没有打虎的本事，别想抓恶狼。
没有恒心山高路远，有了雄心天低地小。
没有困难的地方，就不会有成功。
没有树林鸟不来。
没有水的地方柳蒿芽不长，没有河的地方达斡尔人不安家。
没有铁锹挖孔难，没有志气进取难。
没有志气的空成百岁，有志气的不在于年高。
美丽的嫩水换新颜，达斡尔人跟党心不变。
蒙上自己眼看不见别人，不等于别人看不见你。
民族的习惯法比哪个官都大。
名声与实际并不等值。

命运的一半是名誉。
模仿人的人不会进步，动脑子的人必有收获。
莫力达瓦美丽富饶，达斡尔人聪明勤劳。
牡丹花再好看，需要叶子来衬托。
木不凿不通，人不学不懂。
木匠多了，盖不成房子。
耐力与愿望是亲兄弟。
男子汉可三跌三起。
男子自命清高之日乃是误入歧途之始。
能辨认水性的人，才能当放排人的好舵手。
能挡住千人的手，捂不了百人的嘴。
能掌握时间的人，才是时间的主人。
能者胸中能跑马。
年轻人的力气，老年人的谋略。
鸟美在它的毛色，人美在他的内心。
鸟无翅膀不能飞，人无智慧会受罪。
宁可赴汤蹈火，不可陷入是非。
宁可失掉骏马，不可失掉诺言。
牛走得慢，但早晚会到目的地。
农民的田，百姓的粮。
诺敏河的水宽，有修养的人胸宽。
诺敏河水不怕染灰尘，没做坏事不怕人议论。
爬树人，要从底下开始；学习人，要从基础学起。
怕走崎岖路，别想攀高峰。
跑得快的，并不都是好马；叫得响的，并不都是能人。
朋友背后说你的长处，敌人当面说你的长处。
漂亮话往往迷住自大的人。
平地跌死马，浅水溺死人。
苹果熟透了，自然会落地。
歧视别人的人，不会受到别人的尊重。

骑出来的好马，教出来的好儿。
骑快马，觉不出路远；有朋友，危难时相助。
起风了，树必然响。
千里路途一步步走起，万代业绩一点点做起。
前辈之忏悔，后嗣之借鉴。
钱财丢了还会得，时间流去难再回。
乾坤施转，四季轮回；祸福相倚，也相违背。
墙垮从根开始。
勤奋的人，才能进步。
勤劳者嫌天短，懒惰者嫌夜短。
青草不能常绿，朝代不能永存。
轻易誓约者多是容易失信者。
清官是国家的宝贝。
清水招不来大鱼，欺骗留不住挚友。
求得知识，勤奋努力才有收获。
求知的人，必然是肯学的人。
让步的汉子未负而胜了。
让庄稼和杂草一起长，玷辱你农民的名字。
热壶里斟出来的酒是热的，真心里说出来的话是真的。
人薄土，土薄人。
人出生在河边，河水便成美酒；人出生在山上，山石便成金银。
人从摇车始，马从驹子看。
人的诚信是无价之宝。
人的名誉是第二条生命。
人哄地一天，地哄人一年。
人换地为贱，物换主为贵。
人没有过失就成了神仙，马不失蹄就成了龙。
人美不在貌，全在品格；山美不在高，全在风景。
人生自古重礼仪，言行无度怎处世。
人无一失则成神，马不失蹄则成龙。

人要勤劳，地也不懒。
人有了志气，就有了奔头。
人有志气，乘风破浪；人无志气，一事无成。
日落时候天边红，不雨也要刮大风。
日头出山早，天气肯定好。
如果失去了名誉，等于失去了生命。
山大不如林密，人多不如人勤。
山的美丽在于森林和花朵，人的美丽在于忠诚和信赖。
山高压不住树木，水大冲不走山峰。
山野的动物，没有主；腹中的孩子，没有名。
山再高，有毅力者也能攀上；水再深，勇敢者也能渡过。
上梁不正下梁歪斜，长辈不端下辈粗野。
少年时候不争气，老了时候要叹气。
蛇不知自己的弯曲，人不知自己的缺点。
舍不得绵羊，擒不住豺狼。
身体伤痛能治好，言语中伤治不了。
深水流得慢。
生来的能力仅到腰间，学来的本领却能齐肩。
失去生活的信心等于断绝了生命。
失去时间的人犯有最大错误。
石头里面藏着玉石。
时光悄然逝无声，虚度年华空无成。
树不能常绿一年，人不能荣华一世。
树大有枯枝，族大有乞儿。
树高靠根，房高靠基。
树高总有杈，水长总有源，人老有祖先。
树木虫蛀看不见，人心毒辣摸不到。
树木就怕软藤缠，身体就怕疾病磨。
树木心蛀看不见，人心毒辣摸不到。
树木长得再高，也离不开扎根的土地。

树怕剥皮，人怕伤心。
树皮内蛀虫啃栋梁，朝廷里奸臣害忠良。
水虽然清澈，到冬天就变成冰块；人虽然聪明，到老年就变得昏聩。
水太清鱼儿不长，人太谦虚失真实。
水有源树有根，吃水不忘挖井人。
水源不清，水流就混浊。
水源清则水流清。
水藻好的河鱼儿多，脾气好的人儿朋友多。
水涨船高，人抬人高。
睡多要变懒，哭多要伤心。
顺从就昌盛，背叛就灭亡。
死得正直，一生荣光。
四季轮回永远交替，光阴就像过隙的白驹。
松柏不会弯，弯了就折断。
松柏常青枝叶茂盛，人生一世却有时限。
松树有好土培育四季青，达斡尔有党永远向光明。
虽穷骨头硬。
虽然是愚笨的，学了就能开窍。
虽说聪明，不学不知道。
虽有翅膀而没有羽毛。
贪便宜的人不会富裕。
贪财人的心是填不满的井。
贪得无厌的人，没有知足的时候。
贪贿的诺彦，溜须的奸臣。
贪婪的人，身富心贱；知足的人，身贫心高。
贪婪者的心是耙子，糊涂者的心是推子。
贪心人为了便宜而亡，飞鸟为了食物而死。
贪嘴的鱼儿易上钩。
天生的知识不如学来的多。
天生的知识在腰间，学到的知识在胸间。

天时好坏在一时，人的过错记一生。
天无边，学无边。
团结协作是放排人的命根子，舵手是放排人的主心骨。
腿虽瘸，心却不瘸。
外行的人会看热闹，内行的人会看道道。
外活靠丈夫，内活靠妻子。
弯木头显出细密花纹，难听话有使人发笑的话。
顽强奋斗的意志是事业成功的伙伴。
万两黄金容易得到，一个知心人最难求。
乌鸦耳朵鸿雁眼睛，相对相称；好人心肠坏人肝胆，千差万别。
乌鸦飞得再高，也要下地觅食。
乌鸦黑，对孩子不狠。
乌鸦落在猪上却说猪是黑的。
乌鸦身上插满孔雀毛，也不会成孔雀的弟弟。
乌鸦说猪是黑的就看不起它，乌鸦学着鹅走就掉到水里。
无病的人，难知有病者的苦。
无聊的狗，朝着月亮狂吠。
无论狗走千里万里，它总忘记不了吃屎。
无论猎鹰飞得多高总得回到地上找食吃。
无论兴安岭有多高，它还是在世人脚下。
无论夜有多么黢黑，夺走不了奶子的白。
无事不求人。
无休止地贪杯，会丢掉性命。
五月端阳花儿艳丽，耕耘正赶好的时光。
勿拉别人的弓，别骑他人的马。
勿欺老实人，勿溜做官人。
勿以窗户衡量天宽，勿以桦皮桶计量海水。
勿与狡猾人交友，勿与奸诈人结伴。
雾气厚了成云彩，姑娘老了成亲家。
吸过莫力达瓦黄烟的人，总想再次弄到它。

吸母亲奶头的儿女，会找到母亲身边。
夏锄斩草就要除根，去草留苗实在不易。
夏热冬冻，风调雨顺。
夏天是美好的季节，青年是美好的年华。
先辈不忘记本源，氏族家谱遗留后世。
先天的才能齐腰间，学到的知识齐腋窝。
咸盐蒸到头了，行为要做到头了。
乡村里兴旺着忠厚、廉洁、勤俭之道。
乡里以和睦为风尚，邻里以扶助为公德。
享了福的人吃了鹿肥肠还说苦。
响声大的雷没雨，娇气大的姑娘没聘礼。
像黏在胡子上的饭粒似的，走近了互相顶牛，远了相互思念。
小猫没良心，坏人没善意。
小人的心在钱财上，学者的心在书本上。
小人诸多却是假的。
小芽日渐成新芽，是地的好处。
小有小的好处，大有大的难处。
孝敬长辈，夫妻的职责；慈爱晚辈，夫妻的义务。
笑的人不用打扰，哭的人要问缘由。
笑长命，哭生病。
写墨字的墨水黑，天上飞的乌鸦黑。
心坏不得好死，心善必有好报。
心慌容易出乱，脚乱容易摔跤。
心里有鬼，如同开锅饭。
心灵的美，比脸容的美更重要。
心术正的人，不怕别人的责难。
心胸宽广的人，心情总是快活；心胸狭窄的人，气事总是找他。
心脏嘴也脏，手直袖也直。
心中有鬼意，坐立均不安。
信用好的朋友要比金银重要。

星光再亮亮不过月光，月光再亮亮不过日光。
杏树根烟袋锅装莫力达瓦烟，勒勒车上装满柳蒿芽。
姓名不会丢失，学问不会埋没。
雄鹰翱翔靠翅膀，虎凭威力人凭志。
雄鹰展翅长空飞，不怕风雪和寒霜。
休信官老爷，休靠嫩柳树。
羞耻心和良心结伴。
学好百日不多，学坏一日多余。
学好如登山，学坏如下坡。
学坏就像滚下山，学好就像爬高山。
学如逆水行舟。
学习不分老少，精通就是先生。
学习没计划，瞎子骑瞎马。
学习要讲方法，知识才学得透。
驯服十匹野鹿容易，教育一个孩子难。
训练出来的骏马，调教出来的猎鹰。
鸭子水中游，靠凫水本领；木排水中走，靠掌舵水手。
牙硬的话容易碎，舌软的话不易断。
烟叶子得甘露开放，达斡尔族有党得解放。
严寒的冬天过去，温暖的春天来临。
严厉的老师，出色的学生。
言多必失，少说为好。
言多语失，食多伤胃。
阳春三月东风送暖，好雨润物遍地渐绿。
杨树勤修成栋梁，达斡尔有党幸福长。
仰壳的鲫鱼活不长，达斡尔穷人拿起枪。
养活生命的粮食确实比金银重要。
养只肥羊，满嘴流油；养个贼子，门户不宁。
摇摆不定的男子不是被佩服的男子。

要多想想自己与别人的差距。
要听朋友的劝说，不听敌人的赞颂。
要想不损伤名誉，处处要检查自己。
要想伐木选好林地，要想打猎选好猎场。
要想干事业，没有志气不行。
要想团结人，待人要忠恳。
要想学到知识，不要不好意思去问下面的人。
要学会打猎多进山，要学会技术多实践。
要有铁棒磨成针的毅力；要有不达目的不罢休的决心。
要知道肉的肥瘦，就看锅里的汤；要知道朋友的品行，就等你遇难时。
要知道自己的短处，就去问问别人。
野鸡亡于其难听的声音。
野鸡为自己的叫声不好听而死；深水的鱼为有味道的诱饵而死。
野兽爱森林，奸商喜金银。
野兽舔你的脸，并不是和你友好。
一把筷子折不断，民族团结攻不破。
一个人吃饭也要锅灶。
一根柴火不成火，一堆木头火势大。
一根线都扯不断的人，办不了大事。
一块臭肉糟蹋一锅汤，好吵架的泼妇破坏整个家。
一匹烈马便群马不安，一个恶人使众人不宁。
一锹挖不成井，一天建不起尼尔基城。
疑心大的人，总觉得别人在议论他。
以计骗过族胞的人，以何脸面在村落做客。
以双方的忠诚，获得对方的钟爱，才是相爱。
义气上的友情，可以保持长久；钱对上的友谊，经不起考验。
银子的价格要比知识贱。
银子使人变为贪婪，知识使人变为聪明。

银子是白的，眼睛是红的，忠实人也会被金钱左右的。
银子是白的，眼睛是红的，忠实的人也难过金钱关。
油灯只照亮一间屋，学问能照亮人世间。
油多了柳蒿芽菜香，肥施了禾苗才壮。
油瓶子的绳不断还得挂着。
有鞍伤的马容易招来苍蝇。
有达斡尔人家的地方不怕水灾。
有桥河壮观，有客家兴旺。
有什么样的教师，就有什么样的学生。
有时真也假，有时假也真。
有修养的人能容下嫩江水。
有学问的人的胸膛里，能跑全鞍马。
有严厉的的老师，不用功也成不了好学生。
有智慧的人肚子里能跑马。
鱼不怕水深，虎不怕林深。
鱼不怕水深，民不畏奸凶。
与其吃掉种子，不如吃掉耕牛。
与其当奴隶活着，不如当英雄死去。
与其丢钱，不如丢债。
与其跪着求官做，不如站着当农民。
与其积钱财，不如学技艺。
与其叫人羞死，不如把人打死。
与其留下金银堆，不如教会几个字。
与其流眼泪，不如攥拳头。
与其扑灭河边的火，不如先扑灭山边的火。
与其说假话活着，不如说真话死去。
与其闻名，不如见面；与其见面，不如攀谈。
与其养坏人，不如养好狗。
与其用服装打扮身子，不如用知识武装头脑。

与其有百两黄金，不如有一个好朋友。
杂种公牛肚里没好血，野心姑爷眼里没热泪。
灾难降临，哭也没用。
载重的车颠簸少，明白的人言语少。
再不好的母亲，对子女也亲。
在彼此交往岁月里最讨厌的是摆架子。
在吹牛后面跟着的是羞耻。
在度过饥年的时候，山葱烩菜也有滋味。
在无花猫之家，老鼠造反作乱。
在祖国当苦力，比在异国当主人好。
赞美你，不要狂妄；批评你，不要灰心。
粘在胡子上的饭粒，随着胡子飘动。
长兄尽父之义务，长嫂尽母之义务。
长兄是父亲的依靠，长嫂是母亲的依靠。
掌握实权的人，应当忠诚奉公。
珍贵的野兽，皮毛宝贵遭围剿。
真宝石的光泽，什么东西都遮不住；人民的真理，任何人也说不垮。
真诚虚心的人，地位变了，为民思想还不变。
真金不怕火炼，理不怕辩论。
真金是烈火里炼成的，将军是战场上打出来的。
真理的声音，能传遍世界。
真理就是要明辨是非。
真理只会找诚实的人说话。
真实的话不华丽，华丽的话不真实。
知识和技术的力量要超过千头犍牛。
知识能给人无穷的力量，学问给人以立身的礼貌。
纸里不能包火苗，袋里不能装锥子。
纸上没有字，雪上没有脚印。
纸上无名雪上无迹。

种地读书本是一个理，没有抵触，而是相融洽。

种地靠老天，不如靠科技。

种田靠田，种田靠技艺。

种庄稼不赶时候，一年白搭了工夫。

种子耕牛要齐全，不然到时困难多。

众多的言论无迹，拣到的绳子无力。

住牧区吃鲜肉，住山区烧好柴。

住在河边，不易得病。

抓到了山鹰不会调驯，等于没有抓到它。

抓狮子要用智谋，使牲畜要讲方法。

自己不亲身经历，不知道事情的艰难。

自己存有一石，勿量他人的一斗。

自己的事堆成一石，却要查别人家的五升。

自己的影子离自己最近。

自己跌倒的孩子不哭。

走马是骑出来的，好汉是练出来的。

走一步，说一步，哪里天黑哪里住。

走远路程方知马力，长久实践才知人心。

祖辈留下的优良传统，包含着祖先严格的遗训，包含着长老诚挚的教训。

二、鄂温克族谚语

挨过打的狗，只需给看看棍子就够了。

爱喘气的犍牛，没有什么力气。

爱吠的狗不常咬人。

爱吼叫的狗，没什么胆量。

爱叫的狗没有伴侣，爱告状的人没朋友。

爱劳动就成劳动者，不爱劳动就成乞丐。

白脖鸦不落光秃秃的地。

白桦的美在于树皮，草原的美在于绿色。

白桦树再高，也触不到蓝天。

白天当衣穿，晚上当被盖。

白天做的事，夜间要检讨；明天做的事，今天要计划。

白纸写的黑字，铁斧也无法砍掉。

搬迁到深水河边的人，必须要学会游泳。

办什么事就谈什么事，跟什么人就说什么话。

半懂不懂的人，想到哪说到哪。

薄皮缝制的草袍，不怕炎夏的暴雨。

北斗星的方向是东北，三星出的方向是东南，日月出的方向是东方，中午太阳的方向是南方，太阳到不了的方向是北方。

比自己大的人是兄长。

笔杆子没有猎枪重，没有志气就拿不动。

别拿乌鸦吓唬雄鹰。

别人跟前莫夸自己，背后莫议论他人。

不爱护牲口，倒愿意吃肥肉；不爱惜乳牛，倒愿意吃奶油。

不会宰羊的人，别想吃羊肉。

不进山打不到野兽，不劳动什么也没有。

不怕披狼皮的羊，就怕披羊皮的狼。

不怕身无分文，但要品行端正。

不许蹂躏骨肉同胞，不许挥霍金银财宝。

不要让羊照看饲草，不要让狼守护牛群。

不友好接待来客，出门也无人关照。

不长草的地方，黄鹂鸟不落；没情意的男人，姑娘不愿嫁。

布袋里藏不住锥子。

布谷鸟忙着鸣叫，大家伙忙着种谷。

步行走路虽然显得慢，但觉得心里头很踏实。

参天大树，始于幼苗。

常飞泡子的蜻蜓，最终被泡子淹死；常走沙漠的骆驼，最终被沙漠埋没。

常刮西北风，近日要晴天。
常用的锄不生锈，滚动的石头不长苔。
常走沙漠的骆驼，最终被沙漠埋没。
唱什么样的曲子，就得跳什么样的舞。
成事唯有多远虑，败事都因思考少。
诚实重于珍宝。
尘土怎样弥漫也遮盖不住天空，敌人怎样骚扰也吓不住群众。
吃黄油的人骨头硬，喝肉汤的人有力气。
吃了肥肉的胖子，能顶住天寒地冻。
吃了蚂蚁的黑熊，能耐数九的严寒。
吃了鲶鱼的肉，痨病就会复发。
聪明的人责自己，愚蠢的人怪别人。
聪明智慧的人，习惯于把事情往好处去想。
从东南方向开始下的雨，一定下得大。
从来不提人家的好处，只说自己好的人是傻子。
从人的长相，就会看出人的品行。
粗心大意的人，连自己的马鞍也找不到。
打犴鹿时日刚出，打狍子时日正南，吃饭时间日偏西。
打雷出闷声，暴雨要倾注。
打猎时才想起喂狗。
打鱼的人，知道哪儿鱼儿多。
盗贼就像兔子，连自己的影子都怕。
得罪了老人，天神就不饶你。
得罪了熊，山神就会生气。
灯没有油不亮，人无知不聪明。
毒蛇恶狼只配喂老雕，恶人歹人只配吃猎刀。
对不忠实的家狗，要用木棍来对付。
对钱财看得越重，对友情就越淡漠。
恶狼不理睬绵羊的泪水。

恶狼多了会成灾，强盗多了会受难。

恶人打不到猎物，恶狗抓不到猎物。

恶人话软心狠。

鄂温克草原美，牛马羊驼肥又壮。

鄂温克人的根子在撮罗子里。

凡是狐狸都夸自己尾巴。

凡有烟火的地方都有人。

方向最坏的是东风，牲畜毛色最不好的是头顶有一点白。

放牧要骑马，拾牛粪要用车。

放下镢头没饭吃。

飞鸟靠的是一双翅膀，野兽靠的是四腿，人靠的是智慧，鱼靠的是尾巴。

飞翔的雀鸟，点缀草原上空；红色的珊瑚，妆饰妇女的姿容。

沸水冻了也会结冰，伤心的人想多了也会记仇。

父母吵架的家庭，孩子们就会受苦。

父心一团油，母心一团血。

赶牛车过一天，讲故事过一夜。

干活懒惰的人，吃饭倒有劲。

刚躲过饿狼，又碰到猛虎。

高飞的鸟见得多，远走的人懂得多。

高挂的日头照人暖，同龄的朋友最亲近。

割掉尾巴的狗，变不成绵羊。

各乡有各乡的习俗，各人有各人的爱好。

弓不强，箭不好射。

公鸡叫一万次都是吉兆，母鸡叫一次就会灾祸临头。

狗吃谁的饭，就替谁看羊。

狗的朋友都是啃骨头的，猫的朋友都是捉耗子的。

光有理论，没有实践，就等于鸟没有翅膀。

好汉的胸膛里，能装下全鞍马。

好马难走驯鹿道，犍牛难走爬山道。
好马能识万里路，好汉能知天下理。
好马骑的人多，好人当先生的多。
好马无难路，好种无蠢货。
好马需要好缰绳，好犍牛需要好牵绳。
好女人珍惜贞洁，好汉子珍惜名声。
好骑手骑好骏马，好车夫用好犍牛。
好人好脾气，坏人坏脾气。
和狼同行的不会是绵羊。
黑云相撞就会雷鸣，愚者相遇就会喊叫。
红色的狐狸值钱，忠诚的姑娘高尚。
后面飞的乌鸦，嫌前面飞的乌鸦黑。
狐狸再狡猾，也跑不出山神的手。
狐崽养不成猎狗。
话长了勒脖子，下摆长了缠腿。
坏蛋见不得真理，蝙蝠见不得太阳。
坏人不听好话，恶狗不听使唤。
荒火烧过了，树根草根不会死。
健康是件美丽的衣裳，它能使人光彩漂亮。
交糊涂朋友的人，才知忍耐的痛苦。
娇生惯养，害儿一生。
骄傲的人总看别人的短处，虚心的人总学别人的长处。
骄傲使天使沦为魔鬼，谦逊使凡人变为天使。
脚绊跤，头遭殃。
近邻胜过远亲。
经常表扬别人的人，也会常常被人表扬。
经常跟人吵架的人，人们都会疏远他。
看树看树根，看人看心肠。
看着孩子很可爱，抚养成人却艰难。

刻石需要铁，打铁需要火，灭火需要水，用水需要人。
宽广的河流平静，有教养的人谦虚。
懒惰者越耍懒越懒惰，勤劳者越劳动越勤劳。
懒汉吃饭时健康，干起活来就病倒。
狼当牧羊人，羊一天比一天少。
狼的尾巴，对狗不合适。
狼嚎叫灾难到，冬呼啸雪灾临。
狼毛年年脱，本性不会变。
狼群在于奔齐心，众人在于团结。
老虎再英雄，斗不过群狼。
老人不讲古，后人失了谱。
老嫂子胜似母亲。
老鼠眼里猫是猛兽。
利是要命的阎罗，色是刮心的刀剑。
猎刀要经常磨，脑子要经常动。
猎枪不擦要生锈，人不学习就落后。
猎人的孩子都是在狼嚎声中长大的。
猎人恩惠于山林，好兆恩惠于寺庙。
猎人们一齐打猎回来，猎物要平分。
猎人们在一起，野生动物多不了。
猎人需要的是猎枪，牧马人需要的是套马杆。
猎手的枪响，一定会带回肉。
猎手的枪一响，就能背回猎物。
猎套套住的兔子，铁夹夹住的野猪。
麻绳草绳能割断，唯有肉绳割不断。
马不奔跑显不出速度，猴子不爬树显不出能力，人不交往显不出好坏，猎人不狩猎显不出智慧。
马不驯服不好骑，人不教育要变坏。
马懒马鬃乱，驴懒尾巴脏，人懒头发乱。

马匹的美在于马鞍，篷车的美在于车篷。

马匹好坏骑着看，朋友好坏交着瞧。

马蹄可以缩短距离，青年男女可让不相识的两家联姻。

马无鞍鞯受罪，施奸计人受罪。

马无力气浑身出汗，人无办法垂头丧气。

命中注定不活的人，只好让他们死。

魔鬼不像所画的可怕，困难不像所想的艰难。

母亲的宝贝是儿子，好汉的宝贝是志气。

牧人的鞭子打不到远去的羊。

奶牛的良心，公牛的胆子。

奶牛的心总在牛犊身上。

脑子里没东西，轻易不会闭嘴。

脑子里有东西，轻易不会张口。

能够高看别人的人，也会被别人高看。

泥泞养荷花，磨难出英雄。

鸟笼里飞不出雄鹰，不进山打不到野兽。

鸟有翅膀美，人有良心贵。

牛马肥壮的好，人诚实的好。

牛群的团结，能战胜群狼。

牛尾卷来的，马尾巴囊来的。

牛羊不入山，树林长得欢。

朋友好坏变着看。

朋友老的好，房子新的好。

劈开的树木，最容易发干。

皮毛厚重，背着走很麻烦。

皮子的口中，说不出人话。

痞子要嘴皮子多，懒人讲的条件多，勤奋的人活儿多，能干的人做得多。

漂亮的话是杀人的软刀子。

警惕毒蛇化美女，提防乌鸦装金凤。

骑带有鞍伤的马，不会走太长的路；骑过骆驼的人们，才知路途的遥远。

千万不要见了松果忘了树林，万万不要见了羊就忘了羊圈。

谦虚的人产生的智慧多，虚心的人学会的学问多。

谦虚使人变美。

勤劳，万物不缺；懒惰，一无所有。

勤劳能够致富，懒惰致人饿死。

勤劳者汗水多，懒惰的人涎水多。

青蛙叫，最好的时节就要到。

青蛙哇哇叫，大雨匆匆到。

清澈的河流鱼儿多，富美的草原草儿多。

清澈的河水鱼儿多，善良的好人朋友多。

清晨黑云翻滚相聚，不久倾盆大雨来袭。

秋天刮寒风的时候，大地就开始慢慢结冻。

劝人的人是神，出坏的人是鬼。

群鸟最快乐的地方是蓝天，猎人最快乐的地方是深山。

人不犯错成仙，马不绊腿成龙。

人不知报恩，天报应。

人没走过的路，走起来虽然艰难，但它属于自己的路。

人死留名，雁过留声，豹死留皮。

如果不了解他，就看看他的朋友。

萨满一击鼓，鬼怪远离走。

山丁子熟了会变红，孩子长大了会懂事。

山上打猎的人，别忘祭祀山神。

山上生活的人不知水有多深，水上生活的人不知山有多高。

山神不在的山上，连个鼠虫也没有。

山神生了气，猎物会跑掉。

山神住的地方，到处都是野果。

山神住的山上，遍地都是鹿狍。
山神住的山上，有美丽富饶的森棘。
善于读书的人，每当读书以后，头脑就会变得清醒；善于磨刀的人，每当磨刀之后，刀刃就会变得锋利。
舌头太坏的人，终究被舌头压死；舌头长的男人，话中废话太多。
深水不易识流速，聪明的人会谦虚。
深水里有大鱼，深山里有奇兽。
什么都干，一样也干不成。
世上人，什么都不怕。
手里有了套马杆，妖怪见了也躲开。
手掌遮不住阳光，谎言掩不住真理。
树干湿靠不得，当官的信不得。
树经多年风寒成栋梁，儿经多次锻炼成好猎手。
谁能维护真理，谁就是真英雄。
谁晚到，谁就喝清汤；谁勇敢，谁就能骑上烈马。
谁种狂风，谁收暴雨。
水草美鸟儿多，人心诚朋友多。
太阳也有斑点。
太阳月亮出光圈，刮风下雨或下雪。
汤勺舀不干大海。
调皮的小马喜欢四处奔跑，调皮的牛犊喜欢相互顶牛，调皮的羊羔喜欢蹦蹦跳跳，调皮的小狗喜欢不停叫唤。
跳得再高，也高不过自己的头顶。
听到什么就说什么的人，内心深处留不住东西。
兔子虽然可爱，来了脾气就咬人。
兔子尾巴短，野猪耳朵小。
外来的人不会背着自己的房子，自己出门也用不着背自己的家。
玩火的人，会被火烧死；玩水的人，会被水淹死。
晚到的客连骨头都啃。

为了自己的名声奔波的人，除了名称之外什么也没有。
违背佛的意志，就会失去幸运的人生。
伟大的人好比泰山，渺小的人好比蛆虫。
伪装的朋友比公开的敌人更毒。
尾巴长了，拖着走不容易。
无论乌鸦飞往哪里，永远比不上雄鹰。
无情意的男人，姑娘不愿嫁。
雾蒸发了变成雨，姑娘老了变成亲家。
喜欢啰唆的人，麻烦事不会少；喜欢多事的人，牢骚事不会少。
喜欢拿人家东西的人，手就会显得特别长。
喜欢显摆的人，不会有什么好结果。
心里有鬼的人，走路鬼鬼祟祟。
心里总是想着母亲的人，永远忘不了养育自己的老家。
心灵扭曲的人习惯于将事情往坏处琢磨。
心胸狭隘，小事难成。
心胸狭窄的人爱生气，心胸宽阔的人爱高兴。
心眼再聪明的人，也看不透没走过的路。
星多夜空亮，人多智慧广。
兄弟们在一起，顶嘴吵架少不了。
胸怀像原野，宽阔又豁达。
胸怀远见的人，必胜眼前的困难。
雄鹰飞不过去的山，莫日根敢登攀；野鹿能穿越的路，莫日根也能走。
修理篷车需要木匠，教育蠢者需要智者。
鸭子再抖擞也变不成天鹅。
言是种，行是果。
眼睛是心灵的窗口。
要看春来到，就看雁北归；要看秋季到，就看雁南飞。
要是不会使用金钱，就等于装棺财富自然烂掉。

要是智商不高，人就没好日子。

要想把事情好好做，就得需要实干的人；要想看住牛群，先管住领头的牛。

要想取得，就得付出。

要想取信于民，就明明白白多做好事。

要想天下成名，就勤勤恳恳干出事业；要想与人好好交往，就得需要好的品行。

要想珍惜自己的名声，就应继续努力工作；只有不断地奋斗，才能够扬名天下。

一旦心黑了，肥皂也洗不白。

衣服有领，一家有长。

有本领的老鹰，总藏着爪子。

有胡须的人是长者。

有火的屋子才有人进来，有枝的树上才有鸟落。

有了奶牛就会弄到奶桶。

有马鬃就有马尾。

有上坡，就有下坡。

有什么样的匠人，就有什么样的活。

有什么样的树根，就有什么样的树枝。

与坏人在一起，不如与善良的马共事。

遇事没主意，就像没有方向的风。

远方的客人来到家，献上奶茶表心意。

越是艰难越炼好儿男，越是困苦越出英雄汉。

再好的莫日根，老婆要是没福气，男人就打不着野兽。

在奋战中识骏马，在患难中识真友。

在蒿草地上不要种粮，对爱吵架的人别讲理。

在艰难困苦的面前，才会看出英雄好汉；在平静的生活中，很难交上真朋友。

照亮世界的是阳光，照亮人心的是知识。

珍贵的东西，不许随意扔掉。

珍惜黄金，不如珍惜时间。

真诚的友谊比钱财可贵。

只要赶车人不瞎，瞎牛也能驾车。

只要耕耘，就有收获。

只要功夫到，奶茶自然熟。

知识像骏马，骑上走千里。

智慧的人执政，天下都会兴旺。

智者懂了也要问，愚者不懂也不问。

智者用脑子，愚人耍嘴皮。

自己的眼睛不会说谎。

自己做不了主的人，永远属于弱者。

嘴里有毒的蛇，走路弯弯曲曲。

坐篷车的人，不知路的艰辛。

坐篷车的人，近路也显得远。

坐在山顶上知晓天下道理的人，莫过于圣人；坐在山坡上知晓天下事的人，莫过于仙人。

做事无终，犹如马无尾巴。

三、鄂伦春族谚语

熬不起长夜的得不到鲜茸，吃不起苦头的成不了硬汉。

熬过严冬的猎人深知春天的温暖。

白鸽被誉为信鸟，黑鸽同样能传到。

办事要靠智慧，狩猎要靠勇敢。

绊腿的猎马走不远，愚蠢的猎人眼光浅。

笔直的青松须防火烧，不屈的英雄须防软刀。

别让孩子玩火，别让瞎子打枪。

别在急流和旋涡里打闹，别与贪官和奸商们结交。

别因失手一次而砍掉手，别因失误一次而撞破头。

冰雹砸不死草根，灾难摧不垮人心。

冰块虽硬怕火烤，虎豹再狂惧英雄。

不怕不知，就怕不学。

不进深山，难得猎物；不学他人，不能获益。

不下河水不知深浅，不上高山不知近远。

不下深水捉不到哲罗鱼，不上高山打不到梅花鹿。

擦净枪膛，出弹顺当；扫净灰尘，心头敞亮。

踩着人家的脚印走路，虽容易，收获小；沿着自己的目标走路，虽艰难，收获大。

草绿靠雨水，家旺靠劳动。

柴多篝火旺，人多力量大。

处朋友要忠厚，爱朋友胜过生命。

闯过深山里的人，才知道深山里有宝。

春到雁归，节到儿归。

蠢猪把白天当成黑夜过，蠢人把贪官当作亲哥哥。

撮罗子里烧火，屋顶上出烟才好；游猎人若遇难，枪口上出气最好。

打猎不打正在交配的野兽，烧火不烧炸迸火星的木柴。

打猎一次的收获，别认为可够吃一冬；赛马一次的领先，别以为可炫耀一生。

大树穿上绿袍，打猎定要起早。

大树虽倒，根不烂；好鄂伦春虽死，名久传。

大雁飞走不忘讲述山林，孝子远行不忘讲述母亲。

胆大的狗往前冲，胆小的人往后退。

刀尖利可伤身，舌尖利可杀人。

刀是钢的快，话是真的好。

地崩，河流会改道；天晴，苦难会除掉。

吊锅子的水，越烧越没；好说大话的嘴，越吹越亏。

冬青虽涩能治病，言语虽硬能救人。

毒蛇毒在汁，坏人坏在心。

对难友别吝惜腰包，对歹人别露出银角。

对于怕苦的人，杨树又滑又高；对于敢闯的人，高山又矮又小。

多靠自己摸索，才能找出自己的本色。

恶毒的攻击使石头发麻，真诚的话语使冰雹融化。

恶狼叼走松鸡，不是为了给它找窝；奸商骗取雄麝，不是为了让它避祸。

饿时方知犴肉香，渴时倍觉山泉甜。

二至三月是鹿胎期，五至六月是鹿茸期，九月至落雪前是鹿围期，落雪期间是打皮子期。

翻过高山的人，才知路途艰难。

放马要选丰茂的青草地，交友要找情真的老实人。

放走贼人的人，也有偷窃的心。

飞入云层，才知道翅膀硬；打来猛兽，才相信猎手行。

肥壮的猎马是伺候出来的，能干的猎手是锻炼出来的。

风暴再狂，鹿群也不愿分散；阴云再厚，猎户也不愿离山。

风大吹不倒青松，雾浓蒙不住眼睛。

干柴多了篝火才旺，智谋多了行动才畅。

干活别落人后，享受不上人前。

高山离不开它的影子，猎人掩不住他的忠厚。

歌儿把我接到人间，歌儿把我送到圣天。

歌子齐唱声势大，猎户齐心力量大。

给老实马戴上笼头，给烈性马架上羁绊。

给野猫穿上云边花袍，枉费了好意；给贼人施舍山珍野味，引来了灾祸。

跟什么人学什么人，跟着萨满学跳神。

篝火能把严寒驱散，齐心能把困难赶跑。

篝火心要空，猎人心要实。

狗养大了护人，狼养大了吃人。

狗战恶狼全凭勇，人斗斑虎全凭智。

果树枝歪照样结果子，人心不正却难做好事。

害怕黑夜穿密林，不算真正的猎人。
好猎狗知道护主人，明白人不能护近亲。
好猎马功在腿上，好猎手功在眼力。
好马不在鞍，能人不在捧；好马飞跑一鞭之劝，好汉说话脱口就算。
好马登程到千里，好汉立志达目的。
好马是猎人的腿，好琴是猎人的嘴。
好马是调驯出来的，英雄是磨炼出来的。
好人上当是一时辰的事，坏人败露是一辈子的事。
横杆挡不住骏马的奔驰，倒木挡不住猎人的脚步。
洪水再大淹不没山峰，困难再大难不倒英雄。
狐狸越老越猾，奸商越老越奸。
花香蜂蝶来，人实朋友来。
花艳要靠绿叶衬，人能要靠功夫深。
桦皮船离不开撑竿，办事人离不开智慧。
谎话听惯了，贼人上门了。
混世的人永远无能，盲从的人永远无知。
火心要空，人心要实。
积雪再厚，山林终究会变碧绿；生活再苦，猎民终究会有转机。
家庭的热闹，女人的操劳。
坚硬的石头烧不化，坚强的意志摧不垮。
坚硬的石头烧不化，有志人不怕路险。
箭是铁尖的利，刀是淬钢的锋。
狡猾和贪婪是恶狼的本性，忠诚和勇敢是英雄的特征。
截不住野猪不算猎狗，打不掉飞龙不算猎手。
筋线断了可再接上，骨气没了等于死亡。
仅靠模仿别人，只能充当别人的影子。
酒篓越大，日子越糟。
空壳的子弹，永远击不中目标；空虚的大脑，永远得不到荣耀。
空心树用斧子一敲就裂纹，无知者用妙言一激就心虚。

枯树无蕊，空话无用。
苦涩的熊胆利于肝脾，衷心的劝告利于身心。
狂风大雪能封山，却挡不住骑手登攀。
困难面前别折腰，顺利面前别骄傲。
懒人得宝在梦中，好汉得宝在手中。
狼终究是狼，即使它不吃你的羊。
冷时不忘篝火暖，富时不忘遭灾难。
良驹是骏马的期待，儿女是父母的希望。
两座山峰会不到一起，两个猎人总会见面。
猎刀不磨不快，猎人不学不灵。
猎狗有受伤的时候，猎人有失败的时候。
猎马好坏骑骑看，朋友好坏处处看。
猎马长翅能上天，猎人长智能避险。
猎手出围不能空手回，勇士除魔不能半途废。
林密的地方鸟儿多，兽稠的地方猎手多。
鹿无头越跑越分散，人无主越过越孤单。
马不喝水不能强按头，人不中意不能硬拉手。
马好不在鞍鞘，人好不在衣衫。
马懒惰路途远又远，人懒惰日子难上难。
马是猎人驰行的双翅，歌是猎人生活的伴侣。
马蹄踏进塔头地，自会拔起前行；人身跌在半山腰，自该跃起攀登。
蚂蚁迁窝，洪水必多。
摸不准天的脾性，不知阴晴；看不清人的前程，糊涂一生。
木柴填不饱篝火堆，河水流不满大海洋。
迷路的时候看明星，无计的时候问大众。
男人不怕山高，女人不怕活细。
鸟飞走的时候，不能忘记枯枝；出名的时候，不该忘记恩师。
鸟尽管在空中欢唱，歌声总会传到林中；人尽管去远处狩猎，枪声总会传到家中。

宁断指头，不失诺言。

浓雾遮住眼睛的时候，会把山峰当作窝棚；话塞满肚子的时候，会把真金当作黄铜。

努力像上坡，灰心如下坡。

狍皮是红杠子的好，小伙儿是有能耐的好。

狍子无角，会遭恶狼的袭击；猎人无枪，会受歹人的欺负。

朋友靠真诚维护，信用靠行动维护。

鹏鸟美在羽毛上，英雄贵在疆场上。

皮肤坏了伤在表面，悲痛深了苦在心里。

皮鼓不敲不响，道理不摆不明。

朋友来了捧出酒肉，敌人来了举起刀枪。

漂亮的猎袍是一针一线绣出来的。

骑快马的，觉不出路远；朋友多的，觉不出困难。

骑马上坡容易下坡难，学箭射出容易瞄准难。

骑马要端正，办事要公平。

枪法好坏不在嘴边，同伙好坏不在脸面。

青草只是一夏之盛，苍松可是四季常青。

蜻蜓飞得低，没有好天气。

肉干好吃，不煮不晒做不出；智谋管用，不学不算等于无。

肉干虽硬，越嚼味越浓；学识虽难，越品心越明。

赛马顶数骏马快，比武顶数壮士勇。

森林草原是个宝，护林防火最重要。

沙丘不嫌树木密，猎人不嫌野兽多。

山岔雪层越厚，会使春水更流畅；心中泪水越满，会使眼睛更明亮。

山高不如男人的志气高，水深怎比女人的心情妙。

山歌声越高兽越逃，萨满调越响病越孬。

山好不在于高而在于景，人美不在于貌而在于心。

山里的猎人任去任来，家里的客人自由自在。

山林宝藏越多，猎户日子越好过。

山美引飞禽,歌美招贵客。

射中靶心的人,对自身的声誉好;瞄准目标的人,对自己的前途好。

绳子绑不住舌头,笼子囚不住人心。

实蕊树越长越壮,有志者越练越棒。

实心儿的木头煮不烂,患难的朋友打不散。

狩猎才能得到禽兽,勤劳才能有吃穿。

狩猎能将人变成勇士,懒惰能将人变成魔鬼。

树林长得再稠密,总能传出声音来;坏事做得再诡秘,总会露出破绽来。

说得动听的不一定是好心人,笑得迷人的不一定是正经人。

松明易燃尽,知识学不完。

松明子越烧越少,经验越积累越多。

天浮蘑菇云,暴雨即来临。

听过不如见过,见过不如干过。

腿脚不便当的鸭子离不开塘子,技艺不利落的猎人出不去林子。

驮脚的筋绳越磨越细,拉弓的胳臂越拽越粗。

西山出红云,碱场来鹿群。

夏天寻踪看泥窝,冬天追踪看血迹。

响雷劈树树分叉,闲言伤人人分家。

橡子落满山坡,野猪肯定上膘。

橡籽落地转,黑熊凑上前。

心上的花浇水才鲜艳,看上的人交心才情深。

星多天空亮,人多智慧高。

雄健的骏马能过无边的荒原,骁勇的骑手能越嶙峋的险山。

雄鹿卸去七叉角,是为了春茸长得好。

熊懒会长癞,人蠢会生疮。

休在人前夸耀自己,莫在人后议论是非。

朽木倒地上,不用别人踩;自己没毛病,别人指不出来。

雪前下夹子,雪后留足印。

眼睛是心的镜子，行动是人的品质。

雁比高低，马比快慢；鸟争早晚，人争后先。

燕子窝是一口口垒起来的，狩猎经验是一点点攒起来的。

燕子钻天蛇盘道，蚂蚁搬家有雨到。

要说出来的话，不能咽进肚子里；要做出来的事，不能拖到黑夜里。

野鸡和狐狸不搭言，好人和坏人别攀亲。

野兽逃遁总会留踪迹，猎人追寻应该有算计。

野鸭子下蛋近水边，一年雨水少；野鸭子下蛋在高坡，一年雨水多。

一个猎人打不来活鹿，四十个猎人能围住鹿群。

一个人不敢涉过小河，三个人能渡过宽阔的江河。

一个人的智慧有限，两个人的智慧无限。

一根马尾打不成绳，一根杆子搭不成斜仁柱。

一支木棍容易折，合股的筋绳拉不断。

应该做的事，不必酬谢；应该出的力，不必还礼。

永不犯错误的人是奇人，永不改错误的人是蠢人。

勇士的意志比冰峰还坚，懦夫的脊骨比羊毛还软。

有草的地方就是窝，有人的地方就是家。

有志者自有千方百计，无志者竟有千难万难。

与其费口舌，不如快行动。

与其依赖别人，不如自己勤奋。

羽毛好看美在外表，为人诚实美在心内。

月亮戴上套环，出猎不应迟缓。

在阿谀奉承的嘴里从来说不出好话。

在飞翔中识别鸟，在奔驰中识别马。

湛蓝的是天空，憨厚的是猎手。

樟松笔直，朋友心实。

樟子松高，出自青山；莫日根好，出自猎区。

哲罗鱼喜欢在深水里，打猎人喜欢在深山里。

只要猎人用心学，不怕猎物打不着。

只要意志坚强,就可以所向无敌;只要功夫熟练,就可以百发百中。
只有登上没人走的路,才能打到更多的野物。
直树长在山峰顶上,勇敢的猎人长在森林里。
自己尊敬老人,儿女也会尊敬自己。
最值钱的是金子和银子,最珍贵的是真诚和信任。
做梦打来野猪——空的,出围打来鹿——实的。

额尔古纳河支流 (孔群 摄)

图书在版编目(CIP)数据

达斡尔族、鄂温克族、鄂伦春族谚语文化研究/李树新著.—北京:商务印书馆,2019
ISBN 978-7-100-17246-2

Ⅰ.①达… Ⅱ.①李… Ⅲ.①达斡尔语—谚语—文化研究②鄂温克语(中国少数民族语)—谚语—文化研究③鄂伦春语—谚语—文化研究 Ⅳ.①H222.3②H223.3③H224.3

中国版本图书馆 CIP 数据核字(2019)第 059944 号

权利保留,侵权必究。

达斡尔族、鄂温克族、鄂伦春族谚语文化研究

李树新 著

商 务 印 书 馆 出 版
(北京王府井大街36号 邮政编码100710)
商 务 印 书 馆 发 行
北京顶佳世纪印刷有限公司印刷
ISBN 978-7-100-17246-2

2019年4月第1版   开本710×1000 1/16
2019年4月北京第1次印刷 印张24
定价:96.00元